Johann Hellwig's "Die Nymphe Noris"
A Critical Edition

"Die Nymphe Noris"

*Portrait of Johann Hellwig at age forty-six (1655),
by Jacob Sandrart after a painting by Georg Christoph Eimart, d. J.
National Library of Medicine*

Johann Hellwig's "Die Nymphe Noris" (1650)

A Critical Edition

Edited by
Max Reinhart

CAMDEN HOUSE

Copyright © 1994 by
CAMDEN HOUSE, INC.

PUBLISHED BY CAMDEN HOUSE, INC.
DRAWER 2025
COLUMBIA, SC 29202 USA

Printed on acid-free paper.
Binding materials are chosen for strength and
durability.

All Rights Reserved
Printed in the United States of America
First Edition

ISBN:1-879751-63-1

Library of Congress Cataloging-in-Publication Data

Helwig, Johann, 1609-1674.
 [Nymphe Noris]
 Johann Hellwig's "Die Nymphe Noris" (1650) : a critical edition /
edited by Max Reinhart.
       p.   cm.   --(Studies in German literature, linguistics, and culture)
 Text in German with English commentary.
 Includes bibliographical references and indexes.
 ISBN 1-879751-63-1
   I. Reinhart, Max, 1946-   . II. Title.   III. Series: Studies in German
literature, linguistics, and culture (Unnumbered)
PT1737.H52N96   1994
833'.5--dc20   93-47315
                                                                     CIP

Acknowledgments

AN EDITION THAT presumes to take critical account of all details relevant to the text and its environment requires the generous assistance of others. It is accordingly a pleasure to acknowledge them now.

Initially I polled over three hundred libraries to determine the whereabouts of all of Hellwig's works; limited resources allowed me personally to visit about half of the seventy-three libraries that responded positively. Thirty-two copies of *Die Nymphe Noris* are held in twenty-four libraries, of which I autopsied fifteen *in situ*. For the others — as well as for a good deal of additional information from those I had visited — I had to rely on written communications. Nearly all locations responded to my bibliographical questions in painstaking and time-consuming detail. It is no mere platitude to say that the work could not have been accomplished without the librarians!

Bamberg: Staatsbibliothek
Berkeley: Bancroft Library
Berlin: Staatsbibliothek zu Berlin—Preußischer Kulturbesitz
Chicago: University of Chicago Library
Donaueschingen: Fürstliche Fürstenbergische Hofbibliothek
Durham: Duke University Library
Erlangen: Universitätsbibliothek
Göttingen: Niedersächsische Staats- und Universitätsbibliothek
Heidelberg: Universitätsbibliothek
Innsbruck: Universitätsbibliothek
Leipzig: Universitätsbibliothek
Łodz: Biblioteka Uniwersytecka
London: British Library
Lüneburg: Ratsbücherei
Madison: University of Wisconsin Library
Munich: Bayerische Staatsbibliothek
New Haven: Beinecke Rare Book and Manuscript Library
Nuremberg: Germanisches National Museum
Princeton: Princeton University Library
Strasbourg: Bibliothèque Nationale et Universitaire

Vienna: Universitätsbibliothek
Wolfenbüttel: Herzog August Bibliothek
Wrocław: Biblioteka Uniwersytecka
Würzburg: Universitätsbibliothek

Of this group of libraries, special thanks are due the Beinecke Rare Book and Manuscript Library and the Erlangen Universitätsbibliothek. I used the copy of *Die Nymphe Noris* at the Beinecke for my first word-by-word reading of the text; Dr. Christa Sammons, curator of the German Collection, provided invaluable advice and service to my work there. The final three readings of the text were undertaken in Erlangen in the summer of 1993; heartfelt thanks are due Gerlinde Frank for arranging off-campus reading privileges, thus enabling me to examine the text in meticulous solitude.

Other librarians who made what I consider extraordinary efforts on the edition's behalf must include the following: G. Frechet, Bibliothèque Nationale et Universitaire, Strasbourg; Irmgard Hofmann, Staatsbibliothek, Bamberg; Stefan Kubów, Andrzej Ładomirski, and M. Samocka, Universitätsbibliothek, Wrocław; Walter Neuhauser, Universitätsbibliothek, Innsbruck; David L. Paisey, British Library, London; Janina Potemska, Biblioteka Uniwersytecka, Łodz; G. Sprenger, Universitätsbibliothek, Würzburg. My sincere appreciation as well to the staff of the Inter-Library Loan Department at the University of Georgia for their skill and constant readiness.

Certain other individuals as well deserve recognition for specific contributions made along the way, whether in the form of general information, sharing of materials, sound advice, or timely encouragement. They include Gerhard Dünnhaupt, University of Michigan; Klaus Garber, Universität Osnabrück; James Hardin, University of South Carolina and editor of Camden House; Gerhart Hoffmeister, University of California, Santa Barbara; Werner Kügel, Pegnesischer Blumenorden, Nuremberg; Karl F. Otto, Jr., University of Pennsylvania; John Roger Paas, Carlton College, Northfield, Minn.; Richard Schade, University of Cincinnati; the late Henry Schmidt, Ohio State University; Blake Lee Spahr, University of California, Berkeley; Theodor Verweyen, Universität Erlangen.

The final stage of editing was particularly crucial. Fortunately, I was able to devote adequate attention to it as a fellow in the University of Georgia — Universität Erlangen Faculty Exchange Program between April and September 1993. I owe a special debt of gratitude to the exchange's highly efficient director, Lothar Tresp, as well as to the Office of the Dean of Arts and Sciences for its generous support.

Finally, and above all, I am grateful to my former professor at Ohio State University, Harry Vredeveld, for introducing me to Johann Hellwig and *Die Nymphe Noris*. As a Neo-Latinist Professor Vredeveld provided a unique perspective, for he rightly viewed Hellwig's work as part of Renaissance Nuremberg's praise-of-city tradition, established by the monuments of Conrad Celtis and

Eobanus Hessus. And as a text editor of the first rank, he patiently endured my artless attempts in that direction. That was some seven years ago, and what I have learned since about *Die Nymphe Noris* and about textual criticism makes me wince to think what I did not know then. I hope that Professor Vredeveld will find the present edition worthy of bearing his name on its dedication page.

For Harry Vredeveld

...obtulit in triviis quendam fortuna magistrum...

Contents

Frontispiece	iv
Acknowledgments	vii
Preface	xiii
Plates	xiv
Abbreviations	xv
Introduction	xvii
Editorial Practice	xvii
Textual Apparatus	xvii
Editorial Principles	xviii
Textual Introduction	xxii
Date	xxii
Source	xxiii
Text	xxv
Die Nymphe Noris as Literary Artifact	xxviii
Prose Eclogue	xxviii
Society	xxxiii
Language	xxxvi
Style	xxxix
Brief Historical Survey of Commentary	xli

Die Nymphe Noris	1
Vorrede	4
Erste Tagzeit	7
Andere Tagzeit	107
Gunstgewogner Leser	192
Running Corrections and Emendations	195
Appendices	
Textual Notes	199
Obscure Words, Phrases, and Usages	201
Indexes	
Categorical Index to *Die Nymphe Noris*	207
First-Line Index of Poems	221
Works Consulted	225

Preface

DIE NYMPHE NORIS was published in Nuremberg in 1650 by the physician and early Pegnitz Shepherd Johann Hellwig (1609–74). Five years later it was out of print and for the next three hundred years remained known only to specialists and, more recently, generally accessible only in the microfilm collections of Faber du Faur and Jantz. Of late, however, the revival of interest in early modern German pastoral has led to the rediscovery and new appreciation of Hellwig's major work. Undertaken as a sequel to the paradigmatic prose eclogues by Georg Philipp Harsdörffer, Johann Klaj, and Sigmund von Birken, *Die Nymphe Noris* is worthy of serious attention in its own right. Like the works by his famed colleagues, that of Hellwig is a highly inventive adaptation of two European traditions: the Vergilian eclogue and the pastoral novel of Sannazaro and Montemayor. His work is full of the brand of poetic experimentation, especially tone painting, for which the Pegnesischer Blumenorden is noted in literary history. Additionally, it offers a set of figure poems for which Hellwig has gained a certain fame over the past twenty years as one of mannerism's chief revivalists of that ancient art. But Hellwig aimed his work at yet a more serious end. More forcefully than even his great German predecessors, he applies the critical potential of European pastoral to lay bare important social inequalities in early modern Nuremberg, particularly that between the nobility's (i.e. the patriciate's) privileged status vis-à-vis the learned estate, or nobilitas literata. In this regard, *Die Nymphe Noris* anticipates emerging debates about the ideal reconfiguration of society.

The text of *Die Nymphe Noris* has been reset in antiqua after a careful comparison of fifteen copies. The apparatus consists of the following parts: A) Introduction, treating matters of dating, sources, textual description and collation, genre, and history of commentary; B) Running Corrections and Emendations; C) Appendices: 1) Textual Notes, and 2) Obscure Words, Phrases, and Usages; D) Indexes: 1) Categorical Index to *Die Nymphe Noris*, and 2) First-Line Index of Poems; E) Works Consulted.

Plates

THE PORTRAIT OF Hellwig that leads this volume is reproduced courtesy of the National Library of Medicine, Bethesda. All other photographs are courtesy of the Beinecke Rare Book and Manuscript Library, New Haven.

Portrait of Hellwig (1655)	iv
Frontispiece to *Die Nymphe Noris*	1
Title page to *Die Nymphe Noris*	3
Wappen der Adelichen Rathsfähigen Geschlechten	32
Wappen der Adelichen, doch unrathsfehigen Geschlechten	63
Wappen der abgestorbenen Rathsfähigen Geschlechten	140
Friedensgedächtniß	182

Abbreviations

ant. = antiqua
approx. = approximately
b. = born
bet. = between
bl. = blank
c = correct
ca. = approximately
cf. = compare
col., cols. = column(s)
coll. = collection
com. = commendatory
comp., comps. = compiler(s)
CW = catchword(s)
ded. = dedicatory
dep. = departure
Diss. = dissertation
ed., eds. = editor(s); edited by
emph. = emphasis
esp. = especially
fl. = flourished around
fn., fns. = footnote(s)
foll. = following
fp. = frontispiece
Frak. = Fraktur
Ger. = German
Gk. = Greek
HL = headline
HT = half-title
incl. = including
ital. = italics
l., ll. = line(s)
Lat. = Latin
max. = maximum
MS = manuscript
no., nos. = number(s)

[n.d.] = no date
[n.p.] = no place; no printer; no publisher
orig. = original
orn., orns. = ornament(s)
p., pp. = page(s)
P.Bl.O. = Pegnesischer Blumenorden
pt. = part
[q.v.] = quod vide, which see
r. = right
ref., refs. = reference(s)
resp. = respectively
rpt. = reprint
RT = running title
s. = see
ser. = series
sig. = signature
t.p. = title page
tr. = translation; translator
vol., vols. = volume(s)

Sigla:

> = becomes

† = died

| = end of line

‖ = page break

+ = plus

? = uncertain

Introduction

1. Editorial Practice

SINCE A CRITICAL edition differs from facsimile or diplomatic editions, its methodology and the principles according to which the text of *Die Nymphe Noris* has been established require brief explanation.[1]

Textual apparatus

The manuscript that served as printer's copy in 1650 for *Die Nymphe Noris* seems no longer to exist; one can begin to approach the author's hand only by collating the printed text with his subsequent printed corrections of accidentals. But since, as Hellwig himself admits, his corrections were done hurriedly, and since many further errors exist in the original printing, little of substance is gained by such a collation. Furthermore, because the work enjoyed only a single printing and because all copies are identical (there is also no evidence of stop-press variants), no basis exists for a historical collation of editions; that is, there are no substantial variant-text alterations to be compared. The textual apparatus of the present edition consists, therefore, of the following parts:

A. Textual Introduction. This section treats five topics: a) the date of *Die Nymphe Noris*; b) its sources; c) textual description and collated copies; d) the work as literary artifact; e) a survey of commentary from 1652 to the present day.

B. Running Corrections and Emendations. This is a comprehensive list consisting of both substantive emendations and alterations of non-

---

[1] In the matter of editorial principles, the editor has followed insofar as practical Fredson Bowers, *Principles of Bibliographical Description* (Princeton: Princeton University Press, 1949).

substantives, or accidentals. Substantive emendations are marked with an asterisk (*) and receive discussion in the Textual Notes (Appendix 1).

C. Appendices: 1) Textual Notes; 2) Obscure Words, Phrases, and Usages.

D. Indexes. Two indexes relate to the content of *Die Nymphe Noris*: 1) Categorical Index to *Die Nymphe Noris*; 2) First-Line Index of Poems.

E. Works Consulted.

Editorial principles

The few substantive alterations — any changes that affect meaning — made in the original text receive comment in the Textual Notes. By far the greatest number of alterations are not of a substantive nature and are therefore made silently. They may be listed as follows:

1. Fraktur > antiqua; antiqua > italics; antiqua italics > small capitals (e.g. FLOS TUNETANUS).
2. Capitals J and I conform to modern usage.
3. Ornamental capitals and the variety of font sizes are normalized to a single font and size.[2]
4. The two Fraktur forms of "d" and "r" cannot be distinguished; similarly, Fraktur and antiqua capital U's are not distinguished; Fraktur ligatures are printed as discrete characters. The occasionally ornamented "l" cannot be reproduced.
5. Umlauts: ° and inverted ᵉ are modernized as ä, ö, ü, as the case may be.
6. Inverted d's and b's, n's and u's, m's and w's, are corrected silently.[3]
7. Shaft-s (long-s) is transcribed as short s.

---

[2] Font size is enlarged to approximate the original only in the half-titles introducing Books I and II, and in poem titles and any other original text that was enlarged and blackened for emphasis. Footnoted lemmata stand in slightly reduced size throughout, as do a few poems that otherwise would not fit the page at default size.

[3] The common inversions are listed as erroneous among the Running Corrections and Emendations only when Hellwig's own errata include such instances.

Editorial Practice

8. Abbreviations are expanded:
   a) d' > der; od' > oder;
   b) dz > das or daß, as the case may be; wz > was;
   c) the doubling tilde over n and m > nn, mm; over e > either en or em[4]; over un > und;
   d) Fraktur abbreviation for etcetera > etc.;
   e) Latin q with ´ above > que; likewise, the ´ above que is ignored.
9. Flat double-hyphen (=) replaces wavy double-hyphen (≈).[5]

Several silent changes require additional elucidation:

1. Catchwords: not reproduced in the text proper. Erroneous forms are noted under CW] in the Textual Introduction (*Text*) and included in Running Corrections and Emendations.
2. Lineation: The sometimes broken and unpurposeful lineation in the verse sections, due to the original printer's technological limitations, has been reset more felicitously according to the logic of the form. Of special interest are the pattern poems. Similarly, unpurposeful or irregular double-spacing, margins, and indentation are normalized.
3. Hyphenation and compounds: Line-end hyphenation as set by Dümler is unproblematical. Dümler employs the hyphen line-internally only in double compounds (e.g. *Wurtz ≈ und Lustgarten*). The edition follows his usage, retaining the original (double) hyphen for both double compounds as well as for compounds requiring line-end hyphenation. When at line-end position in the edited text (but not the original) a compound requires hyphenation, a double hyphen is used in order to retain the integrity of authorial intention; otherwise, the simple (modern) hyphen (-) is used. Editorial judgment is based on the evidence gathered, first, from Hellwig's corrections; only secondarily, from Dümler's print-

---

[4] According, that is, to modern syntax, since Hellwig's own usage is inconsistent, particularly in his handling of dative, where both strong and weak forms are demonstrated.

[5] The only exception occurred at 167,3 (*Lust- und Wasserräder*) in a poem contributed by Birken; it shows the simple hyphen.

ing practices; and, as the last resort, from additional but less reliable visual evidence.[6]

4. Owing to the spacing uncertainties of Dümler's printing, a related problem exists: it is impossible to determine in all cases whether certain words, which occur frequently, are to be written joined or separated. In order to avoid having to second-guess Hellwig and his printer at every step, those words have been normalized as follows:

> anstat(t)
> derjenig-, diejenig-, dasjenig-, etc.
> insgemein
> keineswegs (but: keines Weges)
> so viel
> so wol
> von dannen
> zu erst
> zu frieden
> zumtheil
> zurecht
> zu ruk(k)
> zurzeit
> zutheil
> zu wieder
> zweifels (Zweifels) ohne.

The same principle holds true for the inconsistent appearance of *zu*-infinitives: modern German usage is therefore applied.

5. As a final general principle, inconsistencies are allowed to stand except, a) to avoid precarious judgments of typographical vagaries, and b) when alterations are justifiable upon Hellwig's authority, i.e. when judgments can be derived from his own corrections, for example:

> allerlei > allerley
> forder > vorder
> fornen > vornen.

---

[6] Line-end hyphenation demonstrates that Hellwig wanted composite nouns, in which each word is capitalized, to be joined (e.g. *Eisen=* | *Ertzes* would, line-internally, be written: *EisenErtzes*). It is clear that Hellwig did not consider pre-positive genitives to be compounds (e.g. *des Menschen Wandel, Gottes Ehr, DApferkeit und Klugheit Ruhm*; but: *die HimmelsGnad, Die Stadt= und HofmannsEhr*).

Apart from the aforementioned silent regularizations, no uniformity has been imposed upon the copy text. The following retentions deserve special note:

1. Virgule (/): a space precedes and follows.[7]
2. Lower case j and i.
3. Lower and upper case uU and vV.
4. Insofar as they cannot be considered erroneous, inconsistencies in capitalization,[8] idiomatic spellings of foreign words, and other irregularities.[9]

Several features relating strictly to the reset format and conventions of the edited text should be noted:

1. Lemmata are removed from the margins to the bottom of the page and signaled in the text by a superscript number; font size is regularly reduced. Original abbreviated book and other titles in lemmata are retained there, further realized in Index 1: Categorical Index to *Die Nymphe Noris*, and fully in Works Consulted.
2. Verse entries in the text are set off with three lines of space at both top and bottom.
3. Whereas in the original printing line numbering included the headline, in the edition it begins with the first line of text.
4. Original pagination and foliation are noted in the edited text in brackets, e.g. [p.40:F4^v].

---

[7] The spaces are only sometimes abandoned in the pattern poems for the sake of facilitating the figure (Dümler did not hesitate to do the same). It is not uncommon in verse passages for a period to replace the virgule or semicolon as a half-stop, in which case the following word is not capitalized.

[8] Except in the one instance of a compound, whether intentionally or inadvertently, showing lower case on the first word (attributive function) and upper case on the second, p. 116,4: *schmeichelGlük* > *SchmeichelGlük*.

[9] Allowing such inconsistencies to stand can require a certain amount of editorial restraint when they occur in close proximity, e.g. p. 18, ll. 11 and 13: *Hofman* and *Hofmann*; or p. 34, ll. 19–20: *Unglükrad* and *Unglüksrad*. The varieties are equally acceptable. Due to technical limitations, line numbering was not possible in the same margin of both sides of the pages and regrettably therefore had to be abandoned altogether.

2. Textual Introduction

Date

IN A LETTER from Nuremberg, dated 6 June 1647, to Betulius (Birken) in Wolfenbüttel, Harsdörffer reported that Hellwig's *Die Nymphe Noris* was almost ready for the printer: "Montano Schäfergedicht ist noch nicht unter der Presse, sol aber ehest angefangen werden, daß also Floridans Beygedicht noch zu Recht kommet, wie auch alle seine Abschiedslieder mit eingebracht werden." The poems to which Harsdörffer alluded appear in *Die Nymphe Noris* under the titles "Danklied an die PegnitzSchäfer" (79–82) and "Antwort auf der Pegnitz Abschied-Lied" (83–85). *Die Nymphe Noris* was not published until three years later, however. Hellwig obviously undertook an unannounced expansion of the work after 1647, a deduction based on historical references and other dated material in the text: e.g. an epicedic quatrain on the death of Lucas Friderich Böheim is dated 1648 (135); a bucolic epistle from Birken, still in residence in the North, bears the date, fall 1648 (169); a reference to the Peace of Westphalia also includes the date 1648 (183). Just when the manuscript was finished cannot be determined precisely, although the latest year mentioned in the text is 1649: "Drum Ferdinand der Dritt wird nun gelobt / gehebt. und die Jahrzahl: 1649" (185). This was probably at least June, when the peace treaty was finalized by the *Friedensexekutionskongreß* convening in Nuremberg,[10] at which event Emperor Ferdinand III was celebrated. A letter to Birken from Hellwig in Regensburg in late spring of 1650 suggests that "das unachtige werklein Noris" had by now been printed. We may therefore assume that the manuscript was placed in Jeremia Dümler's hands sometime between about July 1649 and early 1650, the year imprinted on the title page.

The work that Harsdörffer in his letter to Birken judged ready for press no doubt coincided in its essential details with what turned out to be only Book One of *Die Nymphe Noris*. The profile he offered supports this assumption: "Der Inhalt ist von den hiesigen Geschlechten, vielen Bildrheimen, und Beschreibungen der Nymphe Noris Herrlichkeit." This is an entirely accurate representation of Book One, but somewhat less so of Book Two which, among other differences, presents no figured poems. Furthermore, as one of the authors of the *Pegnesisches Schäfergedicht* (1644), a genre to which he had helped give definitive form, Harsdörffer must have recognized in Hellwig's work, as it stood at this point in time, a prose eclogue complete in itself. Hellwig's reasons for composing a second part of equal

---

[10] Montano speaks shortly before this of the "fröhlich[e] Friedensbottschafft" (181).

length (one hundred pages) are nowhere made explicit.[11] Nevertheless, his announcement in the "Vorrede," written only shortly before publication, that *Die Nymphe Noris* is "die dritte und vierdte Fortsetzung...der PegnitzSchäferey" (5), indicates that he conceived of the work in two separate but related parts. Our assumption must be that Book One was ready by June 1647 and that Book Two was begun thereafter, perhaps as late as 1648. In the introduction to his *Helden-Beut* of 1648, Birken mentions the departure poems and his response in Hellwig's "Dritte Fortsetzung." Birken too apparently assumed, on this basis and that of Harsdörffer's letter, that *Die Nymphe Noris* was complete, when in fact he was aware of only Book One.

The year 1646 can conservatively be established as the *terminus a quo* since that is the first date given in the chronological narrative.[12] It is reasonable, however, to imagine that it was begun a few months earlier. Admitted into the Blumenorden early in 1645, Hellwig made his first literary contribution in the form of a short idyll, called "Lobgedicht," for that year's issue of Harsdörffer's *Frauenzimmer Gesprächspiele* (V, 46-52). Not only are parts of the idyll paraphrased in *Die Nymphe Noris* (71-72); parallels in concept, form, and structure suggest in fact that the "Lobgedicht" functioned as a *progymnasma* for Hellwig's major work.

Source

Hellwig acknowledges Conrad Celtis and Eobanus Hessus as inspirational local predecessors, presumably for their famous Latin panegyrics on Nuremberg (75).[13] Although initially *Die Nymphe Noris* appears to have little in common with the earlier Latin works, some notable similarities exist. All three works, for instance, are addressed to the senate (Hellwig's dedicatory poem is also in Latin, with a Greek title). Like Eobanus, Hellwig's foreword opens in classical rhetorical style with a complaint about useless books and hack writers. The *Noriberga Illustrata* and *Die Nymphe Noris*, somewhat more than the *Norimberga*, dwell poetically on mechanical contrivances and handicrafted objects, such as the armory, the river mills, and fountains; in every case, form is molded with content. Significantly, all three *laudes urbis* are curiously silent on two subjects: Hans Rosenplüt's German

---

[11] It has been argued that the conclusion to the Thirty Years' War, and its celebration in Nuremberg, offered Hellwig a unique opportunity to draw out the utopian implications of pastoral (Reinhart/ 1990).

[12] Very early in Book One (11–14) Montano and Periander visit St. Johannis Cemetery to observe the new grave stones. The most recently erected stones (for Johann Jacob Tetzel and Cornelius Marci) bear the date 1646.

[13] Celtis, *Norimberga*, 1495; Eobanus, *Noriberga Illustrata*, 1532.

language praise of Nuremberg (1447); Hellwig also ignores Nuremberg's great Renaissance artists, such as Dürer, Krafft, Stoss, or Vischer. What these artists presumably had in common was their identification with the German urban tradition. Following the reform goals established by Opitz, the Pegnesischer Blumenorden sought conversely to align itself with a distinctively European-aristocratic literary tradition. That helps to explain the naming of six authors in the foreword: (Johann) Sleidanus, (Nathan) Chytraeus, (Caspar) Peucerus, (Matthaeus) Dresserus, Carl Nützel, and Michael Piccart.[14] By evoking these names, Hellwig elevates his own German vernacular work into a distinguished neo-Latin, that is, humanist tradition.

Die Nymphe Noris is directly modeled, however, on the *Pegnesisches Schäfergedicht* of Harsdörffer and Klaj (1644) and its sequel by Birken, the *Fortsetzung der Pegnitz-Schäferey* (1645). Hellwig pointedly identifies his work as "the third and fourth continuation of the *PegnitzSchäferey* recently undertaken by other celebrated Pegnitz Shepherds."[15] The shepherds in *Die Nymphe Noris* trace a similar itinerary and comment on many of the same sights. References to the previous works are sometimes explicit in the lemmata, although Hellwig's practice is more often to couch them in textual allusion, so that identifying them becomes a private game between author and reader.

The intermediate source for *Die Nymphe Noris* was Hellwig's own "Lobgedicht," a miniature idyll that contains the essential components of prose eclogue: setting in a *locus amoenus*; prosimetric narrative; opening walk through nature; grove where tribute is paid in verse to the dedicatee; guiding nymph who directs the poet to compose the praise; final reentry into nature. The nymph is none other than Noris herself. A study by Harry Vredeveld in 1984 demonstrated that Hellwig derived the name "Noris" from Eobanus Hessus, who resided in Nuremberg between 1526 and 1533. Eobanus personified Nuremberg as the lovely benefactress of poets: "[poetæ] | Quorum non paucos Noris amœna fovet" (*Epicedia* 11,174). From this benevolent but rather faceless figure, Hellwig created in his "Lobgedicht" a colorful local deity:

> ...ein über alle massen schönes Weibsbild; derer Holdseligkeit jedoch mit solchem Heroischen Ansehen vermenget / welches ausser Zweiffel auch von dem ihrigen nicht gar jungen Alt= ‖ er her ursprünglich / daß sie nicht allein ihre Begegnere mit Liebkosen / sondern auch mit etwas Geboten gleichsam schiene / zu ihren Willen zu bringen. Ihre Kleidung

---

[14] They are poets who, "von den Adelichen Geschlechten schöne Lateinische Verse gemacht haben" (6). Although Hellwig mentions no titles, similarities in form and content exist in certain works by these writers, for example, in Chytraeus' *Quenstedt*, Peucerus' *Idyllium patriæ*, and Piccart's *Insignia gentilitia*.

[15] "die dritte und vierdte Fortsetzung...der PegnitzSchäferey / die von andern wolbelobten PegnitzSchäfern...unlangsten angefangen worden" (5).

war oberhalb des Leibs / und üm die Arme / mit weissem Atlaß beleget / der Unterrokk von rohten Daffet; der gantze Oberrokk gelb und mit schwartzen Adlern eingewirket: Sie hatte auf ihrem Haubt einen von eichenen Laub geflochten Krantz / darunter ein guldenes Stirnblat mit diesen Buchstaben. N O R I S. Und in der einen Hand einen weissen Helfenbeinen Richterstab / in der andern einen Palmenzweig haltend: Aus welchem der Schäfer leichtlich schliessen mögen / daß sie etwan eine sonderliche Göttin oder Vorsteherinn dieser Landschaft seyn müste. ("Lobgedicht," 47-48)

In composing *Die Nymphe Noris* only a few months later, Hellwig borrowed the description in its essential aspects:

Inner dem Wagen selbsten sasse ein überaus schöne und hochansehenliche Nymphe / mit einer guldener Cron / wie eine Mauer oder Stadtzinne geformet / und mit guldenem eichenem Laub umlegt / auf dem Haubt / vornen an der Stirn ein guldenes Stirnblat tragend / an dem mit Diamanten folgende Buchstaben N.O.R.I.S. künstlich gesetzt gewesen. Ihre Brustkleidung war ein weisser / und der Unterrok ein roter Atlaß / köstlichen mit edlen Gesteinen und Perlen hin und her ausgeschmukket: der Uberrok oder Mantel aber war ein von Gold und mit kleinen schwartzseidenen Adlern eingewirktes Kunststuk. In der Rechten hielte sie einen helffenbeinern Stab / als einen Scepter / daran oben ein Hand gebildet war: in der Linken einen Palmzweig.[16] (71)

Text[17]

The sole edition of *Die Nymphe Noris* was printed in 1650 by Jeremia Dümler, who was particularly active at this time as a publisher of books and broadsheets relating to the Westphalian Peace and its aftermath in Nuremberg.

Collation: 4°: A–N⁴ O1 N2 (c O2) O2–O4 P–2C⁴, 104 leaves plus fp. and 4 inserted plates (after E2ᵛ, H4ᵛ, T2ᵛ, 2B1ᵛ); [$3 - A2], pp. [8] 1–193 192 (c 194) 193 (c 195) 196–197 [198–200]. That is, it is in quarto; one signature is out of place:

---

[16] Hellwig is explicit about the borrowing: "In dem vorüberziehen erkannte Montano alsobalden / diese auf dem Wagen prachtende Nymphen eben diejenige seyn / die ihme vor dieser Zeit / dem hochbelobten Strephon zu Ehren / ein dreyständiges Sinnbild mit fernern anhangendem Befehl / zugestellet hatte; und berichtete also den Helianthus / ‖ es wäre die grosse Nymphe NORIS selber...." (72).

[17] In this sub-section alone (*Text*), references to page numbers are exclusively those of the original text.

the second N2 should read O2; four unpaginated and unfoliated leaves containing copper engraved plates on their recto are inserted, as indicated, among the 104 leaves; signatures are numbered through 3 in all gatherings except the first, which is numbered only through A2; there are a total of 200 pages, paginated save the last three; two errors in pagination following page 193: 192 should read 194, and 193 should read 195; eight unnumbered pages are attached as front matter. The respective running titles are "Der Nymphe Noris Erste Tagzeit" (B1^r–O3^v; "Nymphe" is printed inconsistently as "Nymphen" on F2^r, G1^v, J1^r, K2^r, L4^r, N1^v, and O1^v), and "Der Nymphe Noris Andere Tagzeit" (O4^r–2C3^r; "Nymphen" on P3^v and Q2^r; "Erste" erroneously for "Andere" on V3^r and Z3^r).

Signing: begins on A3.

Catchwords: begin on A2^v with "kom="; two are missing: N2^v and S2^r. The following are erroneous: Kl^v ".Kl Es" should read: "Kl. Es"; K3^r "2. Seyn" should read: "II. SEyn"; M2^v "Helian" has reduced font and should read, as per printer's convention: "Helian="; M3^r "Damit" should read: "Darmit"; P2^r "mit" has reduced font (as does "P2^r" itself); P3^r "M. Echo!" should read: "Mont. Echo!"; Q4^r "Die" is correct, and the foll. word incorrect: "die"; 2B4^v "Du Nutz=" is correct, and the foll. words incorrect: "du nutz="; 2A1^r "dere" should read: "ders".

Typography: A normal page has 35 lines (including headline and direction line), with dimensions of 117 x 119 mm. The title exists within a rectangle 118 x 115 mm. Gathering signature is in Fraktur capitals with arabic numerals. The text is set in Fraktur; antiqua is used for Latin poems (A4^v and 2C3^v) and Latin lemmata (the latter in cursive antiqua); Greek majuscules are used in poem titles on A4^v and 2C3^v. Dümler makes liberal use of font sizes in accommodating oversized poems to the page. Otherwise, however, reduced type is reserved for lemmata and errata ("Gunstgewogner Leser," 2C3^v–4^r); enlarged type is used on A2^v–3^v, l.3 (and darkened); p. 89, margin: VIII; pp. 121–34 on the epithets. Several paragraphs are inconsistently (i.e. other than before and after poems) set off with two or more blank lines: 25,24; 57,19; 115,29; 137,8; 139,25; 151,30; 158,17. Line 49,3 is inconsistently set off. A dividing rule before and/or after poems is used on A4^v; pp. 70, 71; Cc3^v. On pp. 122 and 128–32 the symbol + is sometimes used for the normal †.

Illustrations: copper engravings: 1) frontispiece, 161 x 115 mm.: two winged figures in flight bearing the Nuremberg shields and a banner reading "NORJS", a bucolic temple below, with two shepherds and two nymphs in a field; 2) inserted after p. 28: twenty-eight family shields; 3) after p. 56: eighteen family shields; 4) after p. 140: twenty-six family shields; 5) after p. 186: a triumphal arch, 161 x 113 mm. There are head vignettes on pp. 1 and 103; end vignette on p. 102; ornamental initials on A2^r "N", A2^v "O", p. 1 "E", p. 103 "W"; † on pp. 7 and 8; grape cluster on pp. 7 and 88.

Contents: A1^r: fp.; verso [bl.]; A2^r: t.p.; A2^v: "Vorrede | an den | Gunstgewogenen und Ehrliebenden | Leser." A4^v: ded. poem to Nuremberg in Latin (title in Greek majuscules) "ΚΑΤΑΘΙΕΡΩΣΙΣ" *[sic]*. P.1: [text begins: prose nar-

Textual Introduction xxvii

rative with poems in various forms interspersed, in two books]; title of Book I: "Der Nymphe NORJS | Erste Tagzeit." (Book I comprises pp. 1–102.) Pp. 7–8: two figure poems. Pp. 28–48: "Wappen der Adelichen Rathsfähigen | Geschlechten." (twenty-eight coats of arms described in quatrains). Pp. 57–61: "Wappen der Adelichen, doch unraths= | fehigen Geschlechten." (eighteen coats of arms described in quatrains). Pp. 69–72: five dep. poems for Floridan [Sigmund Betulius], signed by individual members of P.Bl.O., under title "Die Pegnitz an den Floridan." Pp. 72–80: two com. poems by Floridan to P.Bl.O. Pp. 80–81: two floral poems. Pp. 83–91: ten figure poems. Pp. 92–95: ten riddle quatrains. P. 103: title of Book II: "Der Nymphe NORJS | Andere Tagzeit." (Book II comprises pp. 103–97). Pp. 110–11: two echo poems. Pp. 121–34: "wolverdiente und lobwürdige Personen des obersten Standes" (fifty notable men characterized by nicknames, in quatrains). Pp. 140–47: "Wappen der abgestorbenen Rathsfähigen Geschlechten" (twenty-six coats of arms, in quatrains). Pp. 162–66: eight single to sevenfold emblems. Pp. 167–70: verse epistle from Floridan to P.Bl.O., dated "T. 3 des Blumenmonats / | im Jahr 1647." Pp. 171–73: prose epistle from Floridan to P.Bl.O., dated "den 6. Herbstmonats / im Jahre 1648." Pp. 183–86: twelve com. quatrains to men from the Kreß family history. 2C3ᵛ: farewell poem in Latin (title in Greek majuscules): "ΑΠΟΛΟΓΗΤΙΚΟΝ" [sic]. 2C3ᵛ–4ʳ: "Gunstgewogner Leser." [= errata], verso [bl].

Copies collated: Thirty-two copies of *Die Nymphe Noris* have been accounted for, of which fifteen were carefully compared. No textual or typographical variants exist among the autopsied copies, and all other physical evidence clearly indicates that the work went through only one printing. The copies are located in the following libraries and institutions, presented here by city (* = copies autopsied; numbers in parentheses indicate how many copies, if more than one, at institution): *Bamberg, Staatsbibliothek; *Berkeley, Bancroft Library; Berlin, Staatsbibliothek zu Berlin-Preußischer Kulturbesitz (2); Chicago, University of Chicago Library; *Donaueschingen, Fürstliche Fürstenbergische Hofbibliothek; Durham: Duke University Library; *Erlangen, Universitätsbibliothek; *Göttingen, Niedersächsische Staats- und Universitätsbibliothek; Heidelberg, Universitätsbibliothek (2); Innsbruck, Universitätsbibliothek; Leipzig, Universitätsbibliothek; Łodz, Biblioteka Uniwersytecka; London, British Library; Lüneburg, Ratsbücherei; *Madison, University of Wisconsin; *Munich, Bayerische Staatsbibliothek; *New Haven, Beinecke Rare Book and Manuscript Library; *Nuremberg, Germanisches National Museum (4); *Princeton, Princeton University Library; Strasbourg, Bibliothèque Nationale et Universitaire (2); Vienna, Universitätsbibliothek; *Wolfenbüttel, Herzog August Bibliothek; Wrocław, Biblioteka Uniwersytecka (3); *Würzburg, Universitätsbibliothek.[18]

---

[18] For detailed physical descriptions of each copy — not only of *Die Nymphe Noris* but of Hellwig's complete works — s. Reinhart/ 1993. One copy of *Die Nymphe Noris* was inadvertently excluded from the list in Reinhart/ 1993: Durham, Duke University Library.

"Die Nymphe Noris" as literary artifact

Prose Eclogue

Building upon thematic and formal components of the "Lobgedicht," Hellwig augments them into a work comprising two books, or "Tagzeiten," as he calls them, of one hundred pages each — an unusually lengthy treatment of idyllic material by early modern German standards. Whereas the *Pegnesisches Schäfergedicht* and the *Fortsetzung der Pegnitz-Schäferey* had focused almost exclusively on the present, Hellwig casts a vast net that embraces both actual and pseudo-history of Nuremberg from its mythical founding by Drusus Nero in 10 B.C. to the conclusion of the Thirty Years' War. He identifies scores of honorable families and individuals in that illustrious history by name and date and then transfigures them to eternal greatness within the local pantheon, the Temple of Noris. Hellwig, whose aim was to create a work in German comparable to the great *laudes urbis* of the sixteenth century, succeeded in producing a work unsurpassed by any of its kind for historical breadth and rhetorical inventiveness. His enthusiasm for the experimental and playful approach to poetry owes much to Harsdörffer, his friend and mentor. He promises in the "Vorrede" to demonstrate, for instance, what he can do with the new Spanish forms imported by Harsdörffer in the recently published volume of his *Poetischer Trichter* (5). That Hellwig handles them with less sovereignty than his master is not surprising; that need not detract, however, from the contribution, never before adequately appreciated, that he made to the Pegnesischer Blumenorden.

The constitutive elements of *Die Nymphe Noris* have their formal origins in Opitz' *Schäfferey von der Nymfen Hercinie* (1630), a uniquely German invention crafted from the traditions of eclogue and pastoral novel. Formerly called *Schäferei* or *Gesellschaftsschäferei*, the term *Prosaekloge* (prose eclogue) has been applied more recently as a means of directing attention both to its dual provenance and alternating prose and verse sections (Garber/ 1966, 1974). The deeper roots of prose eclogue are traceable to Menippean satire, or anatomy, a self-reflective prosimetric genre whose most notable practitioners include Boethius, *De Consolatione Philosophiae* (524), Martianus Capella, *De nuptiis Philologiae et Mercurii* (1499), Dante, *La Vita Nuova* (1292), and Boccaccio, *L'Ameto* (1341). Sannazaro's pastoral novel, *Arcadia* (1502/04), with its well-balanced integration of the varieties of genre, style, and mode, provided Opitz' immediate modern source, although Montemajor's *Diana* (1559) and Sidney's *Arcadia* (1590) were certainly known to him as well.[19] In spite of Opitz' modest expression of hope that *Hercinie* bear fruit on German soil, it spawned few imitators, perhaps because of the altogether unpastoral effects of the war, until Harsdörffer and Klaj revived the genre in 1644 to inaugurate the Pegnesischer Blumenorden. Birken reinforced its special function in Nuremberg the following year by making it the vehicle for his mythical account of the academy's creation. Thereafter, the loosely structured prosimetric narrative, practiced in Nuremberg by Harsdörffer since 1641 as *Gesprächspiel*, found a welcome home among the demonstrative and playful Nuremberg poets (Zeller).

Like *Hercinie* and Birken's *Fortsetzung*, *Die Nymphe Noris* has an uncomplicated tripartite structure: a central tribute (B) enclosed by walks through nature (A^1 and A^2).[20] Unlike its predecessors, however, *Die Nymphe Noris* consists of two books, each in its own right a fully developed prose eclogue. A detailed review of the many activities in which the shepherds become engaged over the course of two hundred pages can hardly be presented here, but the following overview fairly represents their variety and flow.

Book One:

A^1 Nature walk (10–28)
Landscape and garden descriptions, catalogues of floral species; biographical reports; moralizing exempla; poems in various forms, including dactylic meter and word painting.

B Tribute (28–61)
Tour of the Temple of Noris, with inspection of *ratsfähige* and *ehrbare* galleries; a third, secret, gallery remains closed.

A^2 Nature walk (61–106)
Reflections on foregoing experience; five departure poems to Floridan (Birken); ten pattern poems, with theoretical introduction; ten riddle quatrains.

---

[19] For a source analysis of *Hercinie*, s. Hübner. Kennedy has shown that an integration of the varieties of genre, style, and mode had already been achieved by Sannazaro in his *Arcadia*.

[20] The *Pegnesisches Schäfergedicht* of Harsdörffer and Klaj truncates the Opitzian model by abandoning the second nature walk while retaining all other essentials. Birken's sequel restores it, and the tripartite structure remains largely paradigmatic for subsequent prose eclogues in seventeenth-century Nuremberg, including both parts of *Die Nymphe Noris*.

Book Two:

A¹ Nature walk (109–20)
    Landscape and garden descriptions; echo poems; reports, stories, debates, explanations, speculations.
B   Tribute (121–49)
    Return to Temple of Noris and inspection of previously closed gallery of "wolverdiente und lobwürdige Personen des obersten Standes"; installation of new inductee.
A² Nature walk (149–91)
    Discussions of storms, love, unicorn, bones; seven emblems described; poetic and prose epistles; genealogy of Kreß family; invention of monument to peace.

Nine members of the Pegnesischer Blumenorden participate in the action, either directly as speaking *personae* or indirectly by report or mail:

Alcidor: Johann Sechst
Floridan: Sigmund Betulius (von Birken)
Helianthus: Johann Georg Volkamer
Klajus: Johann Klaj
Lerian: Christoph Arnold
Montano: Johann Hellwig
Myrtillus: Samuel Hund
Periander: Friedrich Lochner
Strephon: Georg Philipp Harsdörffer

In the tribute in Book One, Montano and Helianthus are guided by a spring nymph through a marvelous temple in which are amassed artifacts, genealogies, and other peraphernalia recalling the *res gestae* of the twenty-eight current patrician families and another twenty-eight honorable families. In Book Two additional galleries honor individual men whose qualities of character and statesmanship are summarized in epithets emblazoned above laudatory verse inscriptions on marble pedestals. The tribute amounts to a rhetorical *tour de force*, laden with the requisite classical and mythological allusions and ennobling comparisons of wealth, power, courage, justice, temperance, and so on through the catalogue of virtues; in many instances, names are situated within a historical context, noted by date and described as though from a painting.

In the walks through nature (A¹ and A²) the shepherds are at liberty to seize upon this or that occasion, now experimenting with verse forms, now discoursing learnedly, albeit always playfully, on sights, sounds, and ideas encountered along their route. Readers of the first two Nuremberg prose eclogues will recognize that the itinerary in *Die Nymphe Noris*, while more extensive, is much the same. In

Book One it begins in the outer northwest quarter at the Hallerwiese, wanders down-river past the wire and paper mills, up the hill to the Schießplatz and St. Johannis Cemetery, and arrives at length at the Temple of Noris (one of the few entirely fanciful elements in the work); the path continues in an east-southeasterly direction past the Schoppershof estate, near Wöhrd, until the first day comes to an end. The itinerary in Book Two commences where Book One left off, proceeding first to the estate of Jobst Christoph Kreß, then on to Gleißhammer and the Dutzendteich before turning eastwards towards Mögelsdorf, then northwards to Ziegelstein; sundown finds the shepherds at Kraftshof.

Panegyrical discourse, of which prose eclogue is a sub-species, encompasses a broad spectrum of topics. Harsdörffer summarizes them in his description of *Hirtengedicht* as, "die Poetische Beschreibung der Stätte / Flüsse / Berge / Tempel / Felsen / Wälder / Thäler / und der gantzen Landesart" (*Trichter* II,101). To this list Hellwig adds the praise of civic leaders and families. Harsdörffer's further observation that, "the masters of pastoral poetry add other things as well,"[21] is borne out in the feuilleton passages — brief, entertaining discussions in a familiar tone on a variety of topics in response to proposed questions, situations, or challenges, often having the intention of proving or persuading — that occupy large narrative spaces in prose eclogue. In *Die Nymphe Noris*, "other things" include topics that are biblical, related to contemporary affairs, forensic, devotional, didactic, encyclopedic, epicedian, epistolary, horticultural, natural scientific, political, and soteriological — all well established in the neo-Latin tradition (Grant). Biographical elements are often delivered only through allusion, so that understanding depends on the reader's familiarity with the interests and activities of the Pegnesischer Blumenorden and its members. We learn, for example, that Lochner (Periander) has just recovered from a serious illness; that young Arnold (Lerian), a new member, is studying at the university at Altdorf; that Birken (Floridan) has been in Lower Saxony for three years. Klaj (Klajus), recently engaged to be married (Hellwig and Volkamer had introduced him to his bride-to-be, the daughter of their friend from student days at Altdorf, Johann Rhumelius), blushes as his colleagues tease him about the charms of love.[22]

Scholars differ over whether the conspicuous presence of real-world elements in prose eclogue constitutes literary realism. In *Die Nymphe Noris* the realistic portrayal of Nuremberg during the last decade of the Thirty Years' War, as objective as it may be in numerous of its parts, is largely representational in intent. Except in name alone, flora, fauna, buildings, and personages are treated as conventional properties of Arcady/Neronsburg. Scenery is assembled from the

---

[21] "[D]ie Meister dieser Gedichte mischen auch andere Sachen mit ein," "Nothwendiger Vorbericht,")()2ᵛ.

[22] The panegyrical, feuilletonistic, and biographical varieties of discourse in prose eclogue were first distinguished by Garber/ 1966.

locus amoenus catalogue: a verdant meadow, birdsong, a rippling brook, flowers in bloom. In Book Two, wishing to turn the conversation to the neo-Stoic theme of human frailty before the everpresent dangers that threaten our ambitions, Hellwig rearranges the properties into a *locus terribilis*: dark, adumbrative clouds, fearful claps of thunder, malevolent lightning that seeks out its victims. On the one hand, nature is the endlessly fascinating object of acoustical and visual description, challenging the formal and semantic range of German poetic language. On the other hand, it may as easily be manipulated to signify and prognosticate, according to human design.

The Pegnitz Shepherds have long had a one-sided reputation for playfulness and dalliance, for the aimless acoustic and rhythmic games of finding neologisms and producing *Klangmalerei*. Their equal determination to conjure the esoteric in nature through mixed media and other curious forms — emblems, figured verse, riddles, echoes, or again, *Klangmalerei* — has been less appreciated and understood. The same may be said of their contribution to certain aesthetic practices considered *de rigueur* in early modern Europe but repudiated in the eighteenth century as unnatural and obscure. Such was the case with pattern poetry. This mixed form thrived during the manneristic age of poetics only to fall into disfavor under a mimetic aesthetics that rejected imitational principles. Based mainly on the pattern poems contained in *Die Nymphe Noris*, Hellwig's reputation as one of the chief revivalists of that ancient art form has taken shape since about 1970.[23] A coherent aesthetic logic clearly unites the ten-poem set in Book One (88–96), and the commentary with which the set begins (87–88) is arguably one of the century's outstanding theoretical statements on *Bildgedicht* (Adler; Adler— Ernst).[24]

No work has been done on the relationship of *Prosaekloge* to the modern German novel, although the question deserves serious attention. One would have to begin by reexamining Menippean satire, with its lively mix of disparate narrative and lyrical elements, and reconsider the influence, not only of Vergilian eclogue, but of the southern European pastoral novel since Sannazaro. While it would be overstated to claim a direct continuity between the principles of narrative found in prose eclogue and the later novel — such as Goethe's *Wanderjahre* — surprising points of contact do exist which provide a basis for discussion. There is, first of all, the rich conglomerate of prose and lyrical forms and narrative voices (including nature itself, as in the echo poems), by which the author achieves a full, though intentionally segmentary, view of the world. Clearly, a tendency towards

---

[23] At least fifteen recent publications draw on his pattern poems, beginning with Warnock/Folter. A certain amount of caution must be exercised here, however, since Hellwig's name is attached to only two of the set of ten pattern poems. Did Hellwig himself compose, or merely collect, the other eight?

[24] This theoretical statement too, however, is made under Harsdörffer's pseudonym, thus casting some doubt on Hellwig's status as an authority on the subject.

formal totality becomes visible here that suggests Goethe's characterization of his novel as an "aggregate" of forms. In prose eclogue, too, the perspicacious (*scharfsinnig, verständig*) reader is endowed with the capacity to synthesize disparate experience.

Society

Until recently, studies of the Pegnesischer Blumenorden have failed to confront the implications arising from Meyer's 1928 study of Nuremberg pastoral as a social genre. Since Garber's groundbreaking studies on prose eclogue (1966, 1974, 1977, 1982), however, increasing attention has been paid to external influences on the poets as members of a corporate order (university trained professionals, especially the group of legal and medical *doctores*). The early prose eclogues were written amid conditions that threatened to abridge the traditional rights of the learned estate as *de facto* members of a privileged caste. The social history of this crisis need not be repeated here,[25] other than to recall that it originated in the early Italian communes where republican and oligarchical interests were pitted against each other and that, during the following centuries, the arguments forged from this conflict were spread across Europe by an affluent and learned burgher class. In conservative Nuremberg, serious attacks on the dignities of the learned estate — whose status depended in part on the preservation of republican virtues — were mounted in the 1640s by the City Council. This state of affairs ceased only with the imperial privilege of 1696 guaranteeing the patrician Council monopolistic powers while simultaneously degrading the *doctores* to merchant status. Within this charged political environment the first-generation Pegnitz Shepherds turned to the prose eclogue as their preferred vehicle of political expression. Its essayistic format and amiable style afforded plentiful opportunity for reflection on the real world without provoking censorship. Whether the academy's founding in 1644 represented a direct response to these circumstances is impossible to say. However, the academy soon became a forum for discussions relating to the learned poets' social status. The prose eclogues of the 1640s provide ample evidence for this assumption; accordingly, it is no surprise to find comparatively more allusions to the problem in *Die Nymphe Noris*, written during the last years of the decade, than in the first two works of 1644 and 1645.

Social criticism in prose eclogue is never frontal, for, as Hellwig reminds his readers, "die Schärffe nichts hilfft" (4). The most common technique employed for this purpose is the topos of true nobility (*vera nobilitas*), a source of arguments for predicating nobility on goods of character (*notatio*) rather than on inherited or other external goods of fortune (*effictio*). For example, Harsdörffer

---

[25] For a detailed account of the early Pegnesischer Blumenorden within this context, s. esp. Reinhart/ 1991.

and Klaj praise the patrician bridegrooms Carl Erasmus Tetzel and Hieronymus Wilhelm Schlüsselfelder less because of the dignities that accrue naturally from their birth than because they have successfully applied themselves to the liberal arts; similarly, their brides are described as being "doubly beautiful."[26] The image of double beauty alludes to the extra qualification demanded of blood nobility by proponents of early modern republicanism. Cyriacus Spangenberg, for instance, in his *Adels Spiegel* (1591), says that learning makes a nobleman "zwiefach Edel" (I, 204^r). Birken, in his heralding of leading military figures of the Thirty Years' War, similarly intends to show that *Tugend* possesses ennobling power, "auch mitten unter der Grausamkeit" (*Fortsetzung*,)(3^v).

Hellwig extends the argument by contesting the practice, common in Nuremberg, of granting dignities on the basis of class alone. Although he communicates his criticism with subtlety, he alerts his reader that more is being said than meets the eye: a poem has something more or higher behind it that remains inscrutable except to the one who understands ("einem jeden Verständigen," 5). He makes a meritocratic claim to privilege on behalf of the professional estate by invoking a special use of the topos of true nobility. Typically, such an application would begin by posing some form of the question, "an doctores sint nobiles," as in Andreas Tiraquellus' *De nobilitate et iure primigeniorum* (1549), which proceeded in the fourth chapter from the general question, "an virtus nobilitet" to particular concerns of social groupings in the thirty-first chapter, such as, "an ars medicinæ nobilitati deroget." Not until Book Two of *Die Nymphe Noris* do such coherent and pointedly phrased questions arise (they never arose explicitly in former prose eclogues). What this seems to suggest is that the social self-awareness of the Pegnitz Shepherds evolved from initial uncertainty (Book One, 1645–47) to comprehension and resolve (Book Two, 1648–50). Bearing in mind that the composition time extended over half a decade, during which tensions mounted between the ruling and learned estates, it is not surprising to find in the work a series of reflective moments in which the relationship between *Schäferstand* and privileged estate in "Neronsburg" is assessed:

Book One (1645–47):

a. Montano is opposed to overstepping social boundaries ("auser dem Stand prachten"); he advises his colleagues instead to maintain the mask of social modesty and forego the pleasures sought by members of the upper estate (16–17).

---

[26] "...solche Gaben mit selbsterworbenem würklichen Tugendruhm zu vermehren / und die Erlernung allerhand freyen Künste.... Nicht weniger sind beyde Edele Hochzeiterinnen mit doppelter Schönheit...begabet" (44). Two excellent discussions of double nobility are found in Sinemus and Bleeck—Garber. On the goods of character as the subject of panegyric, s. esp. Hardison.

b. The shepherds shrink from approaching the sublime Temple of Noris (28) — i.e. the privileged chambers of Nuremberg — and are denied entry into its innermost gallery (43).

Book Two (1648–50):

c. The shepherds begin to raise pointed questions about qualifications for social advancement, e.g. "ob auch die freye Wissenschafften und Sittenlehre ihrem ringen Schäfersstand anständig / und vor Jahren üblich gewesen wäre" (117–18).

d. The shepherds enter the Temple of Noris with confidence and are welcomed into the innermost gallery (121); the scene ends with an emphatic affirmation of their rights:

> Helianthus (to the spokesman for Noris the nymph): Ach mein schöner Knab..., beruhet dann der Tugendlob allein auf solchen hohen Standspersonen? solte sie nicht auch bey mindern ihren Sitz finden / und diese ebenfalls etwas Lobwürdiges verrichten können?
>
> Knab: Ja / gar wol / ...sintemal bemeldte Tugend so wol / als der ihr nachfolgender Ruhm nicht eben an einem und gewiesen Stand gebunden [ist] (138).

That conclusion had been anticipated earlier when Montano stressed that privileges are not, properly speaking, inherited rights but gifts from heaven, "die sowol sich unter einem ringen Schäferskleid / als einem Königlichen Purpurmantel erhalten können" (118). The egalitarian ideal thus expressed is valid, of course, only in Arcady (Neronsburg), not in the real world (Nuremberg). In Neronsburg moral and intellectual competence alone qualifies a man for high office; in Nuremberg it is birth. In Neronsburg government consults poets and rewards them accordingly; in Nuremberg poets are second-class citizens.

The undeniable criticism of prose eclogue in no way detracts, however, from the genuine affection that Hellwig expresses for his hometown in general. An investigation of the degree to which Hellwig's ethical philosophy conforms to that of the Pegnitz Shepherds' deliberately unacknowledged predecessor Hans Rosenplüt would indeed likely be a fruitful endeavor. But Celtis, Eobanus, and the post-Opitzian German poets share a distaste for art forms that smack of the common urban man, of humble culture; they all seek a level of culture in keeping with the highest European standard. Rosenplüt wrote in a provincial German style, avoiding classical mannerisms and conventions (such as the obligatory *captatio benevolentiae*), keeping to simple formal and metrical usages, and often rambling artlessly from subject to subject. What is more, he seems to have had little in common with the humanists, and he expressed open contempt for the unseemly behavior of the nobility. But Rosenplüt's honest devotion to his city, as demonstrated in his patient and earnest descriptions of the natural, mechanical, and artistic wonders of Nuremberg; his great respect for learning; his pleasure in narration, rather than mere enumeration; and, especially, his habitual return to the praise of wisdom and virtue — these traits are likewise manifest in the early prose eclogues of the Pegnesischer Blumenorden.

Language

The "Nuremberg manner" (Harper) is particularly noted for its plentiful use of metaphor, the "queen" of rhetorical figures, as well as other strong likenesses coveted for their ability to lead "from one truth to the next" (Harsdörffer/ *Trichter* III,57; cf. II,46-49). The wide-open meadows of prose eclogue extend a hearty invitation, as Montano says, "mich in...Spielen und Gesprächen von neuen zu erlustigen" (9). Indeed, poetic practice in the Pegnesischer Blumenorden suggests a major transition from "classicistic" language to one variously defined as "baroque-intransitive" (Alewyn), "pararhetorical" (Wiedemann: *Redeoratorien*), or "poetic-aesthetic" (L. Fischer). That is, some of the more unorthodox or experimental exercises practiced in the Nuremberg grove testify to growing dissatisfaction in seventeenth-century Germany with root assumptions about the constitution of good and proper language. Klaj's "Lobrede der Teutschen Poeterey" proclaims a poetic language obligated only to discovering its own laws and possibilities. "True" representation of a presumably immutable world is of less interest than the representation of mutability itself, viz. by daring assays into the sensory domain of nature and language, especially through acoustical devices: dactylic rhythms, alliteration, assonance, internal rhyme, repetition of morphologically related words, consonants and vowels, striking metaphors. The Pegnitz Shepherds pay obligatory homage to "des Opitz hoher Geist" (*Die Nymphe Noris*, 21), but there is little in the classicistic *Hercinie* to match the sheer sensual pleasure taken by its Nuremberg heirs in the formal and thematic variety, musicality, and local color of their prose eclogues.

Some one hundred years later, Gottsched will complain that Hellwig abused metaphorical figures (497–98). Gottsched's biases aside, as well as the fact that he based his criticism on only one of Hellwig's works (*Christlich vernünftiges Bedenken*), metaphorical indulgence in Hellwig is modest when compared with the extravagent displays of the later Baroque. Nevertheless, it is true that Hellwig takes pleasure in the cultivation of a colorful crop of hybrid figures. On the one hand, there are the contiguous, or metonymous, likenesses that bring related things together: alluding to its former privileged status under the emperors, Hellwig borrows Luther's expression for Nuremberg, "des grossen Kaisers Aug"

(27); or he repeats the old cliché of the Jews being "das Wuchervolk" (47). On the other hand, remote, or metaphorical, likenesses bring unrelated things together: his description of the nymphs Alithea and Dorila (26) unites multiple realms, so that their foreheads "vergleichten sich mit dem weisesten Helffenbein" (precious substances); their eyes "glitzerten / wie das fröliche Bottschafftbringende Gestirne Castor und Pollux" (mythology); their cheeks "waren zierlichst mit Rosen und Lilien versetzet" (flora). In order to convey the high dignity of the city's seven elders, Hellwig calls them "siben Crystallinene Fenster oder Planetsterne an der blauen Saphirner Himmelsbühne" (58). Mythological, foreign, or animal names may be used as appelatives (a figure employed by Vergil in his mythification of Arcady): Pallas = wisdom, elephant = *amor Dei*, a young stork = *reverentia senum*. Nature may be personified, as in the figure of Echo; sundown is paraphrased in a humorous-learned variation of an old topos: "weil nunmehr auch die liebe Sonne begunte ihre Stralen dieser Landschafft zu entziehen / und sich bey dem Oceanus um Gastrecht anzumelden" (102).

Metaphor is, of course, only one of many figures meant to reveal associations from nature and generate fresh effects. The two hundred pages of *Die Nymphe Noris* allow Hellwig opportunity to roll out an impressive repertoire. There are paranomasia: "grune / grüne stets allhier," or "Ehrenbahn bahnen"; letter inversion: for the riddle quatrain on "Erd"/"Red"; asyndetic summary: "Den Hund / die Ganß / den Hahn / das Schwein / das Schaf darneben / | die Erd / das brennend Liecht / den Marmor / Ring / die Reben"; color adjectives ("grünbebäumt"); echo; all manner of acoustic devices, including alliteration, assonance, rhymes (internal and end), and word painting. They are sometimes combined to create a *tour de force*:

> Es klatschet und platschet der Schiessenden Schaar /
> es schallet und knallet nicht sonder Gefahr;
> Feldspielen erklingen / bezüngen die Fahnen /
> die iedem Obsieger die Ehrenbahn bahnen. (11)

However, the license with which he and his fellow poets approach their task in no way suggests that they ignored authoritative codes for achieving rhetorical effects. According to the *Rhetorica ad Herennium* there are three categories of amplification on the question of what makes a man good or noble: external circumstances (genealogy, education, wealth, power, titles, citizenship, friendships); physical attributes (agility, strength, beauty, health); qualities of character (wisdom, justice, courage, temperance). Hellwig praises the men and families in *Die Nymphe Noris* in precisely these terms. Elsewhere he hints that his immediate source of authority was the *Poetischer Trichter*, where, for instance, Harsdörffer recommended to the poet, daß er nemlich Zeit- und Denkschriften in kürtzen Reimen verfasst / erzehlen und vermelden kan / daß selbe in Bäumen geschnitten / oder in Felsen gehauen / oder in Marmorseulen mit Gold geschrieben / etc. dar und dort zu lesen seyn.... Er bauet Tempel / Paläste / Gärten / Schiffe / Brücken / Siegsseulen / Ehrengedächtnisse / und dergleichen / und zu solchem Ende sol er in der Baukunst wol erfahren seyn. (*Trichter* II, 37-38).

In the first gallery of the Temple of Noris, the iconography comes complete with these artifacts and historical allusions. Each of the twenty-eight families is represented by a description of its heraldic shield and a laudatory refrain based on some maxim, often taken from nature and involving wordplay on the family name. For example, the Ebner shield is divided by a saw-like figure into fields of yellow and blue; the quatrain moralizes:

> Ein Seegschnitt machet oft dasjenig recht und g'rad /
>   was krum und höggericht ist / was ästig und nicht gleichet:
>   diß nun erinnert uns / daß man durch Schweiß erreichet
> den höchstbelobten Nam; oft nutzt ein kleiner Schad. (34)

In the gallery of "wolverdienter und lobwürdiger Personen des obersten Standes" (121), Hellwig summarizes each man's character or deeds in an epithet, to which a quatrain is attached. Conrad Groß, founder of the Spital zum Heiligen Gast, is "der Freygebige"; Martin Böheim, Nuremberg's most celebrated cartographer and explorer, is "der Gepreisseste." At the very center of the temple stands an altar of precious stone, surrounded by three emblems representing loyalty, piety, and honor; upon it a heart-shaped censer stands for probity.

Feuilletonistic passages too are disposed in a fashion reflecting careful attention to authority. Helianthus' story about a destructive electrical storm in France proceeds according to a logical sequence, recommended in rhetorical handbooks, of time, place, circumstances, causes, and conclusion:

> Nun erinnert ihr mich...einer schrecklichen / iedoch warhafften
> Geschichte eines Donnerschlags / die sich vor wenig Jahren den   [time]
> fünften oder fünfzehenden Tag des Erndmonats in Frankreich /
> in der Grafschafft Avignon zu Mazan / begeben. In bemeldtem   [place]
> Flekken / als etwan an einer sonderer heiligen Feyre eine Geist-
> liche Ordensperson nachmittag dem Volk in der Haubtkirche   [circum.]
> geprediget / fuhre nach vielen unterschiedlichen Blitzen und
> Geprassel in den Wolken / ein jeher Donnerstreich in den Kirch-   [causes]
> thurn / ‖ zerschluge die Glokken / vondar an die Seite zu ruk
> prallend riesse er aus dem Gemäur drey grosse Steine / und zer-
> schetterte das Gehäus der grössern Uhr.... Und dieses geschahe

alles von einem eintzigen Wetter- ‖ streiche und Feuerstral /   [concl.]
bis er endlich verschwunden / und einen üblen Schweffelgestank /
gleich einem Schießpulver / hinterlassen hat. (154–56)

Hellwig's mentor had prescribed very much the same sequence in explaining how to organize a speech "naturally":

> Die Rede sol in ihrer natürlichen Ordnung zierlich daher flüssen: Der Eingang nach den *Ort* und der *Zeit* gerichtet die Erzehlung und Beschaffenheit der Sachen mit dienlichen *Umbständen* / die *Ursachen* solches zu behaubten: Was aus denselben erfolge: Dann der *Schluß* mit Wiederholung deß nohtwendigsten etc. (*Trichter* III, 33; emph. ed.)

Style

A certain stylistic paradox was always true of pastoral. The rustic scene called for modesty and simplicity, but behind the lowly shepherd's mask a learned poet aspired to higher things: "paulo maiora canamus" (Vergil, IV,1). Pastoral is a flexible discourse, rising and falling within a range governed by propriety.[27] Stieler adduces a host of attributes in seeking to define the versatile middling style:

> Die mittlere / mittelmäßige oder gedämpfte / gemäßigte / so auch die wolgeborne / bewegende / leuchtende / klingende / freundliche / fortfließende / und schallende Schreibart heißen kan / hebt sich etwas mehr in die Höhe / maßet sich einer süßern Lieblichkeit an / hat *anmuthige* und ausschweiffende Gedanken / führet sinnreiche Gespräche / bescheidene Verschönerungen / künstliche Zusammenfügungen / edle auserlesene Worte / lehrreiche Sprüche / geschickliche Gleichnüße / auserwehlte Exempel / und schwinget oder steiget empor nach Gestalt der Sache / oder der Personen / mit denen man handelt. (*SekretariatKunst* I/2, 336–37; emph., ed.)

A more apt limning of the principle of balance between elevated and modest style could hardly be wished for. Describing the two beautiful nymphs before entering the Temple of Noris (in a passage cited above), Hellwig employs techniques common to elevated style: metaphor and metonymy, antonomasia, and complex syntax:

---

[27] The *Ad Herennium* (264-66) warns that the middle style is always in danger of yielding to slackness ("dissolutum") or drifting ("fluctuans"). Cf. Harsdörffer/ *Trichter* II, 79.

> Dann ihre Stirne vergleichten sich mit dem weisesten Helffenbein. Ihre Aeuglein glitzerten / wie das frölliche Bottschafftbringende Gestirne Castor und Pollux. Ihre Wangen...Ihre Lippen...Ihre krause Haarlokken.... Mit ihren weichen und zarten Fingern rühreten sie beede die Saiten so künstlich / wovon ein solcher süsser und anmuthiger Klang entsprungen / darüber gewißlich auch Argus mit seinen hundert Augen wäre eingeschläffert worden. (26)

Likewise, Hellwig occasionally makes mimetic adjustment downwards. In speaking with the "Dorfmann" Montano allows himself, if not quotidian speech, at least a certain anecdotal tone, set by the familiar *du* and a folksy employment of aphorism:[28]

> Mein lieber Mann...du weisst das gemeine Sprichwort wol / daß / wo Gott eine Kirche hinbauet / der Teufel gemeiniglich auch eine Capelle hinstelle. Also / wo Gott irgent einem Land eine Gutthat erzeiget / der mehrere Theil entweder solche gering achtet / oder mißbrauchet. (115)

Among themselves the shepherds — who address each other with either *er* or *ihr* — also use a familiar style of comaraderie, often infused with humor. When Klajus shows signs of amorous melancholy Helianthus teases him good-naturedly, whereupon everyone laughs heartily (157). There are formulas of amicable address: "Vielgeliebte Schäfer / und treubeständige Wiesenfreunde" (87) and playful circumlocutions: "den doch unlangsten in üblen Zustand zu schweben das schwätzige Gerücht bericht hat" (9). The seriousness demanded by many themes in *Die Nymphe Noris* is regularly softened by a lighter mood in order not to disturb the proper balance required of middling style.

Stieler's deployment of "anmuthig" ("anmuthige und ausschweiffende Gedanken") in his doctrine of styles is particularly relevant to a discussion of prose eclogue. Hellwig uses the same term to define, not merely an amicable style, but the form, or genre, in which he writes: it is an "anmuthige Schreibart" in which one may expect to find "allerley Erinnerungen und Lehren / durch Ubersetzung / als selbst Erfindungen / nebenst den Gedichten... / daß die Zuhörer und Leser / in Belustigung derselben / sich gleichsam selbsten müssen gefangen geben / und schuldig bekennen" (5). Prose eclogue's amicable style is a useful one, in that the reader yields the more surely to its pleasures, behind which exist "edifying lessons."[29] But it is also likely that Hellwig wishes to evoke the specific tradition in

---

[28] The condescending *du* form is also used by the nymphs when addressing a single shepherd, e.g. "...dir / Montano..." (58).

[29] Again, it is possible that Harsdörffer was responsible for Hellwig's insight into the affective potential of amicable style. In his discussion of *Hirtengedicht*, made the psychological observation that the human being is by nature more attracted to pastoral songs than

which *Die Nymphe Noris* stands. The opening scenes of Opitz, Harsdörffer—Klaj, and Birken are all related through the use of the word *anmut(h)ig*:

> ES lieget dißeits dem Sudetischen gefilde / welches Böhaimb von Schlesien trennet / vnter dem *anmutigen* Riesenberge ein thal / deßen weitschweiffiger vmbkreiß einem halben zirckel gleichet / vndt mitt vielen hohen warten / schönen bächen / dörffen / maierhöfen vndt schäffereyen erfüllet ist. Du köndtest es einen wohnplatz aller frewden / eine fröliche einsamkeit / ein lusthauß der Nimfen vndt Feldtgötter / ein meisterstücke der Natur nennen. (*Hercinie*; emph. ed.)

> DA / wo der Meisnerbach sich durch die Thäler zwänget... / Liegt die höchstgepriesene Provintz Sesemin / und darinnen der *anmutige* Schäfer Aufenthalt Sanemi / welchem an Lust und Zier kein Ort etwas bevorgiebt. (*Pegnesisches Schäfergedicht*; emph. ed.)

> Damit triebe er fort / und truge ihn der Weg auf den bekanten Baumplatz.... Anmutiger Ort / fienge er an / wer dich unter die *anmutigsten* dieser Gegende zälet / thut dir in Warheit nicht unrecht. (*Fortsetzung*; emph. ed.)

Ironically, the softening effect of "anmuthige Schreibart" may have been in part responsible for the failure of the critical social message to be received by those at whom it was directed. No evidence suggests that the ruling estate understood the message other than as praise, i.e. at face value. The hidden sign of "etwas mehrers oder höhers" to which Hellwig called attention in his foreword remained hidden, not only to patrician readers, but to most literary historians as well.

Brief historical survey of commentary[30]

The first explicit mention of *Die Nymphe Noris* was made two years after its publication, in Birken's *Teutonie*: "Ein andrer / Namens Montano / hat jünsthin *[sic]* die Herrlichkeit dieser Gegend in zweyen Tagen gar herrlich besungen." It was no longer available by 1655, according to an inscription made in that year by Johann Wilhelm Kress in his personal copy: "Dieses Büchlein / weil es dieser Zeit

---

military ones, because they are "anmutiger": "Es ist deß Menschen angeborner Eigenschafft viel gemässer / von dem unschuldigen und ruhigen Feldbau / als dem Landsverderblichen Kriegswesen.... Ein freyes Feld- oder Waltlied klinget vil anmutiger / als die mordtönenden Trompeten / und schwirmenden Trommelwürbel." (*Trichter* II, 101–02).

[30] For a complete chronology of notice and opinion on *Die Nymphe Noris*, as well as Hellwig's other works and life, s. "Annotated Bibliography" in Reinhart/ 1993, 115–35).

nicht wol mehr zu bekommen ist / soll hinfüro bey meiner lieben Posteritet / wegen der Kreßischen Vorschickung Neunhof / zur Bedächtnus Verbleiben." Although Hellwig's medical works received regular mention in various lexica between Freher and Hirsch, interest in *Die Nymphe Noris* rapidly declined. Early in the eighteenth century Omeis, current president of the Pegnesischer Blumenorden, included it in his catalogue of Nuremberg's men of letters — the first lexicon to account both for Hellwig's medical and poetic works. Thirty-six years later, for the centenary of the academy, Herdegen included *Die Nymphe Noris* in his biographical summary, the first to treat Hellwig's poetic life in addition to his medical career. The Altdorf professor G. A. Will, drawing on the previous work of Linden, Freher, Omeis, Kestner, and Herdegen, presented in his *Nürnbergisches Gelehrten-Lexicon* of 1756 the fullest bibliography to date of Hellwig's life and works. Will called Hellwig "ein guter Poet" (87), a strong assertion given Gottsched's blistering critique, just fifteen years earlier in the widely read *Critische Beyträge*, of Hellwig's translation of *De Consolatione Philosophiae*. Unable to determine the identity of the translator, Gottsched had inferred from the style that the translation could only have been done by a member of the Fruchtbringende Gesellschaft! (Reinhart/ 1992)

The reputation of the Pegnesischer Blumenorden as a club of silly versifiers owes largely to the Romantic literary historians, who found the Nuremberg preoccupation with *Schäferei* loathsome. "Tändeleien mit Blumen und Bänden, Buchstaben und Sylben," thus Horn dismissed the bucolic products of the most "un-German" Pegnitz Shepherds, adding, "und oft wurde dem Kindischsten und Geziertesten der meiste Beifall" (294). Later in the same decade Koberstein condemned the Nuremberg school in similar fashion; in the fifth edition of his work he counted *Die Nymphe Noris* among the "lächerlich[e] Beispiele" of acoustic experimentation (77), singling out the Pindaric ode in Hellwig's chief work as "besonders künstlich" (104). While Tittmann in his bicentennial study of the Blumenorden was more generous, even understanding, he also disparaged *Die Nymphe Noris*, finding it formally inferior to the previous attempts. He characterized the form, not ineptly, as "eine poetische Topographie der Stadt Nürnberg," but found it cumbersome and the language "alterthümlicher, als der der übrigen Pegnitzer. Reim, Quantität und Strophenbau erinnern oft noch an den Meistergesang, der doch sonst dem Kreise fern genug lag" (68). In the remaining nineteenth century *Die Nymphe Noris* received only sporadic notice, as in Heyse's collection (no. 746), Menzel's history (332), and Goedeke's index (¶183, 58). There is no further nineteenth-century commentary of interest on Hellwig, with the notable exception of Gervinus, the first German critic to place the literary work of the Blumenorden in historical and political context. Gervinus expresses astonishment over, but does not disparage, the profusion of themes and forms — especially the pattern poems — in *Die Nymphe Noris*:

Als dritten und vierten Theil dieser kostbaren Pegnitzschäferei kündigt sich die Nymphe Noris (1650) an, von Montano d.i. Joh. Hellwig, eine Beschreibung von Nürnberg, wo wieder ganz der Liebhaberei an Schildereien, Denkmälern und Aufschriften, Allegorien, Kräuter- und Blumennamen, Naturtönen und besonders Bilderreimen voller Lauf gelassen ist; da reimen sie zweigipflige Parnasse, Thürme, Nußbäume, Reichsäpfel, Orgeln, Lauten, Schalmeien, Röhrbrunnen, Sanduhren, Ehrensäulen und alles mögliche!! (289)

Die Nymphe Noris was glossed once more before the turn of the century, as "eine ansehnlichere Leistung...im Geschmacke der Pegnesis und der Nymphe Hercynie gehalten" (218), in Bischoff's study of Harsdörffer on the occasion of the Pegnesischer Blumenorden's two-hundred-fiftieth anniversary.

Twentieth-century opinions continued to divide over the question of the Nuremberg manner. Nadler, following in the critical tradition of Gervinus, considered Nuremberg, next to Zesen's Hamburg, the most important intellectual center of the German seventeenth century, maintaining that the academy's acoustic experimentation, like that of the thirteenth and nineteenth centuries, signified a highly developed formal culture (esp. 169 and 179). Cysarz agreed in part, most notably with respect to Klaj; but his conception of an "idyllic-decorative" style, in which northern and southern elements merge in the best Nuremberg poetry, was inseparable from the broader implication that the burgher poets had been co-opted by their social masters, the patricians (102). The failure to account for the critical potential in Nuremberg pastoral is visible in Hankamer's claim that it was cloying and prettifying: "Ein ästhetisches Gesellschaftsspiel also, das den Traum von einer niedlicheren und schöneren Welt, ein Traumland für zarte Schäfer und schöne Mädchen herzaubert" (200). This bias achieved its most blatant rehearsal in the GDR literary history of the Baroque: "Das Höfischwerden der bürgerlich-patrizischen Lyrik — Absinken zu Formspielerei und Aussage im Dienste der höfischen und feudalabsolutistischen Ideologie" (Boeckh, 326).

With Garber's groundbreaking sociohistorical studies a positive reversal of the previously limited view of Nuremberg pastoral was introduced. Monographs by Reinhart argued that *Die Nymphe Noris* mirrors a changing consciousness in early modern *Bürgertum* by advocating the rights of Nuremberg's learned estate. Newman regarded *Die Nymphe Noris* as unique among early prose eclogues because of its "power to make the ideal real in the text" (230). Otherwise, the greatest attention given to *Die Nymphe Noris* was aroused by its masterful pattern poetry, a subject that enjoyed rejuvenated critical interest in the twentieth century. Compilations and commentaries by Warnock and Folter, Dencker, Petit, D'Ors, Peignot, Daly, Rypson, Gran, Ernst, Severin, Verweyen, Higgins, and Kühlmann included Hellwig among the important early modern practitioners of the form. Adler provided a detailed analysis of the ten-poem cycle in *Die Nymphe Noris*, concluding that Hellwig contributed great novelty to the form, perhaps surpassing even the contribution of Birken. Adler—Ernst, in their universal catalogue of figured poetry, claimed that the theoretical statement on the form in *Die Nymphe Noris*, "dürfte zu den wichtigsten poetologischen Aussagen über das Figurengedicht im Barock gehören" (75a).

Die Nymphe Noris

In Zweyen Tagzeiten
vorgestellet;

Darbey mancherley schöne Gedichte/ und warhafte
Geschichte/ nebenst unterschiedlichen lustigen
Räzeln/ Sinn- und Reimenbildern/
auch artigen Gebänden mit-
angebracht

Durch

einen Mitgenossen

der PegnitzSchäfer 2c.

Nürmberg.
Gedrukt und verlegt bey Jeremia Dümler.
Im Jahr 1650.

[A2ᵛ]

Vorrede
an den
Gunstgewogenen und Ehrliebenden
Leser.

OBwol der Standsberuf des Urhebers dieses gegenwärtigen Werkleins / wolgeneigter Leser / ein anders erfordert / so hat ihm doch Derselbe zur Ergetzligkeit diese Schreibart auf dißmal gefallen lassen / nicht etwan eiteln Ruhm dadurch zu suchen / sondern sich vielmehr / seinem gethanen Gelübd nach / in Ausübung der Teutschen Heldensprache desto mehrers zu üben / in den reinen Quellen derselben sich umzuschauen / und also anderen mehrern zum Beyspiel mit vorzugehen.

    Und ist zwar Bücher schreiben an ihme selber eine schlechte Kunst; kunstfüglich aber ist es / etwas gutes / nutzliches / und zu seiner Zeit sich schickliches auf das Papyr zu bringen / und der breiten Welt zum Urtheil vor Augen stellen. Dann was schöne und nutzliche Bücher von allerhand Künsten und Berufswerken seyn nicht unter den verwichenen bluttriffenden Läuften an das Taglicht [A3ʳ] kommen? wie werth sie aber gehalten / und wie fleissig sie gesucht worden / das werden uns die aller Orten angefüllte Buchläden / mit leidigen Klagen / genugsam bezeugen können / und heisset es hier recht wol und recht / die Kunst gehet nach Brod; wil geschweigen / daß ihme einer erst / um Erhaltung eitler Ehr und grossen Namens / thörichte Mühe mache / anderer gute Schrifften mit spitzigen Nachgrübeln durchstänkere / unnöhtige Streitfragen errege / oder mit anderer Leute abgetragenem Schweiß und Arbeiten sich beschmukke und befiedere.

    Nachdem aber der gemeine Welthauf / auch mitten in seinem üblen Zustand / immerzu nach neuen und ihme beliebigen Dingen gelustet / und bey seinem lasterhafften Thun / wie ein Räudiger / nur stetig wil gekützlet und liebkoset seyn / also haben iederzeit viel kluge und gelehrte Männer sich bearbeitet / und dahin gesehen / weil ja bey dem rohen Hauffen die Schärffe nichts hilfft / daß sie doch / mit versüssten Wortten und Schertzen / die Laster möchten verbannen / und hingegen die waare Tugend an das Burgerrecht bringen; die Fromme hierdurch tröstliche Belustigung / und die boßhafte [A3ᵛ] heimliche Reu empfinden / wie derer unterschiedliche

Schrifften / nicht in ringer Zahl / hin und wieder / solches reichlich erweisen.

Dannenhero auch diese anmuthige Schreibart entsprungen / und bey neulichst angefangener / und / GOtt Lob / bißhero wolersprießlicher Ausübung unsrer Teutschen Muttersprache / wiederum in sondern Schwang gerahten / da man sich nicht allein des reinen Teutschen befleissiget / sondern auch allerley Erinnerungen und Lehren / durch Ubersetzung / als selbst Erfindungen / nebenst den Gedichten also zu Werke richtet / daß die Zuhörer und Leser / in Belustigung derselben / sich gleichsam selbsten müssen gefangen geben / und schuldig bekennen. Und obwol den gemeinen Spruchsprechern und Fabelhannsen nicht schwer fället / ein Gedicht zu erzehlen; so hat doch ein Gedicht / als ein lebhafte Geschicht / mit Nutzen vorzustellen / oder warhafte Geschichte in Gedichten zu verbergen / und hinter solchen lieblichen Larven erbauliche Lehren zu verstekken / in der Warheit etwas mehrers oder höhers hinter sich / worüber zu urtheilen man es einem ieden Verständigen wil heimgestellet haben.

Dieser Schreibart nun hat sich besagter Urheber / mit Ergetzung seiner selbsten / in diesem Werklein auch gebraucht / und solcher Massen die dritte und vierdte Fortsetzung / oder den dritten und vierdten Theil der PegnitzSchäferey / die von andern wolbelobten PegnitzSchäfern (für derer unwürdigen Mitgenossen er sich auch erkennet) unlangsten angefangen worden / den treuen Liebhabern der reinen Teutschen Sprache an die Hand geben wollen / worinnen nicht allein unterschiedliche anmuthige neue Lieder und Gebände / nach Spanischer Art (wie sie der Weltberühmte Spielende zum ersten in das Teutsche gebracht / und dergleichen Bericht in seinem PoetenTrichter getreulich mitgetheilet) imgleichen lustige Räthsel / und artige Bilderreimen / [A4r] sondern auch etliche warhafte Geschichte / gedichtweise angebracht / zu finden seyn. Besonders verhoffet er nicht ungereimet vorgestellet haben die Beschreibung seines lieben Vatterlands / zu dessen schuldigsten Ehren meisten Theils Er dieses Werklein unter die Hand genommen / indem er nicht allein desselben von Gott reichgesegnet Landsart mit Poetischem Grieffel abreisset / sondern auch zugleich dessen hochrühmliche **Regimentsform** / benebenst denen Adelichen Geschlechten / denkwürdigsten Begebenheiten / und namhaftesten Gebäuen lebhaft abmahlet / und mit sonderlichen Lehrberichten auszieret / vermeinend / gnugsam gethan zu seyn / so etwas darinnen denen noch kommenden zur Tugendbringender Anmahnung und löblicher Nachfolge dienen solte.

Wiewol Er sich hierinnen entschuldiget seyn erachtet / daß Er sich hoher und zierlicher Hofreden / als bey Helden= und Liebsgedichten üblich / nicht gebrauchet / massen dem nidrigen Schäfersstand die offenhertzige Einfalt / und die unbeschminkte und der Natur ähnliche Gespräche / als getreue Glaitsleute / sich alle zeit zu gesellen / so glaubet er auch doch / hiermit nichts vorgreifliches gehandelt haben / aldieweil nichts geheimes / noch nachtheiliges / sondern viel bekanntes hierinnen verzeichnet worden / dessen albereit *Sleidanus*, *Chytræus*, *Peucerus*, *Dresserus*, und andere hin und her / in ihren offentlichen Schrifften vorher gedacht / und sonderlichen Herr Carl Nützel / und Michael Piccart von den Adelichen Geschlechten schöne Lateinische Verse gemacht haben / auf welcher aller glaubwürdiges Ansehen Er / der Urheber / sich beständig beruffet / es mögen gleich seine Mißgönstige von dem gegenwärtigen sowol / als andern seinen / dem lieben Vatterland zum rühmlichen Andenken / wolgemeinten / künftigen Werklein urtheilen / was sie wollen; bey Erwegung dessen Er sich des gemeinen Sprichworts tröstet / daß wolgemeinter Fleiß selten ohne Neider sey / auch Juppiter nicht habe [A4ᵛ] allen gefallen können. Solte aber ie dieses Werklein in seiner Wenigkeit irgent einen wolgeneigten Beyfall überkommen / möchte vielleicht der Urheber dessen veranlasset werden / noch etwas erbaulichers künftig zur vollkommener Geburt zu bringen / und an das helle Taglicht zu stellen. Indessen lebe wol / du Gunstgewogener Leser / und gebrauche dich deiner verliehener Gabe / wes Standes du bist / GOtt zu Ehren / dem Vatterland zum Ruhm / und deinem Nächsten zu Nutz / sonder allen verhofften Dank und Lohn in diesem vergänglichen Wesen. Lebe wol!

ΚΑΘΙΕΡΩΣΙΣ.

SIc Pegnesiacas modulatus Pastor ad undas,
 concelebrat Patriæ fortia facta suæ.
Prudens Concilium laudat, sacer atque Senatus
 illius est cantus aurea materies.
Noridos antiquæ non immemor inclyta Stirpis
 signa refert, docto hæc lemmate pulcra notat.
Et Bromii & Cereris plaudens de munere Matris,
 Chloridos innumeras Fistula cantat opes.
Temporis ingenuis sic mulcens tædia ludis
 MONTANUS, Patriæ dedicat hosque suæ.

[p.1:B1ʳ]

Der Nymphe NORIS
Erste Tagzeit.

ES war die Schattendek der finstern Nacht verschwunden /[1]
die aller Menschen Sinn mit müden Schlaf gebunden;
    Der Mond verhüllte sich / samt dem krystallen Liecht /
    als aus dem SpiegelMeer der Sonnen Angesicht
zu Morgens aufgeflammt / und mit den Purpurwangen
pflegt auf dem hohen Berg' aufs herrlichst her zu prangen;
    das Kind der freyen Luft / die Nachtigall sich schwang /
    sie kittert / bikert / zwitzt des Tages Klinggesang:
Die grüne Mattenzierd sich wieder neu ergetzte /
als sie der helle Tau mit Silber wieder netzte;
    Die früe Dreschers Hand klopft / stopft die erste Schütt
    der Aehrenreichen Garb /

da der PegnitzSchäfer Montano sich auch von seiner süssen Ruhe erhoben / und diese Nacht über / seine voriges Tags von der starken Sonnenhitze ausgemattete Glieder wiederum erquikket hatte. Demnach er sich auser seiner Hürde begeben / um etwas freyers die kühle Morgenluft zu schöpfen / und mit seinen Gedanken Gespräche zu halten. Ach lieber Gott! sagte er bey sich selbsten / in was Gefahr stehet doch unser Thun und Leben / wann es nicht mit deinem Gnadenschutz umzäunet were? Unsre Ruh und Schlaf ist nichts anders als ein waares Todenband / mit welchem die Sinne und Glieder gleichsam [p.2:B1ᵛ] gefesslet / und Arme und Reiche / Grosse und Kleine in gleicher Würde gehalten werden. Wiebald könnte uns ein ohngeführer Zustand überfallen / ein Dieb berukken / eine böse Luft berühren / ein reisend Thier erschrekken / ein Gewürm vergieften? Ach ja! wann hier deine Vatterhand nicht were / würden wir / wie ein Rauch / vergehen / und sich weder Beine / noch

---

[1] Beschreibung des Morgens.

Aschen mehrers finden. Dein ist die Ehre; dein ist der Ruhm / ô liebreicher Gott / daß wir noch bißhero dieses alles mit beheglicher Ruhe geniessen / die jüngst Wollenberaubte Heerde zur Waide führen / und uns in unseren Schäferspielen so süssiglich vergnügen mögen: darum wir Dir billichen Dank zu sagen haben. Und fienge hierauf an besagter Schäfer folgendes Morgenlied zu singen:

1.[1]
DEin Lob / ô Gott / vermehre
    mein Mund an allem Ort;
Dir bleib allein die Ehre /
    Du bist der einig Hort /
des Güte wir vertrauen /
all unser Thun erbauen
    in deinem Gnadenport.

2.
Du hast mich und die Heerden /
    die dein Geschenk und Gab /
beschützet für Gefährden;
    Du segnest meinen Stab /
der Du uns sicher machest /
und mächtiglich bewachest
    all unser Thun und Haab.

3.
Nun diese deine Hulde
    werd' alle Morgen neu;
vergib uns unsre Schulde /
    und stetig um uns sey.
Kein Feind uns nicht berukke /
die Sorgenlast nicht drukke /
    die Nahrung wol gedey.

[p.3:B2ʳ]

---

[1] Im Thon: HErr Christ der einig Gottes Sohn / u.d.g.

4.
Dein Lob darum erklinget
auf grüner Heid und Au /
und mein Mund frölich singet
bey früem Morgentau /
auf daß dein Nam erschalle /
und aller Ort erhalle /
wie ich Dir / Gott / vertrau.

Bey Endung dieses sahe und hörete er von fernen einen Schäfer gehen / der auf seiner Pfeiffen freudig pfiffe / ohne Zweiffel dem lieblichen Geschlürffe des geflügleten Luftvolkes in der Tageskühle / mit seinem Tudlen den Trutz zu bieten / oder zum wenigsten ihnen beyzustimmen: derowegen er was nähers zu ihm genahet / und alsbalden vermerket / daß es Periander seyn muste. Demnach ihn / mit vorbeschehener Wünschung eines glükseeligen Morgens / also angeredet: Mein lieber Periander / ist es dann auch möglich gewesen / desselben mit freudigen Augen wiederum ansichtig zu werden / den doch unlangsten in üblen Zustand zu schweben das schwätzige Gerücht berichtet hat; ja wol die gemeine Sage gegangen / daß er allbereit die Heller zusammen gezehlet / womit er dem geitzigen Charon seine gebührende Fracht entrichten könte. Freylich ja / antwortete Periander / ist es mir gnau gnug gestanden / wiewol mich mein freyer Will dahin geleitet. Dann mich die Begierligkeit getrieben zu erkundigen / wie es in dieser und jener Welt daher gienge: Die Fußstapffen aber haben mich bald widerum abgeschrekket / in Besorgung / daß ich etwan den Weg nicht zu [p.4:B2ᵛ] rukk fände / und bin also / nächst Gott / dem sey Dank / der Gefahr entronnen. Habe mich demnach benebenst dankbarlich zu erfreuen / indem ich verspühre einen und den andern guthertzigen Menschen / der ob meiner erlangten Wolfahrt einen freundlichen Wolgefallen habe.

Aber beliebter Montano / was hat ihn so früe von seinem Schlaff erwekket? fragte Periander ferners. Von deme der Montano hinwieder forschete / was dann ihn so früe hieher gelokket hätte? Mein inbrünstiges Verlangen / antwortet Periander / der gesamten Schäfergesellschafft wiederum aufzuwarten / und mich in derselben Spielen und Gesprächen von neuen zu erlustigen / als die mich vormals beheglichen erfreuet haben; zuforderst aber für meine weiche Lämmer / bey dieser heissen und dürren Sommerszeit / um eine frische und gesunde Wayde auszugehen. Und das ist eben / sprach Montano / auch mein Will und Vorhaben gewesen. Beliebet ihm nun / so wollen wir die Trifften durchwandern / vielleicht treffen wir einen und den andern Gesellen an / der uns folgends den Weg und die Zeit verkürtzet. In welches Ansinnen Periander gar leichtlich gewilliget.

Als nun diese beede Schäfer miteinander vereinet / und sich mit Speisen auf ihre Spatzierreiß versehen hatten / namen sie zu erst den Weg auf den Baumplatz zu / der vor diesem von dem Klajus löblich besungen worden.[1] Welcher grün beschattigte Ort dem Periander also gefallen / daß er diese nachstehende Grußreymen eylfährtig hören lassen.

1.
Schöne Matten!
Deren grünbebäumter Lust gibet Ruh' und kühlen
Schatten;
deines Platzes reiche Zier
grune / grüne stets allhier. [p.5:B3ʳ]

2.
Flutgerienne;
Laß / daß diese Pegnitzflur neubegrünte Krafft ge=
wienne /
und daß euer Liebesbund
sey der hohen Stämme Grund!

3.
BlumenAue!
Hier mit stoltzem Lindenblat dich in deinem Strom be=
schaue:
jährlich dich in dich verneu;
uns die Schäferzunft erfreu!

Von dannen zogen sie miteinander hin auf einen sandigten Bühl oder Hangen zu / darbey unten die von dem Weltberühmten Strephon und

---

[1] Die Hallerwiesen / besihe den 1. Theil der PegnitzSchäferey.

Klajus besungene Drath= und gegenüber Papyrmühlen stunden /[1] zu denen allerseits ein von Holtz aufgerichteter Steeg die Baahn anwiese / der nicht unlangst durch den Floridan namhafft worden.[2] Oben in der Höhe ersahen sie in der Weite den von dem hochgedachten Strephon erstmal beliebten Ort / dahin er anfangs seine Wollenkinder hatte ausgeführet / und sich in allerhand Gedichten daselbsten geübet. Seitenwerts gelangeten sie auf den Schießplatz /[3] von deme man sagen möchte / daß die schnöde Menschenlust im Feuer und Dampf allda ihre schertzende Begierden / ohne Forcht und Sorgen / vergnüget / wiewol der nächstanligende vermaurte Ort / samt den erhöchten Steinen / sie gnugsam der schnellen und unerwarteten Gefahr erinnerte: welches dann den Montano bewogen / diesen Klingreimen nachzudenken.

    Es klatschet und platschet der Schiessenden Schaar /
    es schallet und knallet nicht sonder Gefahr;
        Feldspielen erklingen / bezüngen die Fahnen /
        die iedem Obsieger die Ehrenbahn bahnen.   [p.6:B3ᵛ]
    Im Feuer und Dampfe sich übet alldar /
    die Jugend versüsset mit Schiessen die Jahr /
        verachtet / verlachet / wie leichtlich beplanen
        die Schertze mit Schmertze den Todensteig / mahnen.
    Die Ehre vermehret den Schweffelgestanck:
    oft kömmet mit Schaden beladen der Dank.
        So trägt man an nichtigen Dingen Belieben!
    Es rauchet und schmauchet das Leben dahin /
    die zeitliche Freude hat kurtzen Gewinn;
        oft Jammer und Leide die Freude betrüben.

Indem sie aber den gedachtem Schießplan vorbeygangen / bate Periander den Montano / er wolte sich / doch nebenst ihm / auch in den nächsten Bezirk verfügen / allda umzusehen / was Ehrengedächtnisse etwan

---

[1] Im 1. Theil der PegnitzSchäferey.

[2] Im 2. Theil der PegnitzSchäferey.

[3] Der Schießplatz / bey S. Johannis Kirchhof.

neulicher Zeit den Verstorbenen wären aufgerichtet worden.[1] Indessen sie unter andern eines hohen Gebeudes mit rot und weiß gesprengten Marmorseulen unterstützet gewar worden.[2] Zwischen den Seulen sasse eine verblasste / iedoch ansehliche Mannsperson / mit halben Küriß bewaffnet / der auf der Seiten der neidische Tod nach dem Hertzen zuschosse: auf den beeden Seiten nebenher stunde die Aufrichtigkeit in weisem Gewanth / mit eröffneter Brust / und hervor scheinendem Hertzen / in der einen Hand einen Scepter / mit der Sonnen Bildniß / haltend / unter ihr aber eine Taube; wie auch die Dapferkeit in blauem Gewanth / mit einem Helm und Brustharnisch / in den Armen eine Seule haltend / und unter ihr einen Löwen habend / abgebildet doch trauriger Gestalte: und oben her schwebete das fligende Gerücht / in einer Hand ihre Trompeten tragend / mit der andern aber setzete sie der besagten Mannsperson einen Lorbeerkrantz auf das Haubt / woran mit andern kleinen Blümlein diese Buchstaben *I. I. T.* eingebunden seyn schienen. An den beeden Seulen herab hungen allem Ansehen nach / des Verstorbenen Uranliche Wappen= [p.7:B4ʳ] schilder: unten in dem Fußgestell aber auf schwartzen Marmor war diese Schrifft mit Gold beleget:

Obwol mich die Dapferkeit einem Donnerskind vergliechen /[3]
ist doch durch das freundlich seyn mir der Zorn leicht gewiechen;
und indem das EhrenGlück tetschlet / und aufs höchst anblikkt /
hat des Todes Mordgeschoß mir das Leben abgedrükkt.

Anderwerts sahen sie ein Gestell von weissem Marmor / darauf innerhalb eines bezeichneten Myrtenkrantzes / mit schwartz / in Gestalt eines Hertzens / folgende Wort geschrieben stunden:[4]

---

[1] S. Johannis Kirchhof.

[2] Ehrengedächtniß des E. und E. Herrn Johann Jacob Tetzels / des Eltern Rahts zu Nürmberg / der im Jahr Christi 1646. gestorben.

[3] Absehen auf obgedachten H. Namen bedeutnisse. Jacob heisst ein Donnerkind / Johannes freundlich / holdseelig.

[4] Ehrengedächtniß des Gottgelehrten H. Cornelius Marci / Predigern zu Nürmberg / der im Jahr Christi 1646 gestorben.

Der Nymphe Noris Erste Tagzeit

      †   †
     Schertz: Schmertz!
   nichts besteht / alls vergeht:
  was heut lachet / morgen krachet.
  Schnell hinfället / was der rauhe Wind anweht;
auch in seinem höchsten Grad nichts beständig frölich machet.
wie ein Rauch und leichter Staub ist das Leben sonder Grund;
 Menschenkinder / denket an die letzte Stund /
  und vielmehr dorten auf den Himmel bauet.
  Denket a n d e s Lothes W e i b /[1]
  und nicht / gleich ihr stehen bleibt;
   Sie d e m Höchsten nicht getrauet.
   Wer mit Christo seelig stirbt /
    ist gewiß / daß er erwirbt
     die ewige Freude.
     Dieses betrachte /
      und hoch achte;
       meid und leide.

                     [p.8:B4ᵛ]

An einem andern Ort stunde ein dreyeketer Pyramis aufgerichtet /[2] an dessen Seiten einer / mit Farben zierlich gemahlet zu sehen gewesen / bey aufgehendem Sonnenschein / ein blüender Rosenstokk / nächst demselben satze eine freudige junge Schäferin / und bande ein zierliches Blumenkräntzlein; anderseits bey sinkender Sonne / der Stokk seiner Blumen beraubt / die zerstreuet unten an der Erden herum lagen / nahend darbey ruhete eine erblasste Schäferin / die eine schwartze Nattern in die Fersen gestochen: in dem dritten Raum stunden diese Reimen / nach der Gestalt des Pyramis oder Flammseule / in grünem Felde / mit weiß / angeschrieben:

---

[1] Absehen auf des ietztgedachten H. geführtes Sprichwort.

[2] Ehrengedächtniß Jungfr. H. H. die im Jahr Christi 1645. gestorben.

†
Hier
beacht :
Heut an mir /
Morgen an dir;
Dich und mich der Tod verlacht.
Wie die Rosen bald verblüen /
gleicher Weiß' unsre junge Tage flihen:
ehe der Sonnen Liecht entweicht / schnell verschwind
Jugend / und die Rosenblüe man verwelkket find.
Stella schön und wolgeart / truge lust am Künstenspiel'
in der besten Freudenzeit sie der schwartze Neid anfiel:
Hirten und der Hirtinn Zunfft / wollet ihrer nicht vergessen
in Betrachtung ihres Falls / auch der Jahre Freude messen!

worüber dem Schäfer Montano die Augen nasseten / in Erwegung / daß so gar nichts Beständiges hier auf Erden were / und weder Dapferkeit / Gottesforcht / noch Jugend dem zeitlichen Tod entfliehen könne. Welches Periander bald in acht genommen / und der nicht sonder Ursach / nach erlangter Gesundheit / wie ein entrunnener Vogel / sich muhtig machete / hat [p.9:C1ʳ] er den Montano bey der Hand gezogen / und gebetten / den Weg von hinnen ferners zu nemen / darmit er ja veranlasset würde / durch andere Gespräche seine Schwermuth zu unterbrechen.

Als sie nun nahend an den neugebauten Brachfeldern zwergwegs daher spatzirten /[1] ist ihnen ohngefähr ein anderer wolgebräunter Schäfer aufgestossen / den sie in der Ferne nicht wol erkennen mögen; doch Montano endlich ihn vor den Helianthus ansahe / welcher nicht unlangsten / als ein Einheimischer / sich auch hatte unter der PegnitzSchäfer Gesellschafft begeben / und angefangen / eine neue Heerd und Hürden aufzurichten / und zwar neulich bey den Slowaken an der Eger in nohtwendigen Geschäfften verreist gewest / und erst kürtzlich wieder anheims kommen. Besagter Helianthus gienge von Schritt zu Schritt / in der Hand was Geschriebenes haltend / in welchem er gar andächtig lase: als er aber obgedachte beede Schäfer erblikket / hat er geschwind sein emsiges Lesen eingestellet / und die Schrifft wiederum in die Taschen geschoben / iedoch

---

[1] Um die Johannisfelder und in solcher Gegend liegende Gärten.

bey Verbergung des einen ein anders Zettulein fallen lassen / das Periander / ohne des andern Obacht / behend aufgehebt / und für sich behalten / in Meinung / es etwan ein Liebbrieflein / von dessen lieben Schäferin / seyn werde / mit welchem er ihn zu seiner Zeit wol beschertzen könte. In Begebung dieses / hiesse ihn der Montano nebenst dem Periander / mit gebührlich erwisener Ehrerbietung / freundlichen Willkomm seyn / und ersuchte ihn / ihnen Gesellschafft zu leisten. Im Fortgehen aber erkundigte er von dem Helianthus / was Zustandes ietzund jenes Orts were? ob es gute Luft / frische Wasser / und gesunde Auen gebe? ob die Heerden sehr trägtig / und reine Wolle hätten? ob die Schäferin allda schön / und die Schäfer freundlich weren / und woher er so gebräunet worden? und dergleichen mehrers. Auf welches alles Helianthus solchen Bericht ertheilet / daß jener hierob ein gutes Vergnügen gefasset. [p.10:C1ᵛ]

Unter wärendem Gespräche näherten sie sich den kostbaren Wurtz= und Lustgärten hinzu / die nicht allein wegen ihrer prächtigen Gebäuen und Anstellungen hin und wieder zu sehen würdig / sondern auch darum zu loben und zu lieben waren / daß sie so manchen Wunderschatz der Natur in sich verwahret hielten.[1] Dorten hatte die Naturahmende Künstlershand eine Grotten oder Berghölen von allerley Farben schroffen / glatten / runden / und spitzigen Schnekkenmuscheln / Perlenmutter / Corallen / Ertz= und Saltzsteinen zugerichtet / um die dahin gestellte Wasserquell desto rauschender zu machen; hier prangeten in ihren schöngemahlten Gefässen die manchfarbigen Nelken / der *a* blutrote Schwertel /[2] die *b* glorwürdige Juken /[3] die *c* andächtige Passionblum /[4] die *d* hochfärbige Jerusalemsblum /[5] die *e* wandelbare Cartheuserlein /[6] die blaugestirnte Affodillen / die hellglitzende Goldblumen / der tausendschöne Amaranth / die seltzame Papageyfedern / die wolriechende Jasminen / der stoltze Spanische Ginst / der manchartige gefüllte Veil / die stechende Indianische Feigen / die bittere Aloes / und dergleichen zu der Zeit blüende und

---

[1] Absehen auf die jenige Blumen / Früchte und Kräuter / die im Sommer und zu Anfang des Herbstes sich sehen lassen.

[2] *a* CANNA INDICA.

[3] *b* JUCKA GLORIOSA.

[4] *c* GRANADILLA.

[5] *d* FLOS CONSTANTINOPOLITANUS.

[6] *e* FLOS ARMERIUS.

grunende Gewächse. Nahend darbey in den irrsamen und mit grünen Bux oder Weinrauten bestekten Blumenbethlein stunden die hohen *f* gelben Dosten /¹ die übelriechende Sammetblumen / die silberweise Lilien / die theurgeachte Türkische Bünde / die kliberichte Ringelblumen / die unterschiedliche *g* Fingerhüet² und *h* Löwenmäuler /³ die blauen Bisem= oder Kornblumen / die manchfärbige gefüllte Rittersporn / der wundersame Agley / der braune Schwertel / die großprallende Pappeln / und andere. In übrigen Feldlein wuchsen der stets grünende Rosmarin / der starckriechende Lavendel und Spick / die anmuthige Melissen / der freche Satiron / die dienstliche Camillen / der nutzbare Salbey / das heilsame Löffelkraut / und tausend andere / sowol zur Speise / als Artznei bequemliche Kräuter. Die Hangen und Gänge hin und wieder waren mit aufgezogenen [p.11:C2ʳ] Rosen von Jericho / blauer und weiser Winden / *i* schwartzer Bohnenblüe /⁴ *k* gelben Rittersporen / Sinngrün / Oleander /⁵ köstlichen Weinreben / und mancher Arten Kürbissen bezieret und beschweret. Anderwerts durchstrichen die Luft mit ihrem kräfftigen Geruche die unverwelkliche Lorbeer= und Cedernbäume / die liebliche Myrtilleten / die wolriechende Citronen und Pomerantzen / und fülleten nicht wenig die Augen die schönblüende Granaten / und trägtige Feigenbäume / zu geschweigen / was die mildreiche Natur dieser Landschafft ihrer Art nach / auser den besagten fremden Gewächsen / sonsten noch eingepflantzet hatte. Hin und her in den Ekken und Spatziergängen solcher Gärten waren von zugestütztem Bux und Liebstökel allerhand Thiere und Gebäue / nebenst gemahlten Schildereyen / vorgestellet und abgebildet.

Ach Fürwitz über alle Fürwitz! rufte Periander. Kan dann der Mensch auch den allerweisesten GOtt in seiner Ordnung und Geschöpfe nicht ungemeistert lassen / und muß der thörichte Erdenklump nur seinen Lust zu erfüllen / was der gütige GOtt einem und dem andern Land seiner Art

---

¹ *f* FLOS TUNETANUS.

² *g* DIGITALIS.

³ *h* ANTIRHINUM.

⁴ *i* FABA ÆGYPTIACA.

⁵ *k* NASTURTIUM INDICUM.

nach zugetheilet / einig und allein alles beysammen haben / und durch mühesame Sorgfalt und kostbare Kunstarbeit verbessern. Ach der thörichten Lust! ach der lüstrenden Thorheit!

Ich halte nicht darfür / sprach hingegen Helianthus / daß dieses eben so unweißlich sey / sintemal dardurch den Unwissenden und Unbewanderten gedienet wird / und Anlaß gegeben / des höchsten Gottes wundersame Allmacht desto mehrers zu betrachten und zu preisen. Ja / antwortet Montano / wann es zu keinem Stoltz und Pracht geschihet / und solcher Handel allein denen mit Reichthum Gesegneten / und hohen Standes Personen / zu einer zuläßlichen Ergetzligkeit heimgestellt verbleibet. Mit seines Nächsten bößlich an sich gebrachtem Gut aber / auser dem Stand prachten / und solchen Uberfluß treiben / ist es / traun / ein schlechter Ruhm und ärgerliches Wesen. [p.12:C2ᵛ] Darum noch billicher unser freyer Schäferstand in seiner Einfalt zu loben ist / der sich solcher Eitelkeiten nicht achtet / und sich an deme / was Gott bescheret / und die Natur und LandesArt gibet / genügen lässet: in übrigem hat er seinen Lust an dem reichen Wucher seiner Heerde / und gebrauchet sich der friedsamen Zeit / nebenst seinen Waidgenossen / oder einer freundlichen Schäferin / in zugelassenem Schertze und Ehrenspielen. Ey freilich ja / begegnete ihm Periander / wann ein guter Bissen und Trunk darbeystehet. Ich merke ihn wol / sprach Helianthus / es mögte ihme sonsten die Lieb erkalten. Aber lasset uns doch unter dieser Linden nidersitzen / um ein wenig zu rasten. Und ein wenig / sagte Montano / in Gedichten und Gesängen uns zu üben. Wolan / rufte Periander / ich bin wol zu frieden. Ich auch / sprach Helianthus; doch daß ihrer zween nur singen / und einer dem andern Obstat halte. Wie es ihnen gefällig / antwortet Montano. Wird demnach dem Montano nicht zu wieder seyn / fuhre Periander mit Reden unter / nebenst dem belobten Helianthus diesen Streit zu erst anzugehen / und den Anlaß von dem gemeinen SchäfersLeben zu nemen: ich wil mir den Nachhieb behalten. Lagerten sich also diese drey benannte Schäfer unter eine breitschattigte Linden / und finge Montano folgender Massen an zu singen / zu Lob dem Schäfersstand / deme Helianthus mit dem Hofleben den Gegenspruch gehalten.

Montano.
ES hat die HimmelsGnad die Schäfer so begabt /
　daß auch der Adelsstand nicht ihnen zu vergleichen.
Der fromme Schäfersmann sich sonder Müh' erlabt /
　es ist ihm eine Lust die Trieften zu durchstreichen;
Der wie der freye Hirsch auf grüner Auen trabt /
　aus seinem muntern Sinn muß aller Unmuth weichen. [p.13:C3ʳ]
Er acht die Pfeiffe hoch / die Leyre wie das Gold /
er liebet die Gedicht' / und ist dem Singen hold.

Helianthus.
ES hat die Himmelsgunst den Hofman hoch begabt /
　daß hier auf dieser Erd ihm nichts ist zu vergleichen.
Den theuren Hofmann ja sein heisser Schweiß erlabt /
　sein gröster Lusten ist die Büsche zu durchstreichen;
Der auf dem braunen Hengst hertzmuthig einhertrabt /
　und seinem klugen Sinn muß jener Einfalt weichen.
Das Feldspiel hält er hoch / die Laute gleich dem Gold /
er liebt die Ritterschertz' / ist Frauenzimmer hold.

Montano.
DIe frohe Lentzenzeit den Schäfersmann erfreut /
　wann er die weiche Heerd soll auf die Waide führen;
mit seiner Pfeiff' und Stimm er ihnen dann aufbeut /
　und pflegt den ströhen Hut mit Majenlaub zu zieren.
Wann er zur Tafel hat die Lämmer angeleit /
　begünt er seine Leyr kunstzierlich zu berühren:
er singt und preiset hoch der Amaryllen Lieb /
und rühmet / daß er stets im Schertz sich mit ihr üb'.

Helianthus.
DEm Hof= und Jägersmann das Waidwerk mehrs erfreut /
　wann er soll ins Gefild den Hund zur Hatze führen /
mit seinem Jägerhorn er ihme schnell aufbeut /
　und pflegt den grünen Hut mit Aychenlaub zu zieren:
Wann er die Falken hat zu baitzen angeleit /
　siht er mit Hertzenslust in Lüften die sich rühren.
Er denkt / weit grössre Freud' ist doch der Jungfern Lieb /
wann er bescheidenlich sich in derselben üb! [p.14:C3ᵛ]

Montano.
HOert doch / des Schäfers Geitz das Schäferspiel erfüllt /
  wann sich das Lämmervolk in braunen Schatten leget;
die Quelle lescht den Durst / das Brod den Hunger stillt /
  die nicht erkauffte Speiß auch keine Krankheit reget.
Bey der Zufriedenheit die Frommkeit hellt und quillt /
  in solchem nidren Stand die Tugend gerne heget.
Ihm ist die gröste Sorg / wie er unschuldig leb' /
und seines Namens Ruhm bey seinem Nachvolk schweb'.

Helianthus.
MIt reicher Kost wann sich der Hofmann hat gefüllt /
  nach wolbehagtem Lust er sich zu Ruhe leget /
und vorbesagter Weiß derselbe sich gestillt /
  kein grobe Speiß / noch Trank ihm Widerwill erreget.
Bey solcher Zärtligkeit die rechte Freud vorquillt;
  der Sprach und Künsten Lieb in ihm sich gerne heget.
Es tracht der Hofmann stets / wie er also hier leb' /
auf daß nach seinen Tod sein Stamm in Ehren schweb'.

Montano.
DEm armen Schäfer ist kein Trug noch List verwanth /
  er kan / und wil auch nicht mit Falschheit sich beladen;
die Einfalt seines Sinns ist iederman bekannt /
  aufrichtig seyn hat nie gesetzt in Schand und Schaden:
Die Stad= und HofmannsEhr verlacht er als ein Tand /
  Da man im Sorgenwust und Kummer pflegt zu waden.
Kein Neid / Hass / Zank und Forcht den Schäfersmann berukkt /
im Schertz mit Lieb und Freud' er seine Pfeiffen drukkt.

[p.15:C4ʳ]

Helianthus.
DEm Hofmann ist die Treu' und Höfligkeit verwanth /
  er lässt zum öfftern sich mit Ehrendienst beladen;
sein Wolverhalten macht bey Fürsten ihn bekannt /
  sein freundlich seyn bringt nicht dem Frauenzimmer Schaden:
den groben Baurenstand verhönt er als ein Tant /
  wiewol er oft auch muß in Hitz' und Regen waden.
Sein Tugendhaffter Sinn mit nichten wird berukkt /
wann über ihm ergrimmt der Fürst / ihn unterdrukkt.

Ha / ha! sprach Periander / Helianthus muß gewiß zu Hof wol bewandert seyn / weil er demselben so viel Gutes nachsaget; doch wil ich nicht verhoffen / daß er darum unsren schlechten Schäfersstand verachte / als in welchen er sich neulichsten begeben hatte. Ich bitte ihn / mein liebster Periander / antwortet Helianthus / er wolle dergleichen üblen Wahn von mir nicht fassen. Was ich gethan habe / das ist aus Kurtzweil beschehen / und solle er mich deswegen keiner Abtrünnigkeit beschuldigen; wiewol eines iedern Standes / also auch des Hoflebens Lob / an seinem Ort erhellet / und solchen Unterscheid der Stände der wolweiseste Gott nicht aufhebet / sondern vielmehr selbsten angeordnet hat. Deme ist also / sagte Montano. Aber / Periander / lasset ihr dann euch / eurem Versprechen nach / nicht auch hören? massen mir nicht zweiffelt / daß ihr etwas Gutes werdet geschmiedet haben / als der ihr auch ein Miterb seyt der Opitianischen Verlassenschafft / von deme man sagt / daß er seinen Landsleuten ins gemein / nach seinem zeitlichen Ableiben / seine Sinnreiche Gedanken und Poëtischen Geist hinterlassen habe. Mein werther Montano / begegnet ihme Periander / ich bedanke mich des höflichen Anwurffs. Obwol ich mich bedunken lasse / das wenigste darvon empfangen zu haben / so hab ich mich doch billicher Massen dessen zu rühmen / [p.16:C4ᵛ] daß mich eine sondere Begierd verleitet / besagten Dingen von Hertzen hold zu seyn / und eussersetes Vermögen mich darinnen zu üben / es komme nun solcher Lust ohngefähr / oder aus der Landsart her. Indessen wil ich zu Abstattung meiner Schuld meinem Landsmann / dem hochgepriesenen Opitz / seeliger Gedächtniß / zu Ehren folgendes anstimmen:

1.
OBwol der Tod dem Opitz Gwalt gethan /
vergällter Weiß das Leben unterbricht /
veranlasst ihn / daß er von hinnen scheidet /
so hat er nur gebrochen erst die Bahn /
in der ausbricht sein wolverdient Gerücht.
Unsterbligkeit auch dessen Seel bekleidet /
zur Ewigkeit beleitet.

Des OPITZ Nam ist lieblich anzuschauen;
        des Opitz Harff
        erthönet scharff.
    Sein Geist begeistert all /
        gibt Freuden überschwall:
sein Ruhm sich wird der Zeit ohn End vertrauen.

          2.
DEr muntre Geist des Opitz oben schwebt /
   wo Sonn und Mond / und aller Sternen Hauß;
     sein süsser Thon durchhallet und durchtringet.
Ja / Opitz Seel dort sonder Sorgen lebt /
   bleibt gantz vergnügt in solcher HimmelsClauß
     des Höchsten Ehr sie preisset und besinget /
       auf Seitenspiel erklinget.   [p.17:D1ʳ]
Sucht dorten Ruhm / da man Gott pflegt zu schauen /
     wo schnöde Lust
     nicht ist bewust;
    da Gott wird recht erkennt /
    uns seine Kinder nennt.
der Menschen Gunst ist nirgent doch zu trauen.

          3.
ES lacht / veracht des Opitz hoher Geist
  im runden Zirk / was hier wird hoch geacht /
    weil Lust und Last / ja Frucht und Furcht vermenget:
Dis alles er ein schnödes Tantwerk heisst /
   ein Windsgesäuß / und unbeschmukten Pracht /
     da Freud mit Leid / ja Schertz mit Schmertz besprenget.
       zuletzt der Tod anhänget.
Dorten die Freud auf ewig lässt sich schauen /
     wann Opitz Seel
     ohn allem Fehl
    des Höchsten Güt' erwegt /
    Ihm allen Ruhm zulegt;
und uns bezeugt den Nutzen des Vertrauen.

Sie sahen aber von ferne den schnellgefüssten Alcidor daher eilen / welcher sich sonders frölich geberdend seinen Hut schwingen thäte / ohne

Zweifel / darmit anzudeuten / daß er besondere Freude hätte / die besagte drey Schäfer alhier anzutreffen / derowegen sie ihr Gespräch eingestellet / um zu vernemen / was jenes Anbringen seyn werde. Als nun Alcidor bey ihnen angelanget / bate er sie / nach abgelegtem freundlichen Gruß / gantz inständig / dem Periander zu vergönnen / daß er / nebenst ihme / den jungen Schäfer Lerian besuchen möchte / welcher [p.18:D1ᵛ] nicht unlangsten / aus sonderm Geschikke / in dieser Landschafft hier / sich widerum sehen lassen. Wie? fragte Helianthus. Ist Lerian dann eine Zeitlang abwesend gewest? Ja / antwortet Alcidor; Er hat sich eine geraume Zeit anderwerts aufgehalten / auf daß er durch Erkundigung fremder Triften seine Erfahrenheit erbaue / und desto nutzlicher künftig seines Vatters Heerden vorstehen könne. Wird er aber nunmehr alhier bleiben? fragte Montano. Nein / sagte Alcidor; er wird sich bald widerum von dannen begeben / um den Lehrreichen Gesprächen der Druyden und Witdoden zu Delphos an dem Nordgauischen Gefilde länger beyzuwohnen.[1] Und hat ihn allein die Begierd hieher geleitet / nebenst andern Verrichtungen / den hochberühmten Schäfer Strephon zu begrüssen / und sich gegen ihme / ob empfangener GesellschafftEhre / mit mehrern dienstpflichtig zu machen / wie dessen gnugsame Zeugnuß geben seine vielmals überschikte Gedichte und Lieder. Nun wolan / sprach Helianthus bey Abscheiden des Alcidors und Perianders / sie wollen ohnbeschwert diesem jungen Schäfer auch unsrer beeder guten Willen zu erkennen geben; vielleicht schikket sich das Glük / daß wir noch vor Abends sämtlichen einander antreffen.

Bey Hinweggehen des Alcidors und Perianders / stunden Montano und Helianthus wiederum von ihrem Ort unter der gedachten Linden auf / namen ihren Weg über die mit mancherley Früchten besetzte Felder auf das Gehöltze zu.[2] Da wurden sie eines Strichs schöner Melaunen und Cucumern / dorten reiffer Artischokken und Käßköhls ansichtig; hier wuchsen unterschiedlicher Arten Endivi und Lactukken / anderstwo mancherley Gattung Kraut und Kohls; hinwieder sahe man an einem Ort weise / gelbe / und rothe Ruben / kleine Bairische Rüblein / Holländischen Rettich / Böhmischen Kräen und Welsche Petersilgen beysammen stehen / anderstwo Fenchel / Spargen / Schnittling / Knoblauch / und Zwibel blüen und grunen. [p.19:D2ʳ] Ferners waren hin und wieder kleine Bethlein mit Majoran / Kümmich / Coriander / KrauserMüntz / Poley / Borragen / Wegwartten / und dergleichen besämet und besetzet: und erfrischeten die

---

[1] Die Hohe Schul zu Altdorff.

[2] Das KnoblauchLand hinter der Vesten / bey Klein= und GroßReuth.

Augen / die um den gantzen Flur herum anstossende / schöne / schwartze / feiste / zumtheil noch brachliegende / zumtheil neugepflugte / zumtheil mit Früchten / als Wikken / Hirsch / und Heydel prachtende Aekker / und neubekleidete Matten und Ranger. Eine solche Gegne / daß man leichtlich wähnen solte / es hätten Vertumnus und Pomona allda eine Vermählung gehalten / oder sonsten ihren Uberfluß aus sonderer Milde da entfallen lassen.

Als sie aber dem Gehöltze zu genahet /[1] und vermerket / wie an unterschiedlichen Orten lustige Anstellungen beschehen mit Aufstellung der Hütten / Belegung des Waasens / Bestekkung der grünen Wedel / und vielen Anätzungen / das sichere Luftvolk zu berukken / betrachteten beede Schäfer bey sich mit freundlichen unterreden / wie imgleichen die Lustbarkeiten die Weltkinder in mancherley Fallstrik führen / bis der zeitliche Tod das Garn zuziehet / und einem und dem andern / welcher nicht beyzeiten in sich gehet / und sich solchen Eitelkeiten entschwinget / ohnversehens das Leben abdrukket. Hube demnach Montano an im fortgehen solche Reymen zu machen / deme zugleich Helianthus mit nachgesetzet.

Montano.
DAs freye Luftkind hier / ach! klippert und zwitzert in völliger Freud' /
    des Voglers List nicht spührt / und Sorgenloß hüpfet auf grünenden Zweigen.

Helianthus.
Der Welthauf also hier stets schertzet / nicht achtet ihr Alter und Zeit /
    auch nicht erschrekket wird / obgleich sich gefährliche Zeichen erzeigen.

Montano.
Der Herbstlust zwar erheischt nachstellen / und fellen die schwätzige Schaar /
    auch fodert diese Zeit die Stauden und Ranger mit Schlingen belegen.

[p.20:D2ʳ]
Helianthus.
Der Weltfreud gleicher Weiß die Fromme verleitet in Seelengefahr;
    und Boßheit sich ergetzt / wann sich hier viel Jammer und Kummer erregen.

---

[1] Gegen Ziegelstein zu.

Montano.
Es werden nicht umsonst die Garne mit Raasen und Waasen bedekt /
des Voglers Trug und List das freye Geflügel zum Stande hinbringet.

Helianthus.
Die Höfligkeit der Welt / schau! Arges und Böses oft inner ihr hekt /
bis sie in solcher Weiß die Fromme verführet und schmeichlend umringet.

Montano.
In grünverborgner Hütt' erschallet die Pfeife des Voglers gar schön /
wodurch das Federvolk gelokket / hineilet zu eigener Falle.

Helianthus.
Nicht sonder Nutz und Trutz der Pöbel hier singet das süsse Gethön /
und manchen Muttersohn berukket / entzukket mit trüglicher Schnalle.

Montano.
Wann unbedachtes Muths da klukket und hupfet die sichre Schaar /
mit beeden Händen schnell die Vogler die Schlingen und Garne zuzihen.

Helianthus.
So nun der Mensch ersäufft in Wollust / und nimmet nicht seiner gewar /
dann Unfall leicht zuschlägt / daß solcher behanget / kan nimmer entfliehen.

Montano.
Bey grösster Lust und Freud der Vogel umfliegend am Leime behenkt /
und wann die Nachtigall am besten oft singet / die Schlingen sie fangen.

[p.21:D3ʳ]

Helianthus.
Also das lüstrend Kind / ach! niemals den künftigen Schaden bedenkt;
verschertzets diß sein Heil / so kan es nicht mehrer ins sicher gelangen.

Ey / lasset uns diese wehmühtige Gedanken ändern / sprach hierauf Montano / und dem lieblichen Geschlirffe der befiederten Luftkinder zu Ehren / was fröliches singen. Beliebe demnach dem Helianthus itzund den Anfang zu machen / ich wil ihm wiederum zu antworten mich gefast halten.

Hel. Es klappern / und plappern / und pappern /
   Mont. in Nesten die Störche.
Es tirililiret / tiliret / umschwüret /
   Hel. in Lüften die Lerche.
Es kittert / und flittert / sich wittert /
   Mont. der Stiglitz bey Tag.
Es zwitzert / und wizert / und zizert /
   Hel. das Zeißlein im Haag'.
Es schlürffet / und schürffet / sich würffet /
   Mont. der Nachtigal Stimme.
Es kirret / und girret / verwirret /
   Hel. der Tauber im Grimme.
Es lisplet / und wisplet / und fisplet /
   Mont. der Sperling am Dach'.
Es schnattert / und dattert / und flattert /
   Hel. der Andrecht im Bach'.
Es binkert / und zwinkert / und flinkert /
   Mont. der Fink bey den Schatten. [p.22:D3ᵛ]
Es pfeiffet / umschweiffet / beleuffet.
   Hel. die Wachtel die Matten.
Es gottert und klottert / und schlottert /
   Mont. der Piphan für Stoltz.
Es mäulet / und heulet / sich weilet /
   Hel. die Eul in dem Holtz.
Es gaket / und quaket / kroaket.
   Mont. das Rabengespane.
Es krehet / sich blehet / und nähet /
   Hel. zum Weibe der Hahne.
Es klukket / und bukket / und dukket /
   Mont. die Henne sich sehr.
Es bikket / und klikket / bezwikket /
   Hel. die Tannen der Hehr.
Was singet / sich schwinget / und springet /
   Mont. wil frölich sich machen.
Was lebet / und schwebet / sich hebet /
   Hel. die Luften belachen.
Es schallen / durchhallen / durchwallen.
   Mont. die Vögel die Büsch'.

Und legen / und hegen / und regen /
  Hel. im Grünen sich risch.
Sie sausen / zerzausen / durchlaufen /
  Mont. das mosicht Gestäude.
Sie hupfen / berupfen / zerzupfen /
  Hel. das Laube mit Freude.
Sie gatten / im Schatten / an Matten /
  Mont. die fliegende Schaar.
Sie mieten / sich nieten / und brüten /
  Hel. die Jungen aufs Jahr.

Unter solchem werden sie von fernen im Gehöltze auf einer schönen grünen Wiesen / durch welche ein Crystallhelles Bächlein rießlete / zweyer wolgebildeter Nymphen gewar / die mit [p.23:D4ʳ] Schönheit so reichlich begabet gewesen / daß man wol merken kunte / die Natur hätte sich an ihnen nicht als eine Stiefmutter erzeigen wollen. Dann ihre Stirne vergleichten sich mit dem weisesten Helffenbein. Ihre Aeuglein glitzerten / wie das fröliche Bottschafftbringende Gestirne Castor und Pollux. Ihre Wangen waren zierlichst mit Rosen und Lilien versetzet / die allda miteinander um den Vorzug kämpfeten. Ihre Lippen waren zween Corallenzinken / nebenst denen Perlengleichenden Zähnen / der holdseeligsten Stimme zum Bollwerk gestellet / um dieselbe zu verwachen / darmit sie nicht vergeblich in diese irdische Luft hinflöge. Ihre krause Haarlokken glänzeten wie das Arabische Gold / und bothe der Schneeweise Halß auch wol denen Schwanen den Trutz dar / worunter nicht ferne die Marmorglatte und runderhobene Brüste lagen / als zwey Weltkügelein / darinnen zu beschauen / ob auch dergleichen Schönheiten im Himmel und auf Erden anzutreffen wären. Besagter Nymphen eine war mit gantz gelb / die andere mit blau seidenem Gewanth bekleidet: auf dem Haubt trugen sie hinter guldenen Schienlein ein von allerley schönen Blümlein gebundenes Cräntzlein; und hatte in der Hand die eine eine silberne Laute / die andere eine guldene Harffe. Mit ihren weichen und zarten Fingern rühreten sie beede die Saiten so künstlich / wovon ein solcher süsser und anmuthiger Klang entsprungen / darüber gewißlich auch Argus mit seinen hundert Augen wäre eingeschläffert worden.

Meine traute Schwester Alithea / sprach die eine / gefället derselben / daß Wir uns eine Weile hier im Grünen erlustiren / und mit einem Liedlein diese anliegende Weltberühmte Stadt bezieren / bis uns diejenige aufstossen / an welche wir der mächtigen Gebieterin und Vorsteherin dieser Landschafft gnädigen Befehl mit uns tragen? Ja / meine wehrteste Schwester Dorila / antwortet die andere / wie ihr beliebet. Hube demnach die genannte Alithea an ihre Lauten von neuen zu stimmen / (indes= [p.24:D4ᵛ] sen auch die andre die Saiten an der Harffe höher gezogen) und sange mit lebhaffter Stimme folgende Gesätzlein / derer die Dorila / als ein Echo / etwas leiser nachgeschallet.[1]

1.

Alith. **Neronsburg** heisst und ist der Francken Cron;
  Pallas hat dieses Orts die stete Wohn' /
   und daselbst in dem Paner führt die Tugend.
    Dor. ziert die Jugend.

2.

Alith. **Neronsburg** / du des Grossen Kaisers Aug /
  dein Verstand dessen Gnade Gunsten saug':
   ach! dir nichts sich an Teutschland recht vergleichet.
    Dor. Alls erbleichet.

3.

Alith. **Neronsburg** / unter deines Gottes Schutz /
  du getrost / biete deinen Feinden Trutz.
   Nun dein Ruhm grunend im Nachvolk bekleibe;
    Dor. Ewig bleibe.

Unter solcher Ebentheur hatten sich Montano und Helianthus hinter das Gesträusicht verborgen / in solcher dieser seltzamen Begängniß Ausgang zu erwarten: sobald sie aber den lieblichen Klang / und gedachtes anmuhtige Gesang vernommen / seyn sie von solcher Süssigkeit gantz verzukket worden / und den Felsen gleich erstarret. Jedoch Montano seine Geister wieder erholend / riefe aus unbedachtsamen Muht überlaut: ist dann auch möglich / daß solche himmlische Bilder / und unvergleichliche Schönheiten in diesem irdischen Wesen zu finden seyn! Ja / sprach Alithea / hiemit sich behend gegen dem Ort zuwen= [p.25:E1ʳ] dend / da die Schäfer verstek-

---

[1] Lob der Stadt Nürmberg.

ket lagen. Ja / sprach sie / und ihr seyt eben die / welche zu suchen wir befehlet seyn / und denen das Glük sowol gewöllt / daß sie desjenigen sollen ansichtig werden / was so vieler Augen bishero enthalten gewest. Euch / euch / Ehrliebende Schäfer / hat die grosse Nymphe NORIS / die eine mächtige Vorsteherin dieser Landsart ist / dieweil ihr zuforderst dieses Orts Einheimische seyt / ihre grosse Gnad und Gewogenheit erweisen wollen / und uns befohlen / euch dahin zu leiten / wo ihr eures lieben Vatterlandes grösste Herrligkeit sehen möcht. Die Schäfer erschluchtzend und zitterend / thäten sich mit höflichen Gebärden in tiefer Neigung des Leibs / Krümme des Haubts / und Berührung der Erden / gantz demühtig bedanken / iedoch ohne einige Rede oder Wortsprechen / als die für Furcht und Schrekken bey sich selbsten nicht waren. Fasset ein Hertz / sagte Dorila / ihr verzagte Schäfer / und lasset ob solcher seltener Begebenheit euren vormals muntern Muht nicht sincken. Kommet / kommet doch in Begleitung unserer beeden / und entziehet euch ja nicht der Glückseeligkeit / die euch so völlig anlachet / und gebrauchet euch der Freuden / darvon ihr künftig reiche Anlaß haben möget / an euren Schäfersfeyren / allerhand artige Gedichte zu ersinnen.

Name also eine iede Nymphe einen Schäfer bey der Hand / und führeten sie / ohnvermerkter Sachen / auf eine schöne / grüne / und mit vielen Blümlein besetzte Auen / darauf ein schöner runder Tempel / mit einem länglicht gevierten Vorgebäu / und hinderwarts eine andere runde Capellen oder Anhang / stunde. Des Tempels Bedachung / wie auch des Vor= und Hintergebäus war artig / mit guldenen Blechen belegt / iedoch auf des hintern Gebäus Mitte war ein gantz guldener Stern aufgestellet; die äussere Wand aber / oder das Gemäuer durch und durch mit grauen Marmor überzogen / und mit dergleichen Seulen / Dorischer Arte / unterschieden und gezieret. Etliche Schritte vor des Tempels Eingang her in einer Länge auf bee= [p.26:E1^v] den Seiten sahe man sechs schöne hohe Cedernbäume / darzwischen von weissen Marmor vierekigte Röhrkästen / bey welchen aus silbern auf Weltkugeln stehenden Lämlein ein überaus helles Wässerlein gar lieblich platschete: unter den Lämlein waren diese Worte eingeetzet: Unschuld und Gedult. Der Tempel hingegen ist rings umher mit Oliven= und Lorberbäumen wechselsweise umzingelt gewest. Zu Eingangs ferners des Tempels / inner dem Vorgebäu / (welches Thürgeschwelle mit Seulwerk und Gesimß von Corintischem Ertz / wie auch die innere Seulen und Gesimß dieses Vorgebäues / auf Ionische Art gezieret war) stunden an der Seiten auf grünen Marmoren Fußgestellen aufgestellet diese von feinem Gold gegossene Bilder / als die Klugheit / mit einem Spiegel und einer Nattern oder Schlangen / worunter mit grossen

Buchstaben: Was klüglich nutzt. Und die Dapfferkeit / halbgewaffnet / sich auf eine StuckSeule steurend / und den Löwen bey ihr habend / darunter die Schrifft: Auch Standhafft schutzt. Uber dem Thorgeschwell /[1] so imgleichen auch mit solchen Seulen= und Gesimßwerck eingefasset / ward Europa abgebildet / mit einer Kaiserlichen Crone auf dem Haubt / in den Händen Scepter und Reichsapfel haltend / und auf einem Adler sitzend / unter dessen ausgebreiteten Flügeln einer Seits in einem blauen Schild eine gecrönte und nakkete Jungfrau / ohne Armen / anstatt derer gelbe Flügel habend / und dessen unterer Leib dem hindern Theil eines gelben Adlers mit Füssen und Schwantze gegleichet / zu sehen gewest / worbey auf einem ring gewundenen Zettul diese Worte: Jungfrau rein; anderseits ein Schild / dessen halber Theil einen halben schwartzen Adler in der Länge herab im gelben Feld / der ander halbe Theil drey rothe Balken über Ek herab im weissen Feld in sich hatte / worbey auf einem Zettul: Gnadenschein. An einer [p.27:E2ʳ] schwartzen MarmorTafel gleich darunter konte man diese guldene Schrift gar deutlich lesen:

DEr Nymphen NORIS Macht und Herrligkeit zu sehen
ist hier an diesem Ort / kein Frefler dörf sich nähen:
in Unschuld und Gedult erwart der rechten Zeit /
wann dich der Nymphen Gnad an dieses Ort herleit.

Als nun die Schäfer / nachdeme sie sich auf beschehener Erinnerung der obberührten beeden Nymphen / zuvor in den nächstliegenden Brunnen gereiniget hatten / zu solchem Thor eilfärtig / ohne Vorbetrachtung des Vorgebäues / zueileten / begierig / das innere Wesen zu besichtigen / wiewol mit gebührlicher Sittsamkeit / seyn sie zum Eintritt über den prächtigen Glantz und herrlicher Schöne des Gebäues / welches ihnen gleichsam eine sondere Gemühtsregung machete / erstaunet / iedoch in ihrem Vorhaben fortgefahren / und darinn mit hoher Verwunderung hin und wieder alles angeschauet.

Dieses Gebäu war innen gantz frey / und das Gewölbe oben / sonder einige Unterstützung / ausser der Seitenwand herum / die mit unterschiedlichen Seulen / Corinthischer Art / befestet war. Durch sieben runde Crystallinene / und mit Gold eingefasste Fenster fiele vom Gewölbe oben her das Tagliecht herein; im übrigen aber das Gewölb gantz mit blauen

---

[1] Der Stadt Nürmberg 2. unterschiedliche Wappen.

Saphirtafeln überlegt / darinnen hin und her von hellglitzernden Diamanten geschnittene Sterne eingesetzet waren / und sahe man bey genauer Obacht in denselben unterschiedliche Buchstaben hervor funklen / welche / wie die beede Nymphen berichtet / die Namen derjenigen seyn sollen / die sich mit Raht und That vor andern sonders verdient gemacht / und nun ihre Gedächtniß / als ein Liecht in Tugenden zu wandlen / den Nachkommenden vorleuchte.[1] Die Erde oder der Bode war mit rot und weissen Marmor beleget; und die Wand ringsherum mit weissen Asiatischen ü= [p.28:E2ᵛ] berdekket / wo zu Befestigung derselben / als oberwähnet / unterschiedlicher Orten rothe Porphirne Seulen / mit verguldeter Haubtzier und Fußgestellen einverleibt gewesen. An einer ieden Seule hiengen ein WappenSchild / und darunter gesetzte Reymen: zwischen den Seulen aber umwechselsweiß / entweder in einer Vierung eine denkwürdige Geschicht / oder in einer solcher ablänglichter Runde ein berühmtes und namhaftes Gebäu in Alabaster so künstlich vorgebildet /[2] und mit guldener Einfassung gezieret / daß es wol nicht künstlicher Zeuxes / oder ein anderer Weltberühmter Künstler hätte ausbilden sollen. Und solches alles folgender Massen / da nemlichen an der fordersten Seule / die den Schäfern ins Gesicht kommen / ein Wappenschild[3] hienge mit einem überzwergs zertheilten Felde / worinnen unten im schwartzen Theil eine weisse Lilie / auf welcher im weissen Theil ein Papagey / mit einem roten Halsband. Darunter diese Reymen:

DEr Vogel und die Blum bezieren / besingen hier dieses Geschlecht /
der Vogel zeigt die Kunst / wie gleicher Maß Lilien Treue mit Recht:
O Gott / der du versorgst / und speissest die Vögel / bekleidest die Blum /
in deiner Hut erhalt' hier aller Geschlechten wol edelen Ruhm.

Nächst dieser Seule war im Alabaster abgebildet ein Römischer Kriegsheld auf dem Haubt einen Lorbeercrantz tragend / der zur Winterszeit

---

[1] Der Rahtsfehigen Geschlechten Wappen.

[2] Was sich denckwürdigst zu Nürmberg / oder derentwegen zugetragen: imgleichen die namhaftesten Gebäu daselbsten. Die Wappen seyn nach dem A B C gesetzet / unvorgreifliches vorzugs eines und des andern Geschlechts ihres ältern Herkommens oder Zutritts wegen zum Raht.

[3] Baumgärtner.

nächst einem aufgerichten Adler an einer Stangen / wie bey den Römern im Heerzug gebräuchlich gewest / seine Soldaten bey einem Hügel anwiese / ein Läger zu bauen / und Schantzen aufzuwerffen / die sich in solcher Arbeit nicht minder emsig erzeigen / und allbereit einen * fünfekkichten Thurn bis zu End aufgeführet;[1] in der Luft aber flogen sieben Vögel gantz freudig daher. Uber dieser Geschicht stunde mit Gold geschrieben: GLÜK. Unten folgende Schrifft: [p.29:E3ʳ]

DAs Glük den Helden lehrt / daß er Gedult erfasse /
bis daß die Winterszeit ihr raues Kleid verlasse;
Darum dem Heer alhier die Lagerstell belibt /
die nachmals einer Stadt berühmten Anfang gibt.

Ferners war ein Wappen[2] mit einem überläng herab getheilten Schild / weiß und roth / und überek her mit einem schwartz und krumlauffenden Bach oder Strom / darbey diese Reymen:

WIe ein Bach schnell / ungrad / läuffet /
gleicher Weiß das Leben schweiffet:
Bald uns Gott ein Lachen schenkt /
bald uns wieder Unglük kränkt.

Darbey war an der Wand vorgestellet eine Stadt /[3] um dessen auf der Höhe liegendes Schloß beederseits bis an einen Fluß herab in die Vierung eine Mauer zu sehen / mit dem Obwort: VORSICHT. Die Jahrzahl / sonders Zweiffels wann dieser Bau geschehen / 912 / und beygesetzte Reymen:

---

[1] * DRUSUS Nero im Jahr 10. vor Christi Geburt. Die folgende Zahlen deuten das Jahr an nach Christi Geburt.

[2] Böheim.

[3] Der erste Anfang der Stadt Nürmberg / zu Zeiten Kaisers Conrad.

DUrch hohe KaisersGunst / und sonderliche Milde
wurd dieser Ort und Flek entnommen seiner Wilde /
　mit Volk und Recht besetzt / mit Mauren fest gemacht /
　daher er als ein Glied des Teutschen Reichespracht.

Weiters ein Wappen[1] mit einem weissen Feld / darinnen überek herab ein schwartzer Balck oder Sparr / in welchem drey weisse Schachsteine / die Springer genannt / nacheinander stunden. Unten lase man diese Reymen:

[p.30:E3ᵛ]

WAs ist des Menschen Thun? nichts anders als ein Schach /
worinn er bald gewinnt / bald leidet Ungemach:
　Das ist das beste Werk / am besten ist gespielt /
　wann man zur Seeligkeit in diesem Leben zielt.

Hiernächst war in Alabaster gehauen eine an einem Fluß liegende Stadt / von Feinden hart bestürmet;[2] an der Seiten in der Höhe aber auf einem Schloß stakke eine Fahn mit einem Adler / der mit Lorbeerzweigen umzäunet schiene. Oben über dieser Geschicht stunde: REDLIGKEIT: 1105. und unten folgende Schrifft:

　　REdligkeit und frischer Muth
　　　hat mich in den Staub gedrukket;
　　Doch durch meiner Kinder Blut
　　　wurd dem Feind das Schloß entzukket.

---

[1] Dörrer.

[2] Belägerung und Zerstörung der Stadt zu Kaiser Heinrichs des Vierten Zeiten.

Die folgende Seule hielte ein Wappen /¹ dessen Feld überlängs herab zänkicht / als eine Seege zertheilet / das eine Theil gelb / das andere blau gewest / darunter stunde:

Ein Seegschnitt machet oft dasjenig recht und g'rad /
was krum und höggericht ist / was ästig und nicht gleichet:
diß nun erinnert uns / daß man durch Schweiß erreichet
den höchstbelobten Nam; oft nutzt ein kleiner Schad.

Darneben war abgebildet wiederum absonderlich ein wolerbaute Vestung oder Schloß /² auf einem hohen grünen Hügel. Oben darbey war das Wort: VERTRAUEN. 1313. unten diese Reymen:

Vor Alters meine Hut war vielen übergeben
zu unterschiedner Zeit; itzt kan ich friedlich schweben /
weil meine JungfrauEhr des Kaisers hohe Macht
Gemeiner Stadt befohln / die treulich mich bewacht.   [p.31:E4ʳ]

Demnach sahe man ein Wappen /³ dessen Schild halb überlängs herab zertheilet / weiß und roth gewest; im weissen Feld ein halb und rothes Rad / im rohten eine halb und weisse Lilien / mit dieser Unterschrifft:

DEr Lilie Silberglantz bezeugt ein redlichs Hertz /
mit dem das Unglükrad wil treiben seinen Schertz:
Es must das Unglüksrad eh brechen und zerlechtzen /
eh daß der grimme Neid die Treue solt durchächtzen.

---

¹ Ebner.

² Die Veste oder das Schloß zu Nürmberg / welches in diesem Jahr Kaiser Heinrich der Siebende der gemeinen Stadt einverleibt / und diese Ubergab Kaiser Carl der Vierdte im Jahr 1347. bekräftiget hat.

³ Führer.

Der Nymphe Noris Erste Tagzeit

Nächst darbey war im Alabaster künstlich eingearbeitet /[1] wie eine halbbewaffnete Person mit einer Kaiserlichen Cron auf dem Haubt / Bauleute anwiese / eine zerstörte Stadt wiederum aufzubauen / darbey hin und wieder Steine und anderer Baugezeug gelegen. Oben über war geschrieben: MILDE. 1140. unten folgende Reymen:

> WIe ein zerstümlets Glied den gantzen Leibe schändet /
> so wann ein nutzbar Ort dem Reiche wird entwendet:
> Darum ein hoher Held den Rieß allhier ersetzt /
> ob seiner Treu den Ort mit Gnadengunst ergetzt.

An einer andern Seule war ein Wappen /[2] da im schwartzen Feld drey Pflugschaaren um eine rote Rosen herum eingestekket stunden / mit dieser unterschriebener Schrifft:

> DEr Mensch nicht sonder Sorg' und Schweiß hieniden ringet /
> dann diß gebotten hat der Allerhöchste Gott /
> im Schweiß des Angesichts man suchen soll das Brod;
> Doch blüet zugleich der Preiß / den uns die Arbeit bringet.

An der Seiten war abgebildet ein schöner hoher länglichter Tempel /[3] mit zweyen hohen Thürnen / einem künstlich erbauten Chor und Seulenwerk / und das Portal oder Thorgestelle zwischen den zweyen Thürnen mit dem Nassauischen Wappen [p.32:E4ᵛ] und andern Bildereyen ausgezieret / darbey das Wort: ANDACHT. 1274. Unten waren diese Zeilen zu lesen:

---

[1] Wiederaufbauung der Stadt / unter Kaiser Conrad dem Dritten.

[2] Groland.

[3] Die Pfarrkirche bey S. Laurentzen.

EIns Degen Andacht mich / und anderer Gestiffte
so herrlich hat erbaut / geführet in die Lüfte.
    Nichts sonder Kunst hier steht. Lorentz ist mein Patron:
er leihet mir den Nam; Gott hab die Ehr hiervon.

Folgends war ein Wappen /[1] dessen Feld gantz roth / darinnen aber eine weisse Löwin / nur mit halben vorderm Leib und Tatzen / iedoch aufrecht / und auf dem Schedel eine guldene oder gelbe Cron tragend. Darunter diese Reymen:

ZUm Schutz der jungen Zucht die Löwin grausam wütet /
woraus die Lieb erhellt / wiewol sie derer hütet:
    Zu Lieb dem Vatterland Ehr / Gut / und Leib wer wagt /
dem ohn der Zeiten End die EhrenCron behagt.

Nächst hier war im Alabaster zu sehen ein Thurnier /[2] wo an einer Seiten eine im Kaiserlichen Schmuck bekleidete Person / dreyen vor ihm sich neigenden und bewaffneten Rittern Cräntzlein aufsetzete. Oben über war geschrieben: DAPFERKEIT. 1198. Worbey unten folgende Reymen:

    DApferkeit die Jugend zieret /
    Dapferkeit zur Ehre führet;
        Dapferkeit aus Tugendbrunst
        auch erwirbt der Fürsten Gunst.

Ferners hienge ein Wappen[3] mit einem gevierdten Schild / dessen zwey Theile überek im rothen Feld ein weisses Winkelmaß hatten / bey dem der innere Raum gantz schwartz: die andere beede Theile waren roth und weiß

---

[1] Grundherren.

[2] Der Reichsthurnier zu Nürmberg / unter Kaiser Heinrich dem Sechsten.

[3] Haller.

zertheilet überzwergs her / in dem rothen und obern Ort gienge eine gelbe Spitz oder [p.33:F1ʳ] halber Wek (wie man es sonsten zu nennen pflegt) auf das Weisse herab; in dem Weissen war ein schwartzer und laufender Löw gebildet / mit erhobener rechten vordern Tatzen und Schwantze. Unten waren diese Reymen:

    WAs soll das Richtscheid wol? was soll das tapfre Thier?
    wer den Verstand recht braucht / der tauget dort und hier.
        Ein solcher / der für sich das Tugendmaß beacht /
        mit rechtem Löwenmuht den Lasterweg veracht.

Hierneben in der Wand war durch des Künstlers Hand ein grosses Gebäu / als ein Spital /[1] mit einem ablänglichten Tempel eingehauen / worbey viel brechhaffte Personen zu sehen gewesen. Uber dem Thor dieses Gebäues lase man: TROST: 1339. Zu unterst diese Schrifft:

    * GRoß ist gute Werk' erweisen /[2]
        groß der Armen sich erbarmen;
    Groß ist recht die Seele speisen /
        groß in Gottes Huld erwarmen.

Bey einer Seule sahe man weiters ein Wappen /[3] dessen Schild gantz rot / in welchem ein weisser Thurn / mit zweyen Nebenerkern / auf einem dreyspitzigen gelben Berglein gestanden. Unten folgende Zeilen:

    DEs HERREN Namen ist die starke Burg und Vest' /
    auf der sich der Gerecht in aller Noht verlässt:
        die hohe Wartt bezeugt / wie Tugend / Kunst / und Recht
        in aller Wachsamkeit berühmt macht diß Geschlecht.

---

[1] Der Spital / zum H. Geist genannt.

[2] * Absehen auf des Stiefters / Conrad Grossen / Namen.

[3] Harsdörfer.

Nächst hier war artig vorgestellet ein grosser Saal /¹ in einem Schloß / da / bey wärendem Tantz etlicher hoher Personen / die Bühne oder der Boden sinket und bricht / wobey viel verletzte hinabfallen: ein Kaiser aber nahend darbey in einem hohen Fenster sich anhält und durch einen Engel für dem Fall behütet wird. Oben stehet geschrieben: GOTTES SCHUTZ. 1284. Unten: [p.34:F1ᵛ]

DAß hier auch dieses Orts der Engel Gottes wacht /
    schau! dieser Fall erweissts; und sonders klar erhellet /
in Tag wer sicher lebt / nicht Gottes Schutz betracht /
    der Tod dem unverhofft in höchster Freud nachstellet.

Nachmals hienge ein Wappen² mit einem gevierdten Schild / worinnen in zweyen Theilen überek im blauen Feld ein Brustbild eines Heiden oder Morgenländers / im gelben Gewanth zu sehen; in andern beeden Theilen im gelben Feld ein altvätterischer Holtzschue: in der Mitte ein weisses mit roth eingefasset Creutz. Darbey unten stunde:

WEr viel weiß / viel Schue zureisst /
    ist ein altes Wortt der Alten;
Doch mit Witz wer weit geraisst /
    kan Stadt / Land und Leut verwalten.

Darnebenst war im Alabaster vorgestellet eine schöne Capell /³ mit einem zierlichen und hohen Vorgebäu / worinn in der Höhe allerley Bilder / und ein kunstliches Uhrwerk / bey welchem eine Kaiserliche Person in einem erhobenen Thron sitzet / und die vornemste ReichsFürsten / nebenst dem bewaffneten ReichsMarschall / vor Ihm stehen / und sich gleichsam neigen / und zumtheil fortgehen; auf den Seiten aber hielten

---

¹ Der Fall auf der Vesten / unter wärendem Tantz / bey des Kaisers Rudolffs des Ersten Hochzeitlichen Beylager.

² Holtzschuer.

³ Die Kaiserliche Capell zu unserer Lieben Frauen am Mark.

Pfeifer und Posauner. Darbey das Wort: WOLMEINEN. 1355. Unten ferners die Schrifft:

AUs des Kaisers milden Schatze
    man mich widmet und erbaut;
Dann alhier der Juden Platze
    wurd zerstört / und Gott vertraut.

Eine andere Seule hielte ein Wappen /[1] mit einem gantz roten Schild / in welchem ein aufgerichter guldener oder gelber Löw / dessen Leib unten zu sich dem hintern Theil eines Fische gleichete / und auch gelb war / wobey diese Reymen: [p.35:F2ʳ]

WEr zu Wasser und zu Land sich in Tugendwerken übet /
der zu Hauß und aller Ort wird geehret und geliebet:
    wann der Löwenmuht und Eyfer allzusehr aufwächst und glimmet /
    kluger Reden Quell oft jenes Hitze steurt / die Wilde nimmet.

An der Wand war ferners abgebildet /[2] wie ein Kaiser / nebenst den vornemsten ReichsFürsten / vor einem Altar kniet / denen eine Geistliche Person oder Druyd einen Brief / mit einem grossen Insigel / und andern kleinern Siegeln vorhält / auf welchen sie alle zween Finger legen / und gleichsam schweren / neben herum stehen viel Edle mit brennenden Wachskertzen; als in Bestättigung wichtiger Handlungen bey Potentaten gebräuchlich ist. Oben her war geschrieben: TEUTSCHE TREU. 1356. Unten aber:

SO war die guldne Bull gantz löblich aufgerichtet /
und so der Fürsten Fehd' im Teutschland auch geschlichtet.
    Ach! laß durch deine Gnad' / o höchster Gott / bestehn
    diß Band der treuen Lieb' / im Unfried nicht zergehn!

---

[1] Im Hof.

[2] Die Aufrichtung der Guldenen Bull unter Kaiser Carl dem Vierdten.

Wiederum war an einer Seule geheftet ein Wappen[1] mit einem gantzen rothen Schild / worinnen ein gantz weisser Ring zu sehen / darunter stunde:

GLeichwie ein runder Zirk nicht Anfang hat / noch End /
also die Tugendlieb an alle Welt sich wend;
   besonders hebt sich hoch / wann nächst der Sterbligkeit
ohn nachlaß sie betracht die ewig' Ewigkeit.

Nächst darbey war eingehauet ein schöner / hoher / künstlicher Röhrbrunn /[2] mit vielem Zierat und Bildern versetzt / um den herum ein künstliches Gitter gebildet stunde. Worbey oben: ZIERDE. 1362. Unten aber diese Wortte: [p.36:F2ᵛ]

WIE meine Quelle rinnt zum Nutz und stätem Lust /
so muß auch meine Schön bey iedem seyn bewust:
   der Stadt belobte Treu' im reichem Schwall sich giesse /
so dann zugleich ihrs Ruhms ich immer mitgeniesse.

Folgends war ein Wappen[3] mit einem gantz roten Schild / worinnen überek hinaufwerts ein blosses Schwert stunde / darbey unten geschrieben:

DAs Schwert hier blinket hell / im Eyfer / sich errötet /
   wann seine Rach nicht geht nach Urtheil / und nach Recht:
es schützt der Frommen Schaar / den Frefler bald ertödet /
es straft im Grimm so wol den Herren / als den Knecht.

---

[1] Koler.

[2] Der schöne Brunn am Marck.

[3] Kressen.

An der Wand war ferners vorgebildet ein Hauf der Druyden und anderer Geistlicher Personen /[1] die mit Triumphfahnen und Windliechtern in eine Stadt einziehen / nach welchen unter einer erhobener Decke eine schöne Truhe / als ein sonders Heiligthum geführet wurde; neben her und hinten nach lauffet viel Volks / mit sonderer Ehrerbietung. Oben über stunde: HOHE GNAD. 1424. unten aber:

> WAs Gnadengunst das Reich und Kaiser mir bewiesen /
> der hab ich billich stäts mit Ruh' und Lieb zu niesen /
> indem ein theurer Schatz in meiner Hute rasst /
> zu dessen hoher Wacht' ich willig bin gefasst.

Eine andere Seule hielte ein Wappen /[2] mit einem gevierten Schild / worinnen überek in roten Feldern ein weisses Lamm stunde; in den andern beeden Theilen im blauen Feld überek hinaufwerts drey weisse spitzige Hütlein waren. Unter dem Wappen lase man folgende Reymen:

[p.37:F3r]

> WIE ein Lamm ist sonder Schuld / mit Gedult die Wolle reichet /
> so bey dieser Zeiten Lauf Fromkeit sich in allem gleichet.
> Fromkeit lebet sonder Schulde; Fromkeit träget Tugendhuld;
> Fromkeit ihren Feinden reichet ofters alles mit Gedult.

Nahend in dem Alabaster darbey war wiederum abgebildet ein überaus künstliches / in die Höhe geführtes Gehäuß /[3] mit Bildern / Laubwerk / und andern gezieret / welches zween Männer gebukket auf dem Rukken tragen / darbey das Obwort: KUNST. 1496. und diese Reymen:

---

[1] Die Einholung der Kaiserl. Cleinoder / die Kaiser Sigmund der Stadt in Verwahrung gegeben.

[2] Löffelhöltzer.

[3] Das Sacramenthäußlein / in S. Lorentzen Kirche / von dem E. Geschlecht der Im Hof gestiftet.

MEines Stiefters Andacht mich
und des Künstlers Hand berüchtet /
drum so steig' ich übersich /
daß ihr Lob nicht werd vernichtet.

Hier waren wiederum zwo runde Corinthische Seulen gesetzet /[1] iedoch ohne Schilde / zwischen denen was wol in der Höhe / in einer kleiner länglichter Vierung / stunde im Alabaster artlich vorgestellet / wie ein alter dikker Herr auf einem Bethlein bey einem Tisch ruhend / etlichen Personen / die ihme ein Geld vorzähleten / einen besigleten Brief überreicht / und zugleich auf eine abgebrunnene Burg / und in der Nähe liegendes Gehöltze / deutet; Der Brief war mit vielen Siegeln behangt / darunter eines grösser / als die andere / mit einem eingeböreltem Schild / darinen ein aufrecht gecrönter Löw. Oben über war dieses Wort gesetzet: VORSORGE. 1427. unten:

ZUr Aufnam dieses Lands / zu mehrerm Ruhm der Stadt /
nicht sonder Wolbedacht sich diß begeben hat.
    Hier / hier nichts werd gespart; es ist ein' hohe Gnad /
geniessen seiner Ruh' / und finden Friedensraht.   [p.38:F3ᵛ]

Unterhalb dieser gedachten Vierung war ein enges Pfört= oder Thürlein / in einer wolschicklicher Einfassung und Gesimse / mit einem vergulteten Gitter verwahret / worüber ein rot in weiß gewirkter seidener Vorhang hienge / iedoch was wenig klafftete / dardurch man gar wol einen Glantz etlicher brennenden Lampen in acht genommen. Zu beeden Seiten dieser Thür stunden auf weissen Marmorn Fußgestellen / diese von feinem Gold gegossene Bilder / mit ihren Unterschrifften: erstlich die Pallas / mit einer dröhneten Lantzen / mit Federn geschmukten Helm / rundem ablänglichtem Schilde / und einem Brustharnisch / zu den Füssen aber ihr zugeeigneter Vogel / die NachtEule / worbey geschrieben: DIE TUGENDTHAT. Und dann die Ehre / gantz herrlich geschmukket / in einem Rok / durch und durch mit Sternen und Cronen versetzet / auf dem mit einem Lörbeercräntzlein gecröntem Haubt einen Stern / in der einen Hand einen

---

[1] Der Kauf über die Burggräfliche Wohnung / und Waldgerechtigkeiten.

Palmzweig / in der andern einen Scepter / worauf eine Sonne / haltend / unter ihren Füssen den Vogel Phenix / worbey stunde: STETS EHRE HAT.

Wiewol aber die obbemeldte Schäfer Verlangen hatten / auch dieser Capell oder Angebäues erkundigt zu seyn / musten sie sich doch / weil solches ihnen die Nymphen dißmals nicht vergünstigen wolten / abweisen lassen / und in Besichtigung des übrigen Theils des grössern Tempels befriediget bleiben. Demnach sie fortgehend / in der nächsten Rundirung folgende Ausbildung angetroffen / nemlichen eine erhobene Grabstell /[1] da an dem Sarge diese Buchstaben: *S. S.* gestanden; ringsherum und die Höhe hinauf war ein besonders künstliches Gerüst gestellet / mit Bildnis etlicher Geistlicher Männer / vieler Engel / Liechtstökken / und andern Blumwerken angefüllet: unten am Fußgestelle waren etliche Wundergeschichte miteingebracht. Worüber das Wort: FLEIS. 1519. unten folgende Reymen: [p.39:F4ʳ]

WAs des Menschen Hand vermöge / wird man nicht ausgründen hier /
ein besonders Zeugniß gibet dieser schönen Grabstell Zier:
   Wo mit Witze Fleiß vereint / manches Wunderding entspringet;
drum diß Werk seins Meisters Lob hoch bis an die Wolken bringet.

An der nebenstehender Seule war in acht zu nemen ein Wappen[2] mit einem überlängs abgetheilten Schild / das eine Theil rot / worinnen ein gekrumter Fisch / das andere Theil gelb / darinnen ein aufgerichter schwartzer Löw / mit einer roten Cron auf dem Haubt. Darbey stunden diese Zeilen:

WIe der weiche Fisch wolsteht nächst dem hart ergrimmten Wild' /
ach! so schmukt den Heldenmuht seiner Zeit die Sanft' und Mild':
   obwol Fische Freyheit lieben / und man Löwen nährlich zämt /
doch der hohe Geist zuweilen sich mit dem Verstand bequemt.

---

[1] Das Grab des H. Sebalds / in der Pfarrkirche seines Namens.

[2] Muffel.

Nahend darbey war vorgestellet ein schöner Tempel und Clausen /[1] in dessen nächstgelegenen Weyhern viel Soldaten fischeten / derer zumtheil die Fische aufluden / zumtheil sich lustig und frölich macheten / anderwerts aber von einem andern Kriegsvolk plötzlich überfallen worden. Oben über war geschrieben: KÜHNHEIT. 1450. Unten:

KUhnheit / die aus Frevel kommt / selten Nutz und Frommen bringet /
Kühnheit / die mit Füg' und Recht / tringet durch / und alls bezwinget.
   Nicht der Kützel dich geluste deinem Nächsten seyn zum Schad
   sonder Ursach / leichtlich könte dich selbst treffen solches Bad.

[p.40:F4^v]

Nächst diesem sahe man hangen ein Wappen /[2] mit einem gevierdten Schild / da überek in zweyen weissen Feldern ein ausgebreiteter schwartzer Adler aufrecht stehet; in den andern und roten Feldern drey überek zusammengefügte weisse Lilien zu sehen seyn. Darbey:

WIe der dreygesetzten Blum Ruch und schöne Farb erhellet /
so des Rahts / der Kirch' / und Schul' Ehr und Nutz wird vorgestellet /
   wann mit Treuen sie vereint in des grossen Adlers Schutz:
   solche Lieb Gott wolgefällt / biet den Neidern Hohn und Trutz.

In der Wand aber war vorgestellet ein schöner geraumer Ort /[3] mit von vielen Büchern angefüllten Schranken / wobey zwo sonders grosse Kugel aufgesetzet / den HimmelsLauf und Erdencraiß andeutende / auf einem langen Tische lagen theils beschlossene / theils eröffnete Bücher / nebenst etlichen Maßkündigen Werkzeugen / bey denen eine Musa und Jüngling stehet. Die Obschrifft war: UNSTERBLIGKEIT. Darunter zu lesen:

[p.41:G1^r]

---

[1] Der erste Marggräfische Krieg.

[2] Nützel.

[3] Gemeiner StadtBibliothek.

Der Nymphe Noris Erste Tagzeit 45

WAs Menschen Hände thun der Zeiten Zeit verschlinget /
mit der Vergängligkeit die Zeit ie selbsten ringet;
allein der Musen Gunst unsterblich alles macht /
drum derer Schenk alhier man hält in hoher Acht.

Wiederum truge eine Seule ein Wappen /[1] mit einem überzwerg getheilten Schild / alda der obere Theil gelb / der ander schwartz. Herabwerts stunden diese Zeilen:

> GOld die Ehr' / und Schwartz das Leiden
> hier in diesem Schild bedeuten;
> Ach! bey hohen EhrenSchein
> Neid und Hass sich menget ein.

Im Alabaster hernach war eingearbeitet ein Gestech von hohem Gezeuge und Adelichen Helmen /[2] mit allerhand darzu gehörigen Personen und Ausrüstungen / darunter sich viel wolbekannte Wappenzierde befunden; bey einem hohen Ort hangen die StechCleinoder. Oben über war geschrieben: ADELSPREIS. 1454. unten:

> FReyer Sinn und Adel liebet
> Rennen / Stechen / Ritterspiel;
> wol dem / der mit gleichem Ziel
> auch in Kunst und Zucht sich übet.

Ferners war ein Wappen /[3] mit einem überek durchschnittenen Schild / dessen unterer Theil gantz schwartz / der obere weiß / mit zween roten Balken / nebenst dieser Unterschrifft:

---

[1] Pfintzing.

[2] Das Gesteche zwischen Marggraf Albrecht und seinen Edlen / mit den Nürnberg. Geschlechten.

[3] Pömer.

WIe ein Balk den Bau erhält /
daß er steht / und nicht umfällt /
so soll seyn ein ieder Stand
nutzlich seinem Vatterland.

Darbey war an der Seiten vorgestellet ein grosser Hof /[1] mit dreyen langen Stokwerken oder Gebäuen / an der Länge her mit einem tiefen und weiten Graben versehen. Das Vorgebäu war mit zweyen runden Thürnen und einem Thorgestell gezieret / und über demselben drey sonderliche Wappen / 1588. Das Obwortt war: RACHGIER. Zu unterst:

MEinen Platz der Mars besitzet / Blutesdurst mein Schatz hier ist /
Eysen / Bley / Bech / Schwefel / Steine seynd zum Schutz und Trutz gerüst:
   * Was vor hundert und mehr Jahrn meines Falls den Anlaß geben[2]
dem zur Hut wurd' ich gebaut wiedrum / schwebt mein Preiß daneben.
[p.42:G1ᵛ]

Nachmals stund an einer Seule ein Wappen /[3] mit einem gevierdten Schild / dessen zwey Theil überek / in die Längs herab getheilet / in denen eine Lilie aufrechts stehet; das eine Theil gelb / die Helft der Lilie rot; das ander Theil rot / die andere Helft der Lilie gelb. Die übrige beede Theile waren überzwergs zertheilet / das obere schwartz / das untere gelb / und darinnen eine Sirene oder Meerfräulein / mit einer guldener Cron auf dem Haubt / im roten Gewanth. Unten stunde geschrieben:

WIe das schöne Frauenbild als ein Wunderfisch sich endet /
und die wolgestalte Lilie sich darob errot / erbleicht:
solcher Weiß der AdelsRuhm des / der ihn zur Unbühr wendet /
seltzam scheint / verleurt den Namen / und sich aller Ehr' entzeucht.

---

[1] Das Zeughauß.

[2] * Durch Unfall des Pulvers im Jahr Christi 1502. zersprengt / aber im nebenst verzeichneten Jahr mit einem schönen Portal erneuert worden.

[3] Riether.

Darneben war wiederum im Alabaster vorgestellet /[1] wie aus einer Stadt von einem gecrönten Adler / welcher in den Klauen des rechten Fuses ein blosses Schwert / in des linken aber einen Scepter hielte / viel Männer und Weiber / nebenst ihren Kindern / welche alle mit Bareten / und langen mit Ringlein bezeichneten Leibrökken / verjaget werden / und sich sehr kleglich stellen. Oben lase man diß Wort: BILLIGKEIT. die Jahrzahl 1499. Darunter aber:

DEn Geitz / den Eigennutz / das Wuchervolk vertreiben /
zur Aufnam einer Stad / ist vieler Lobred werth /
so kan des Nächsten Lieb / so kan die Treue bleiben;
da hat Gott seine Wohn' / und alles Guts beschert.

An einem andern Ort war ein Wappen /[2] dessen Feld überzwergs zertheilet / und darinnen drey Schlüssel / an einem Ring zusammengefügt / gestanden. Das obere Theil war weiß / und die beede obere Schlüssel schwartz; das untere schwartz / und der untere Schlüssel darinnen weiß. Worunter diese Reimen geheftet: [p.43:G2ʳ]

DEr dreyer Schlüssel Zier bedeutet diese Lehr /
wie man mit Nutz und Ruhm soll Land und Leut verwalten:
zuforderst soll man wol bewahren Gottes Ehr /
beschutzen Stadt und Land / Gewissen reinlich halten.

In der Wand darbey war durch des Künstlers Hand abgebildet eine schöne und hohe Brukke /[3] nur eines Bogens breit und lang / an der Seiten in der Mitte mit kleinen Rundeln und etlichen Wappen. Ob der Jahrzahl 1597. stunde BEHEGLIGKEIT. Unterhalb aber konte man dieses lesen:

---

[1] Der Jüden Auszug aus der Stadt / zu Kaisers Maximilian des Ersten Zeiten.

[2] Schlüsselfelder.

[3] Die neuerbaute Fleischbrukke.

MEnschen Geist wil alles zwingen /
auch der Elementen Gwalt /
hier dem Fluß den Lauf bedingen /
daß man freyen Gang behalt.

Weiters sahe man hangen ein Wappen /[1] mit einem gantz weissen Schild / worinnen Creutzweiß zwo brennende Fakkeln / oder Klötzer / mit dieser Unterschrifft:

WIe beeder Fakkel Liecht im weissen Feld erhellet /
so sey nächst Gottes Ehr des Nächsten Lieb gestellet:
wie sonder Werk der Lieb nichts hilft / daß man Gott ehrt /
so sonder Gottes Ehr ist Nächstenlieb verkehrt.

In der Wand war weiters zu beobachten ein grosser Saal /[2] alda auf erhobenen Stülen etliche ansehenliche Männer sassen / und neben ihnen gegeneinander über unterschiedliche Geistliche und Ordenspersonen / theils mit entblössten / theils mit bedekten Häubtern / die gleichsam redend und mit ausgestrekten Händen abgebildet waren. In der Mitte sassen an einem Tisch etliche Männer / die bedachtsam schreibend schienen. Auserhalb dieses Orts aber stunden allerley Personen / von Geistlichem und Weltlichem Stand / die sich als Zuhörer unterschiedlich geberdet. Oben über lase man: GLAUBENSSACHE. die Jahrzahl 1525. unten: [p.44:G2ᵛ]

SChnell die weltlich' Ehr verschwindet / und hält ihre Wäre nicht;
Gottes Wort auf ewig bleibet. Wol! wer wandlet in dem Liecht /
und der Warheit forschet nach. Gott kan alles wieder geben;
was man ihm zu Lieb verlässt / hier und auch in jenem Leben.

---

[1] Schürstäbe.

[2] Das Gespräche zwischen den Geistlich. wegen der Reformation.

Der Nymphe Noris Erste Tagzeit 49

Wiederum war ein Wappen /[1] mit einem gantz weissen Schild / worinnen ein betagter Mann bis an den untern Leib abgebildet / in einer roten Kleidung / mit einer weissen Binden um den Leib / und eine schwartze Hauben / mit weissen Ausschlägen / auf dem Haubt; in den Händen hielte er beederseits einen Karst: zu unterst war ein dreygespitztes schwartzes Berglein. Und stunden bey diesem Wappen folgende Reymen:

KEin ringes Spiel / schau! ist in hohen Aemptern sitzen /
   die Weißheit muß zugleich dem / der regirt / seyn kund /
   gleichwie nicht wird das Feld gebaut zu ieder Stund:
Erfahrnheit / Müh' und Zeit der Stadt mit Nutzen nützen.

Ferners war an der Seiten abgebildet ein schöner langer Bau von Quaterstukken scheinend /[2] mit dreyen hohen Thoren / die mit Seulenwerkk / Wappen und andern Bildnissen bezieret. Zu oberst bey der Dachung war ein schöner Gang um das Gebäu / und drey erhoheten Gäden / als viereckichte Thürnlein / alles auf das zierlichste und der Kunst gemäß. Die Oberschrifft: ZUFLUCHT / mit der Jahrzahl: 1616. Darbey unten:

    KLugheit und Gerechtigkeit
      hier den Sitz und Wohnung haben:
    Gott geb / daß im Fried' ohn Zeit
      grunen diese werthe Gaben.

Es war auch folgends ein Wappen /[3] mit einem gantz roten Feld / worinnen drey weisse Lilien überek zusammengefüget stehen / mit dieser Schrifft: [p.45:G3ʳ]

---

[1] Starken.

[2] Das neuerbaute Rahthauß.

[3] Stromer.

DEr Lilie Silberfarb und Ruch erhebt den Preiß;
die Tugend ziert und schmukt den Adel gleicher Weiß.
  Wo nebenst dapferm Muth die Tugend liebt ein Mann /
  derselb vor aller Welt rechtmässig prangen kan.

Darbey war an der Wand im Alabaster vorgestellet eine Stadt /[1] die von aussen stark beschossen wird; die Kugeln aber wurden von schönen geflügleten Jünglingen auf der Mauer abgewendet. Obenüber stunde: UN-SCHULD / mit der Jahrzahl: 1552. unten:

EIn freyer Held wolt' hier mit unverschuldten Straffen
  bestraffen mich / wo nicht Gott sonders hielte Wacht /
  wer ich unschuldiglich erödet in den Waffen.
    Gott hat ans Tageliecht mein' Unschuld auch gebracht.

Bey einer andern Stelle war ein Wappen /[2] mit einem gantz roten Schild / worinnen eine weisse Katz aufrecht stehet / mit erhobenen vordern Tatzen und Schwantze. Worbey dieses zu lesen:

WO mit Witz die Dapferkeit sich gelegner Zeit vermählet /
  haben billich Stadt und Länder dessen grossen Nutz und Freud;
  dann sie sicher sonder Sorgen seyn in solches Mannes Gleid.
    Solches Lands und solches Manns Ehr' und Preiß sich nicht verheelet.

In der Wand war hingegen eingehauen ein schönes grosses vierekkigtes Gebäu /[3] von Quaterstukken scheinend aufgeführet / worinnen man deutlich konnte stehen sehen ein Müllwerkk / mit seiner Zugehör / von

---

[1] Der ander Marggräfische Krieg.

[2] Tetzel.

[3] Roßmülle.

Der Nymphe Noris Erste Tagzeit 51

unterschiedlichen Rossen umgetrieben. Die Jahrzahl: 1620. Das Obwortt: VORTHEIL. Unten aber diese Reymen: [p.46:G3ᵛ]

HIer zu sondern Ruhm und Nutz gmeiner Stadt ward ich erbauet /
was des Wassers Ambt sonst ist / wird den Rossen anvertrauet:
 iederman drum mich ansiht / als ein sonders Meisterstükk.
 Gott bewahre mich vor Leid' / und die Stadt für böse Tükk.

Nach diesem hienge ein Wappen /¹ dessen Schild war in die Länge abwerts getheilet / das eine Theil schwartz / darinnen ein weisser Würffel; das ander Theil weiß / worinnen ein schwartzer Würffel. Darunter:

DAs Glük / das schwankend Glük / oft schmeichlet und belacht /
wann es am höchsten steht / schnell wieder knappt und kracht:
 es ist doch unser Thun nichts anders als ein Spiel /
 da wir bald seyn im Werth / bald gelten nimmer viel.

Nächst daran war im Seitenfeld vorgestellet eine schöne hohe Ehrenpfort / mit allerley Bildern /² Wappen und Schrifften bezieret; zu oberst aber schwange sich gleichsam ein Adler mit seinen Flügeln. Unten bey der Pforten hindurch ritten allerhand Personen / mit Trompeten / und Feuerrohren versehen / gantz köstlich und triumphirlich geschmukket / unter denen auch ein Camel mitgienge. Nach diesem Hauffen ritte ein ansehlicher Herr unter einem Himmel oder Dekke / welcher von sechs andern Personen getragen worden; auf welchen wiederum Reuter und Wägen folgeten. Obenüber stunde geschrieben: PFLICHTSCHULD. die Jahrzahl 1612. Darbey unten ferners:

---

¹ Toppler.

² Kaiser Matthias Einzug und Huldigung alhier.

OBrigkeit / die Gott gesetzet / billich man verehrt / beschenkt /
drum der Unterthanen öfters auch in Gnaden sie gedenket:
  wie die Sonneblum sich stets nach dem Lauf der Sonnen neiget /
  gleicher Weiß der minder Stand sich dem obern willig zeiget.

[p.47:G4ʳ]

Nachmaln war ein Wappen[1] mit einem überzwerg zertheilten Schild / dessen obere Theil weiß / mit dreyen schwartzen Balken überek herab; der untere Theil gelb / worinnen eines Mohren Brustbild zu sehen. Darbey unten:

DEr Mohr zwar Glük verspricht / doch muß bey jungen Jahren
der Mensch was nieten sich / viel Böß und Guts erfahren:
  Erfahrung bringet Witz / die Arbeit bringt den Lohn /
  wer Witz und Arbeit scheucht / trägt schlechten Ruhm darvon.

Im Alabaster darneben stunde ein hoher vierekkigter Bau /[2] dreygädig / herum mit Gängen versehen: an dem Portal aber und Eingang aussen her war neben anderer Zier und Schrifft vorgestellet eine Fechtschul / Ochsen= Wolff= und Beerenhatz / Schauspiel / und dergleichen. Die Uberschrifft lautete: ERGETZLIGKEIT. die Jahrzahl: 1628. Unten war zu lesen:

    KUrtzweil / die mit Maß geschicht /
    und auf Zucht und Ehr gericht /
      ist erlaubt / drum pracht' ich hier:
      dann ich auch die Stadt bezier.

---

[1] Tucher.

[2] Das Theatrum oder Spielhauß.

Wiederum war ein Wappen[1] an einer Seule / mit einem überzwergs getheilten Schild / der obere Theil weiß / mit einem halben roten Rad; der andere Theil blau / mit aufrechts stehender Lilie. Untenher diese Reymen:

DIe Tugend vest besteht / das Glük zum öftern schwanket /
 die Blum andeutet diß / und das zergäntzte Rad:
 darum frisch hingewagt / Gott hat schon deinen Pfad
für Unglük wol bewahrt / mit seiner Gnad umschranket.   [p.48:G4ᵛ]

Nahend an der Wand darbey hatte der Künstler artig eingehauen eine Stadt /[2] mit runden Thürnen hoher Vestung / und vielen Aussenwerken versehen / die von einem auf einem Berg gegenüber liegendem Kriegsvolk sehr beträngt war / wieder welches doch von der Stadt ein anders Kriegsheer fachte. Im Felde herum sahe man viel todte Menschen und Viehe liegen. In der Höhe an dem Himmel wolte gleichsam die Sonne durch eine trübe Wolken wiederum hervorblikken. Obenher stunde: GEDULT / und die Jahrzahl: 1632. unten aber diese Zeilen:

SChikt uns Gott ein Leiden zu / wil er seine Lieb erweissen /
 drum diß mit Gedult man trag' / er kan auch mit Troste speissen:
 dieses Creutz ist wie die Wolkke / die der Sonnen Glantz bedekkt /
aller unsrer Feinde Sturme Gott zernicht / und Heil erwekkt.

Endlichen sahe man ein Wappen /[3] mit einem überlängs herab getheilten Schild / darinnen eine aufrechtstehende Lilie. Der vorder Theil war weiß / die Helft der Lilie rot; der hinder Theil rot / die Helfte der Lilie weiß; mit diesen untergesetzten Reymen:

---

[1] Volkamer.

[2] Das Wallnsteinische Lager.

[3] Welser.

WAs soll der Lilie Weiß' und Röte hier vergleichen?
das Tugendlieb nicht soll zur Krieg= und Friedzeit weichen:
   der TugendRuhm erhallt hier noch in dieser Zeit /
   verbleibt auch einverleibt der grauen Ewigkeit.

SOnsten waren zugleich in dem Fußgestelle einer ieder Seule diese Sinnbilder artig eingehauen:[1]

Erstlich ein Helephant /[2] der in einem Fluß stehend / gegen der aufgehenden Sonnen / mit erhobenem Haubt / seinen Rüs= [p.49:H1ʳ] sel ausstrekket / mit dieser Umschrifft: Gib Gott die Ehre.

2. Ein Hirsch /[3] so mit dem Odem etliche Schlangen aus den Felslöchern ziehet / und sie mit den Füssen zertritt / darbey: Den Sünden wehre.

3. Ein junger Storch /[4] einen alten auf dem Rukken tragend / das Obwortt: Verehr die Alte.

4. Omeissen /[5] welche Weitzenkörnlein in ihre Löcher vertragen / darbey geschrieben: Zu ruk was halte.

5. Sperlinge /[6] so vor einer Scheuren die Spreuer aussuchen / warum diese Wortt: Die Armuth speisse.

6. Ein Lux /[7] mit der Beyschrifft: Vorsicht beweisse.

7. Ein Löw /[8] mit einem kleinen Hündlein schertzend / darbey: Niemand verachte.

8. Ein Aff /[9] in einem Spiegel sich besehend / mit der Umschrifft: Dich selbst betrachte.

---

[1] VIRTUTES POLITICÆ:

[2] AMOR DEI.

[3] PROBITAS.

[4] REVERENTIA SENUM.

[5] FRUGALITAS.

[6] BENEFICENTIA.

[7] PRUDENTIA.

[8] HUMILITAS.

[9] COGNITIO SUI.

9. Wie sich die Wespen an einen Elephanten richten /¹ und ihn plagen / der aber die Haut zusammenziehet / und ihrer viel ertödtet: das Wortt: Nichts Frembds berüchte.

10. Wie aus einem Bienkorb die Bienlein ausfliegen /² derer sich etliche auf die Blümlein setzen / etliche Wasser einholen. Die Anweisung: Dein Ambt verrichte.

11. Eine Henne /³ die mit ihren Flügeln ihre Junge bedekket / alda stunde: Die Deine liebe.

12. Ein Löw /⁴ der einen Wolff zerreisst / mit denen Beywortten: Das Recht verübe.

13. Ein Crocodil /⁵ mit aufgesperrtem Rachen / doch aus den Augen rinnenden Zähren: Darum geschrieben: Nicht Falschheit häge.

14. Ein Einhorn /⁶ das da scheinet / ehe es trinket / mit dem Horn des Wassers Güte zu probirn / indem es solches in das Wasser tauchet. Die Erinnerung: Alls vor erwäge. [p.50:H1ᵛ]

15. Eine Schafrüede /⁷ so bey einem rastenden Lamm stehet / die Obschrifft: Die Unschuld schutze.

16. Ein Widder und ein Bok sich miteinander stutzen /⁸ das Wortt: Die Boßheit trutze.

17. Ein Storch /⁹ so wieder eine Krahe / vor seine Jungen streitet / darbey zu lesen: Nicht Waisen lasse.

18. Eine Schwalbe /¹⁰ so ihren Jungen im Neste die Speise austheilet / mit der Anmahnung: Ungleichheit hasse.

---

[1] CAUTELA PACIS.

[2] DILIGENTIA.

[3] DILECTIO SUBDITORUM.

[4] JUSTITIA.

[5] DEXTERITAS.

[6] CONSULTATIO.

[7] TUTELA INNOCENTIUM.

[8] MAGNANIMITAS.

[9] COMMISERATIO.

[10] ÆQUALITAS.

19. Ein Delphin /¹ sich um einen Scepter windend / mit dem Wortt: Geheims verschweige.
20. Ein Kranich /² auf einem Bein stehend / und in den Klauen des andern einen Stein haltend / daherum war geschriben: Dich wachsam zeige.
21. Eine Schlange /³ die vor ihrem Banner oder Beschwerer die Ohren verstopfet / wo zu betrachten: Den Wäscher meide.
22. Ein Bienkorb /⁴ alda die arbeitsame Bienlein die faulen Hummeln verjagen / das Obwortt: Faulheit nicht leide.
23. Ein Damhirsch /⁵ der mit aufgerichtem Haubt und Geweid vor etlichen Rehen oder Hündinen herlauffet / darbey: Getreulich führe.
24. Ein edler Stoßfalk /⁶ welcher in der Luft einem Reiger obsigt / mit diesen Worten: Nicht Ehr verliere.
25. Etliche unterschiedliche Vögel⁷ zihen dem Widhopf seine entlehnete Federn aus / wobey geschriben: Frembd Gut nicht habe.
26. Ein Seidenwurm /⁸ der sein Bälglein aufbeisset / und mit dem einem Flügelein und Kopf sich albereit hervor windet / mit dieser Lehre: Leb' auch im Grabe.
27. Ein Elephant /⁹ der mit einem Drachen streittet / und ihm der Drach hart zusetzet. Darbey gestanden: Hier streit und leide.
28. Eine Taube /¹⁰ mit einem Oelbaumzweiglein in dem Schnabel / aus dem trüben Gewülke gegen die blinkend Sonne fliegend / die Umschrifft: Dort Fried und Freude. [p.51:H2ʳ]

[1] TACITURNITAS.

[2] VIGILANTIA.

[3] ODIUM DETRECTATORUM.

[4] FUGA IGNAVIA.

[5] FIDELITAS.

[6] FORTITUDO.

[7] USUS RERUM LEGITIMUS.

[8] FAMÆ PROCURATIO.

[9] CONSTANTIA.

[10] REMUNERATIONIS SPES.

Bey dem Eingang oder Ausgang dieses Tempels waren auf weissen Marmoren Fußgestellen abermals zwey guldene Bilder zu sehen / einer Seits Apollo / mit seiner Leyr / Bogen und Köcher / unter dem geschrieben gewest: Verständniß scheint. anderwerts Hercules / in seiner Löwenhaut / mit der Streitkolbe in Händen / und auf der Achsel die Weltkugel tragend / darunter stunde: Mit Schweiß vereint. Und waren über dem Thor auch solche Reymen zu lesen:

> WEr diesen Wunderbau beschaut / bey sich betrachte /
> daß nächst des Höchsten Hülf' und unendlicher Machte
>   die kluge Vorsicht hier und unverdrossner Fleiß
>   erhalten dieses Werk in seinem Ehrenpreiß.
> Wie nun das Oberhaubt / so seynd die Unterthanen:
> wann jene ihren Weg mit Tugendvorbild bahnen /
>   auch diese folgen nach. Der Wolstand blüet und grünt
>   mit Ruhm in solchem Land / und Gott zu Ehren dient.

In Mittel des Tempels aber stunde von schönem Achatstein ein runder Altar aufgerichtet / an dessen Seiten herum von der wunderspielenden Natur drey Bilder / so artlich sich des Steins Adern behelffend / vorgestellet waren / über iedes derselben / als über einem dreyständigen Sinnbild / des Künstlers Hand etliche Wörtter eingegraben hatte. Als über dem ersten / daß ein Weibsbild war mit einem Kind an dem Arme / ein anders Kind zugleich an der Hand führend / die Treu und Liebe bedeutend / lase man diese Wortte: Was Treue bringt. Das ander ein Weibsbild / mit erhobenem Haubt / feuchten Augen / halberöffnetem Mund / und zusammen gefalteten Händen / und entblösster Brust / worinnen ein Feuerglimmendes Hertz zu sehen / die Andacht vorbildend / hatte diese Uberschrifft: Gen Himmel tringt. An dem dritten [p.52:H2ᵛ] Ort war ein ansehliches Weibsbild / mit einem Lorbeercrantz auf dem Haubt / über welchem etliche Sterne stunden / und truge sie in der rechten Hand einen Scepter / in der linke einen Palmzweig / die unverwelkliche Ehre vorstellend / darbey geschrieben: und Lob erringt. Oben auf dem Altar war gestellet ein silbernes Rauchfaß / in Form eines Hertzens getrieben / daran zu lesen: rein von Hertzen. und mit stets glüenden Kohlen beleget; zur Seiten aber ein von feinem Gold gegossenes oder ausgemachtes vierekkigtes Kästlein / mit köstlichem Rauchwerk angefüllet / auf dessen Rand unten diese Reymen:

Ohne Falsch und Heucheley /
Mensch / hier dein Gelübde sey.

Worüber die besagte Schäfer sich sehr verwundert / und obwol sie ob dem Anschauen solcher übermässigen Herrligkeit höchlich erstaunet / haben sie gleichwol wiederum einen frischen Muht gefasset / und sich ferners erkühnet / um eines und des andern wundersamen Dinges gründliche Wissenschafft zu holen. Derowegen sie mit gebührlicher Ehrerbietung die Nymphen / ihre Begleiterinne / gefragt / was doch eines und das ander in diesem Tempel hier bedeuten möchte? Die beede Nymphen aber haben ihnen mit holdseeligen Gebärden und kurtzen Wortten folgenden Bericht gegeben.

Dieses Gebäu ingesamt alhier ist eine Vorstellung der grossen Herrligkeit der Göttlichen Nymphen und Vorsteherin dieses Orts und Lands / NORIS genannt / die dir / Montano / weiß ich wol / besonders bekannt / und in der Weltberühmten Neronsburg ihren beliebten Sitz und Wohnung hat; und wird vornemlich hierinnen die Art und Weise ihres klugbestellten Regiments vorgebildet. Dann diese an den innern Seulen des Tempels hangende Adeliche Wappen seyn denjenigen noch zur Zeit grunenden und grünenden Geschlechten angehörig / welchen durch sehr hohe Begnadigung / der höchste Gewalt und Herrschafft dieses Orts einig ist anbefohlen worden. [p.53:H3ʳ]

Seyn dann diese gegenwärtige allein iederzeit solches Gewalts fähig gewesen / fragte Montano; oder haben auch noch andere mehrere neben ihnen / vor diesem die Ehre gehabt?

Freylich ja / sagte Dorila / seyn derer vor diesem mehrer gewesen / die nunmehr diesem Zeitlichen abgestorben / iedoch ihr Ruhm noch unverwelklich bleibet; und dero Gedächtnisse an einem absonderlichen Ort verwahret werden / auch zur Zeit von der grossen Nymphe verborgen gehalten. Dieser Abgestorbener Stelle aber sind nach und nach aus andern alten und dieses Orts wolverdienten Edlen Geschlechten (dergleichen ihrer noch viel zu finden / und bey mindern Verwaltungen sich Gunstfähig machen) wiederum ersetzet werden. Denen allen nun die siben älteste Personen im Regiment /[1] als siben Crystallinene Fenster oder Planetsterne an der blauen Saphirner Himmelsbühne / wegen ihrer klugerfahrner

---

[1] Der ältere geheime Raht / oder die Siben Alte Herren des Rahts zu Nürmberg.

Vorsicht / und sonderer Tugendleuchte hier abgebildet / wie ein Oberhaubt vorstehen / den höchsten Gewalt tragen / und die grösste Geheimnisse bewahren: die andere aber / als das übrige Gestirne / in ihrer Maß die Regirung mitführen / unter welchen etliche ob ihren besondern hohen Gaben und Verdiensten besonders leuchten und funklen / wie in dieser Vorstellung klärlich zu sehen ist. Zu solchen hohen Ehren nun kan niemand / als durch sittsame Gedult und unbeflekten Lebenswandel / gelangen / und der sich zuförderst der Gerechtigkeit und seiner selbst Ernidrigung befleisset / wie dieses die ausstehende Lämlein und Brünnlein / und in dem Vorgebäu die gegen den Tempel zu aufgestellte Bilder anzeigen. In welchem Vorgebäu / ihr meine Schäfer / auch schauen werdet die Wappen derjenigen / von denen oben gemeldet / die sich / um künftig in höhere Stellen zu tretten / und der Nymphe Noris Gunst zu erhalten / zur Zeit in mindern Ambtsgeschäfften gebrauchen lassen / welches alles ihr im zu ruk gehen zu beobachten / auf unser freundlichst Erinnern / ja nicht vergesset. [p.54:H3^v]

Was bedeuten aber / fragte Helianthus / diese Vorstellunge mit den Jahrszahlen / in denen zwischen den Seulen stehenden Feldern alhier?

Es seyn warhaffte Abbildunge / antwortete ihm Alithea / etlicher / zu gewieser Zeit / bey oder mit dieser hochgepriessener Neronsburg / zugetragener und denkwürdiger Geschichten / wie auch namhafter / und mit sonderer Kunst aufgerichteter Gebäuen / wie auch die an den Seulen eingehauene Sinnbilder wolschikliche RegimentsLehren in sich halten. Der Altar aber ist ein wundersames von der Natur ausgewürktes Meisterstuk / den die grosse Nymphe NORIS / mit sondern Bedachte hierein geordnet / und zu ihrem Ehrendienst gewidmet hat / als an welchem / nach Anweisung der Natur / gantz klüglich erhellet / in welchen Stukken zuförderst dieser Landschafft und Orts herrlicher Wolstand und glüklicher Aufnam bestehe. Weiters / die Capell oder das hinter Gebäu betreffend / mit dem vergulten Gitter / ist es ein Ort / in welchem mit sondern Gepränge die Bildnisse und Gedächtnisse der sonders hochbelobter / und nunmehr leiblich verstorbener Personen / als ein theurer Schatz / in Verwahrung gesetzet / und der Unsterblikgeit einverleibet werden; Der Zutritt aber dieses Orts Euch zu einer andern Gelegenheit / um gewieser Ursachen willen / vergönnet wird.

Und weil ihr / liebe Freunde / durch oftgedachter Nymphe Gnade / nebenst unsern Begleiten / bisanhero gelanget / und die Ehre erhalten / dieser Herrligkeit ansichtig und kundig zu werden / so wird demnach Euch ferners gebühren / sich wiederum dankbar zu erzeigen / und nebenst

Erweisung eines Dank= und Lobopfers / zugleich etwas von euren Gedichten zu hinterlassen.

Worauf sich Montano gantz demütig geneiget / in sein und seines Mitgefährten Namen / sich gegen den gedachten Nymphen / der erwiesenen Ehremühe gantz höflich bedanket; nach solchem sich in tiefester Andacht zu dem Altar genahet / und et= [p.55:H4ʳ] was von Rauchwerk / zu Bezeugung seiner schuldigen Unterthänigkeit / auf die Glut gelegt / worvon ein solcher lieblicher und süsser Geruch entstanden / daß hierüber Montano / nebenst dem Helianthus / gleichsam entzukket worden / und die beede Schäfer einmüthiges Sinnes angefangen folgende Oden oder Liedlein / der Nymphen NORIS zu Ehren / überlaut zu singen.

Satz.

WEr der Sonnen Glantz beachtet /
   und der Sternen blankes Liecht /
   schaut / wie jener Stral durchbricht /
und vor allen andern prachtet.
Ihre Flamm kalt Eyß durchtringet /
   wärmet / Geist und Leben gibt /
   drum sie auch wird sehr geliebt;
ieder ihren Nutz besinget.
Sonnenkraft durchstreicht die Auen /
   und beseelet Berg' und Thal.
Wer kan alle Wunder schauen /
   die da wirken ihre Stral?
Ertz / Stein / Flüsse solchs beweissen /
auch die Menschen selbst es preissen. [p.56:H4ᵛ]

Gegensatz.

WEr die Herrligkeit beachtet
  und der Nymphen NORIS Liecht /
  merket / daß ihr Lob durchbricht /
und wie eine Palme prachtet.
Ihrer Weißheit Ruhm durchtringet /
  Trost / Vergnügung iedem gibt /
  drum von allen Sie geliebt:
Jeder derer Ehr besinget.
Ihr Nam' hallt und schallt auf Auen /
  und durchklinget Berg' und Thal;
herrlich ist ihr Thun zu schauen /
  prächtig ihrer Machten Stral.
Dieses ihre Thaten weissen /
welche vieler Zungen preissen.

Nachsatz.

SEelig / wer diß hier beachtet /
und in NORIS Gunsten prachtet!
  wessen Dienst Ihr ist beliebt /
  dem Sie die Vergeltung gibt:
Dieser billich sie besinget /
dann ihr Nam den Neid durchtringet.
  Ihr Ruhm schwebt durch Berg' und Thal /
  funklet als der Sonnenstral:
Demnach wir Sie höchlich preissen /
und in Demuth Ehr' erweissen.

NAch Endung dieses / führeten die obgedachten Nymphen die beede Schäfer von dannen wiederum hinaus in das Vorgebäu / da sie alsobald gegen ihnen zu / [p.57:J1ʳ] inner der äussern Pforten / zu beeden Seiten dieser Bilder ansichtig worden / nemlichen der Gerechtigkeit / mit einer Waag und blossem Schwert in den Händen / doch ansehenlicher Kleidung / mit dem Wortt: Gerecht. imgleichen der Demuth / in einem schlechten Gewanth / einen Schaubhutt oder GärtnersHut auf dem Haubt / in den

Händen ein Sieb und Rechen tragend / die Unterschrifft: und schlecht. Welches / der Nymphen Auslegung nach / bedeuten sollte / daß man sich solcher Tugenden zuforderst / als Bewerberin des höhern Standes gebrauchen müsse / auch sich derer / bey gegenwärtiger Verwaltung / am meisten befleissen. Besagte Bilder[1] aber waren aus Corinthischem Ertz gegossen / und auf grünen Marmorn Fußgestellen aufgestellt. Sonsten hungen an den grauen Marmorn / auf Ionischer Art gesetzten Seulen in dem Vorgebäu so imgleichen allerseits mit grauen Marmor überzogen / hin und her folgende Wappen / mit ihren untersetzten Reymen.

Erstlich war ein Schild /[2] mit einem gantz blauen Feld / in dem zwey Viertheil eines gelblichten Mondscheins rükling aneinander rühreten. Darbey:

    WIe der Mond verwandlet sich /
       also schwankt das Glük geschik:
    dem nicht bloß vertraue dich /
       unstet seyn stets ist sein Tük.

Ein Schild /[3] mit einem gantz weissen Feld / darinnen ein roter Wolff / auf halbem Leib.

    ES wird durch die Natur der Wolf zum Raub geleitet
    ob seines Magens Hitz / wodurch wird angedeutet /
    daß ein entflammter Geist in waarer Tugendhitz'
    allzeit Verlangen trägt auch nach derselbn Besitz.

[p.58:J1ᵛ]

---

[1] Die übrige Erbare Geschlechte / die nicht Rahtsfähig / nach dem Abc unvorgreiflich eines und des andern ältern Herkommens.

[2] Cämmerer.

[3] Dietherren.

Wappen der Adelichen doch unraths-fehigen Geschlechten.

Folio. 57.

Cämmerer. Dietherren. Hügel. Helden. Kötzler. Örtel.

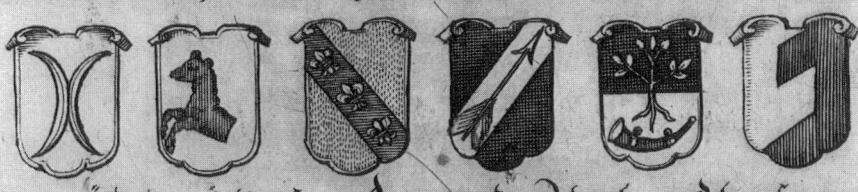

Ölhafen. Bücher. Roggenbach. Schedel. Scheurle.

Schlaudersbach. Schleicher. Schmidmair. Stokhamer.

von Dill. Voiten.

Waldstromer.

Ein Schild /¹ dessen Feld gantz gelb darinnen überek herab ein blauer Balk gehet / auf deme drey gelbe Lilien stehen:

KUnst und guter Sinnverstand einem sein guts Lob vermehren /
wer sich der befleist / erlangt Reichthum / steigt zu hohen Ehren:
diß die Lilie hier bezeuget / und wird klärlich angedeut /
daß / wie man sie liebt und ehret / man lieb' auch gelehrte Leut.

Ein Schild /² mit einem schwartzen Feld / überek aber gehet ein weisser Balk herab / und in demselben ein roter Pfeil hinaufwerts:

ALs ein Blitz der Pfeil hinfleuchet /
oft so manchem / merk! entschleichet
seine Red. Nim dich in acht;
stiller Mund nie Schaden bracht.

Ein Schild /³ dessen Feld überzwergs zertheilet / oben schwartz / unten weiß / und in dem weissen ein rotes Jägerhorn ligend / von dem in den gantzen Schild hinauf ein gelbes Lindenbäumlein gehet:

WEm Gott Gutt und Ehr bescheret / dessen trag er guten Hut /
es sind ja nicht alle Tage Fangtag' und zur Stellung gut:
drum trau Gott / zu rathe halt / was dir Gott und Glük bescheret /
Schand vermeid / nach Ehren jag / Gott der Mißgunst schon abwehret.

[1] Gugel.

[2] Helden / oder Hagelsheimer.

[3] Kötzler.

Ein Schild /[1] dessen Feld weiß und rot / ungleich in die längs herab zerspalten:

>DApferkeit und Klugheit Ruhm
> schmukket Jugend und die Alte /
> demnach dapfer dich verhalte /
>Weißheit sey dein Eigenthum.   [p.59:J2ʳ]

Ein Schild /[2] mit einem gantz blauen Feld / in welchem ein aufgerichter gelber Löw / in den fördern Tatzen ein Oelhafen trägt:

>HIer trägt der edle Löw das Lindöl zu verbinden
>den selbstgethanen Schad / lässt als ein Artzt sich finden:
> geringer Ruhm nicht ist / dem Feind gewachsen seyn /
> doch eingemischte Gnad führt einen grössern Schein.

Ein Schild /[3] dessen Feld in der Mitte ablängs schwartz und weiß zertheilet / worinnen auch ein Bokshalß schwartz und weiß / wechselsweiß unterschieden / stehet:

>ES mahnet dieses Thier / daß man sich nach der Zeit
>soll richten / frölich seyn / wann uns belacht die Freud:
> wil Trübsal tretten her / ins Gwehr dich auch bald stell /
> gantz unverzagt gib acht / daß solche dich nicht fell.

---

[1] Oertel.

[2] Oelhäfen.

[3] Pucher.

Ein Schild /¹ mit gelbem Felde / worinnen überek ein schwartzer Balk herab gehet / in dem zween gelbe Stern / und zwischen solchen eine gelbe Cron stehet:

NIemand sich auf hohe Gunst / noch auf grossen Stand verlaß;
Unfall unversehens kömmt / HerrenGunst bricht wie ein Glaß:
    demnach schwartze Farb hier stehet nächst der schönen Wappenziere /
    daß ein ieder diß bedenke / nicht mit seinem Stand stoltziere.

Ein Schild /² mit einem gantz weissen Feld / darinnen ein Mohrenkopf / mit einem gelben Ring an dem Ohr.

DIe äussre schöne Gstalt des Manns man oft beachtet /
doch seinen Unverstand benebenst nicht betrachtet:
    ist Klugheit da zu Hauß / leucht herrlich der Verstand /
    so wird in schwartzer Farb' ein Mann auch wol bekant.

Ein gevierdter Schild /³ dessen zwey Feldlein überek rot / in denen ein weisses Panterthier / iedoch mit Hörnern; in den andern beeden / die blau / überek ein gelber Balk: [p.60:J2ᵛ]

EIn Mann soll seyn behertzt / und schnell in seinen Thaten /
    des wird er Ehrenlob erheben überal /
    seins Namens Ruhm so steigt bis an den blauen Saal
der Sternen: also wird dem Land auch seyn gerahten.

---

[1] Roggenbach.

[2] Schedel.

[3] Scheurl.

Ein Schild /[1] mit einem blauen Feld / darinnen ein ausgebreiteter gelber Adler aufrechts stehet: der Rand aber an dem Schild herum weiß und rot eingetheilet:

WIe sich dieser edle Vogel hoch hin durch die Wolkken schwinget /
gleicher Weiß Verdienst und Tugend durch den blassen Neid durchdringet:
  Adlers Flug sich hebet sehr /
  Tugend steiget noch viel mehr.

Ein Schild /[2] mit einem gantz weissen Feld / worinnen eines Menschen Arm rot bekleidet / und in der Hand einen Schlüssel haltend:

  HAlte rein im HertzenSchrein /
  was da soll verschwiegen seyn:
   niemand als du selbs aufschliesse /
   und die Red mit Saltz herfliesse.

Ein Schild /[3] mit einem überek zerschnittenem Feld / dessen ober Theil gelb / das untere rot; auf dem Schnitt stehen in der Reyhe drey Rosen / auch durchschnitten / derer obere Theil rot / der untere gelb:

  WIe die Rosen lieblich blüen;
  so die sich in Tugend mühen /
   grunen / grünen allerseit
   zu der Krieg's= und Friedenszeit.

[1] Schlaudersbacher.

[2] Schleicher.

[3] Schmidmairen.

Ein Schild /[1] mit einem gelben Feld / in dessen Mittel überzwergs her ein schwartzer Balk durchgehet: [p.61:J3ʳ]

> NIchts so herrlich hier bestehet /
> noch das Glük so wol belacht /
> das nicht auch wird angewehet
> vom Unglük / veracht gemacht.

Ein Schild /[2] dessen Feld in der Mitte überzwergs zertheilet / das obere Theil gelb / und darinnen ein rotes Schildlein / mit einem weissen Creutz; das untere Theil rot / darinnen drey blaue Sparren in die längs herab / in welchen weisse Majenblümlein verzeichnet stehen:

> MIt sonderm Wolstand ist ein kleines Creutz geleget /
> darunter Flora doch viel schöne Blümlein heget:
> nichts ist das Leiden hier / das uns berukt und zupft /
> dort sonder Zeit und Ziel die Seel in Freuden hupft.

Ein Schild /[3] dessen Feld überlängs herab in vier Theil zertheilet / und wechselsweiß Schwartz und Weiß an Farben hält:

> SO muß gewechslet seyn / so muß man es gewohnen /
> der Tod und das Geschikk nicht eines Menschen schonen:
> ein blosser Tant nur ist all unser Sorgen hier /
> blikt heut die Sonne nicht / so blikt sie morgen dir.

---

[1] Stokhamer.

[2] Die von Thill.

[3] Voyten.

Ein Schild /¹ mit einem gantz roten Feld / worinnen aber zwo creutzweiß geschrenkte weisse Streugabel stehen:

> EIn Ruhm ist nidres Orts erlangen edlen Stand /
> und durch der Fürsten Gnad' erheben Forst und Land:
> solang man aber nicht hält standhaft Hertz und Sinn
> im Tugendglaiß / diß Lob fleugt wie die Spreu dahin.

In Besichtigung itztgemeldter Wappen / wiewol derer etwan mehrer mit ihren Unterschrifften vorhanden gewesen / vernamen die Schäfer ausserhalb des Tempels ein grosses Getresche / weswegen sie sich schnell von dannen begeben / und ei= [p.62:J3ᵛ] nen sonders zierlichen Aufzug in das Gesicht bekommen. Dann erstlich etliche Satyri oder Geyßgefüsste Waldmänner / mit Farrenkraut und Ginst becräntzet / und mit kleinen Pauken / Schilfpfeifen / und klingenden Dreyangeln / vornen her gesprungen / und sich seltzam geberdet. Diesen folgete nach ein schöner guldener Wagen / iedoch künstlich mit schwartz eingelassen / an dem von hinten her ein hochgebogner zierlicher Bogen in die Höhe stiege; auf dem Bogen aber ein schwartzer und gecrönter Adler / mit ausgebreiteten Flügeln / gestanden.² Zurükling entgegen am äussern Theil des Wagen sahe man diese Wappen mit ihren unterschiedenen Farben bezeichnet / als 1.³ ein Wappen / mit einem gantz schwartzen Feld / in welchem ein gelber Löw aufrecht stehet. 2.⁴ ein Wappen / mit einem gantz blauen Feld / worinnen eine gecrönte Weibsperson / in gelbem Gewanth / auf dem Arm ein nakkend Kindlein tragend / um sie her ein gelber Schein. 3.⁵ ein Wappen / mit einem roten Feld / alda ein Engel im gelben Gewanth / in Händen eine Waag und blosses Schwert tragend. 4.⁶ ein Wappen / mit einem roten

---

¹ Waldstromer.

² Die Wappen der zur Zeit der löbl. ReichsStadt Nürmberg unterworffener Aembter und Flekken.

³ 1. Adolphsdorf oder Altdorf / ein Städtlein.

⁴ 2. Closter Bildenreuth.

⁵ 3. Closter Engelthal.

⁶ 4. Grävenberg ein Städtlein.

Feld / in welchem ein halber weisser Löw / auf einer Maurzinnen stehet. 5.[1] ein Wappen / in der Mitte die längs herab zertheilet / in einem Theil / welcher weiß / ein Hauß mit zweyen Erkern / auf einem grünen Hügel / das andere Theil gantz rot. 6.[2] ein Wappen / mit rotem Feld / darinnen ein Gemäuer / mit zweyen runden Thürnen / zwischen denen ein gelber Hirsch auf einer gelben Brukke aufwertsläufft. 7.[3] ein Wappen / in der Mitte überek herab zertheilet / das obere Theil gelb / das untere Theil rot. 8.[4] ein Wappen / mit einem gantz weissen Feld / darinnen ein schwartzes Gitter. 9.[5] ein Wappen / mit rotem Feld / in dem auf einem grünen Waasen ein Gemäuer / mit zweyen Thürnen. 10.[6] ein Wappen / überzwergs in drey Theil getheilet / das obere blau / das mittlere weiß / das untere rot. 11.[7] ein Wappen / mit weissem Feld / alda in der Mitte überzwergs ein blauer Balken gehet. 12.[8] ein Wappen / mit einem weissen Feld / in wel= [p.63:J4ʳ] chem eine ausgebreitete rote Rosen stehet. 13.[9] ein Wappen wiederum mit weissem Feld / wo auf einem grünen Hügel ein roter Stier stehet. 14.[10] ein Wappen / mit rotem Feld / in dem überzwergs ein Fisch zu sehen. 15.[11] ein Wappen / mit einem gelben Feld / worinnen ein schwartzes Mühlrad. 16.[12] ein Wappen endlich mit einem blauen Feld / alda auf einem roten Boden ein gewaffneter Mann stehet / mit einer Hand sich auf einen gelben Schild / in dem der Buchstab W. steurend / in

---

[1] 5. Haußek / ein Schloß.

[2] 6. Herspruk / oder Hirschbruk / ein Städtlein.

[3] 7. Hilpoldtstein / ein Schl. und Markflekken.

[4] 8. Hohenstein / ein Schloß.

[5] 9. Lauf / ein Städtlein.

[6] 10. Liechtenau / ein Vestung und Markflekken.

[7] 11. Petzenstein / ein Schloß.

[8] 12. Reichenek / ein Schloß.

[9] 13. Stierberg.

[10] 14. Velden / ein Städtlein.

[11] 15. Wildenfelß / ein Schloß.

[12] 16. Wöhrdt / ein Marktflekken.

der andern eine gelbe Lantzen / mit einem Fähnlein / haltend. An dem Wagen aber zogen sechs schneeweisse Ochsen / mit verguldten Hörnern und Blumencräntzen bezieret / die eine Nymphe oder Jungfrau / in weiß und rot seidenem Gewanth gekleidet / und ein Cräntzlein von rot und weissen Rosen auf dem Haubt habend / vornen auf dem Wagen sitzend / an einem guldenen Leitsail / in der andern Hand aber einen weissen silbern Stab haltend / gelaitet hat. Neben den besagten Ochsen giengen etliche Faunen oder wilde Bauren / mit Cräntzen von Aehren / Bohnen / Erbesen / kleinen Rüblein / Cucumern / Petersilgen und Weinrauten zusammengebunden / und in den Händen trugen sie Stangen / mit Hopfen und Rebenlaub umwunden. Inner dem Wagen selbsten sasse ein überaus schöne und hochansehenliche Nymphe / mit einer guldener Cron / wie eine Mauer oder Stadtzinne geformet / und mit guldenem eichenem Laub umlegt / auf dem Haubt / vornen an der Stirn ein guldenes Stirnblat tragend / an dem mit Diamanten folgende Buchstaben N. O. R. I. S. künstlich gesetzt gewesen. Ihre Brustkleidung war ein weisser / und der Unterrok ein roter Atlaß / köstlichen mit edlen Gesteinen und Perlen hin und her ausgeschmukket: der Uberrok oder Mantel aber war ein von Gold und mit kleinen schwartzseidenen Adlern eingewirktes Kunststuk. In der Rechten hielte sie einen helffenbeinern Stab / als einen Scepter / daran oben ein Hand gebildet war: in der Linken einen Palmzweig. [p.64:J4ᵛ] Zu unterst ferners bey gedachter Nymphe lagen zwey Mannsbilder sich gleichsam aufsteurend / gantz bloß von Leib / ohne was etwan die Natur / mit Beyhülfe des Schilffs / bedekken wollen / mit langen / feuchten / grauen Haaren und Bärten / auf den Häubtern Cräntze von Ried und Weidenschossen / und unter den Armen grosse weite Wasserkrüge habend / auf denen geschriben stunde Pegnitz / und Regnitz.

Um den Wagen herum / und nach demselbigen / folgeten eine grosse Menge unterschiedlicher Nymphen / die allerhand Musicalische Gezeuge trugen; unter denen man auch die Najaden / Napeen / Dryaden / Hamadryaden / Oreaden und Hymniden wol unterscheiden mochte. Dann die Najaden und Flußwohnerinne waren in Meergrünlicher Farbe bekleidet / auf dem Haubt mit Cräntzlein vom Riedgraß / weissen und gelben Seeblumen. Die Napeen und Quellenwohnerinne in Silberfarb / mit Cräntzen von WasserMüntz / Wiedertod / und blauen Sinngrün. Die Dryaden / als Waldbesitzerinne in tunkelgrüner Farbe / mit Cräntzen von Heydelbeeren / Erdbeeren und fichtenem Laube. Die Hamadryaden / als Baumenhalterinne in Aschenfarber Kleidung / mit Cräntzen / von Aichenem= und Erlenlaube. Die Oreaden und Bergbewohnerinne in sandfarber Kleidung / mit Myrthen / Quendel / und Poley bedekket. Die Himniden und Wiesenwohnerinne / in Graßgrüner Farbe / mit gelben Schmaltzblumen / roten Maßlieben / weisen Majenblümlein / blauen Gamanderle / und Melissen / das Haubt bezieret. Die andere Nymphen in anderer schöne und hoher Farben seidene Gewanth bekleidet.

In dem vorüberziehen erkannte Montano alsobalden / diese auf dem Wagen prachtende Nymphen eben diejenige seyn / die ihme vor dieser Zeit / dem hochbelobten Strephon zu Ehren / ein dreyständiges Sinnbild mit fernern anhangendem Befehl / zugestellet hatte;[1] und berichtete also den Helianthus / [p.65:K1ʳ] es wäre die grosse Nymphe NORIS selber / derer herrliche Gebäude zu sehen bishero sie wären gewürdiget worden. Was aber dieser Aufzug bedeuten solte / konnten sie nicht wissen / darum sie sich nach ihren Begleiderinnen umgesehen / sich dessen bey ihnen zu erkundigen. In Begebenheit aber des obgedachten hatten sich die oftbemeldte beede Nymphen / Alithea und Dorila / der beeden Schäfer Augen eilends entzogen / und im verborgen darvon gemacht: worüber zwar die Schäfer betrübt / iedoch den Muht gefasset / solcher Ebentheur von fernen nachzufolgen. Allein der gantze Hauf entgienge ihnen so schnell / daß die Schäfer in dem Gesträuche und Steigen des anreinenden Vorholtzes sich verirreten / und fro waren / daß sie nach Anleitung einer Fuhrstrassen auf eine Höhe gelanget / dabey eine lustige / und nach Italianischer Art gebaute Burgerswohnung / nebenst etlichen wolbestellten Baurnhütten / stunden.[2]

Nahend / bey besagtem LustOrt / trafen sie den weitberühmten Schäfer Strephon an / der in Gesellschafft des sehr belobten Hirtens Klajus gienge / und sie beede miteinander gar eyferig schwatzeten: um derer Gespräche nun von weiten zu vernemen / haben sich Montano und Helianthus hinter eine Hekken verstekket.

Wie? sprach der edle Schäfer Strephon; ist dann die Ehre unsrer Teutschen MutterSprache nunmehr so hoch gestiegen / daß sie nicht nur unter ihren eigenen Kindern hoch und werth gehalten / sondern auch von einem hoch Edlen Teutschen Blut /[3] Ihme zu einem ewigen Ruhm / den wilden Sclowaken aufgetrungen wird / im Handel und Wandel sich derer zu gebrauchen? Freylich ja / antwortet Klajus / wie mich Helianthus / und andere gute Freunde / für gewiß berichtet haben. Und thut besagtes hoch

---

[1] Besihe hiervon den 5. Theil der Gesprächspile des Spielenden.

[2] Der Schoppershof / itziger Zeit den Pellern gehörig.

[3] Hertzog H. J. von S. K.

Edles Blut und Tugendhafftes Hertz nicht allein dieses / sondern trägt benebenst kein Bedenken / dieser unserer Sprache / alter Teutschhergestamter Aufrich= [p.66:K1ᵛ] tigkeit nach / noch mit mehrerer Gnad gewogen seyn / indem es hohes Belieben häget / seinen hochlöblichen Wandel / und überaus reichen / und Weltberühmten Gartenlust künftig in rein Teutschen Reymen zu lesen / und der Nachwelt kundbar zu machen. Ach! so lasset uns nun in solcher ihrer Ausübung desto mehrers üben / weil sie solche lieben / die ob ihrer albereit bekannten Tugendliebe hoch geliebet / und desto höher noch zu lieben und zu ehren seyn / sagte Strephon; und fienge hierauf an / der Teutschen Sprach zu Ehren / nebenst dem Klajus / folgendes anzustimmen:

Str. Der Teutschen Teutscher Sprach sich nirgend andre gleichet /
    wie hoch sie immer ist.
Kl. Der Teutschen Zungen Lob der Sternen Bahn durchstreichet /
    ihr Ruhm sich nicht vermisst.
Str. Was Ehr' und welche Gnad' hat oftermals erhoben
    ihr groß Vermögen hie?
Kl. Daher die Reinligkeit derselben hoch zu loben;
    ihr Preiß ermanglet nie.
Str. In ihr bereichert selbst / nicht fremder Hülf von nöhten /
    selbst über andre schalt.
Kl. Sie rasslet mit dem Mars / sie sauslet mit der Flöten:
    in allem Thun sie walt.
Str. Was Frantzman / Iber / Jud / auch Engelsmann geschrieben /
    der Teutsch' itzt alles lisst.
Kl. Der Welsch' / und was der Griech mit hohen Sinnen üben /
    ist auch ins Teutsch gerüsst.
Str. Kein Findling sie nicht ist / noch eingemischt erzogen;
    ihr' eigne Quelle trägt.
Kl. Daher der Grosse Carl ihr sonders groß gewogen /
    sie fleissig hat gehegt.
Str. Der lieben Muttersprach wie Rudolph was befliessen /
    bezeugen die Geschicht'. [p.67:K2ʳ]
Kl. Es wolten iederzeit viel Fürsten sie beküssen /
    wie weisen die Gedicht'.

Str. Also mit Ruhm und Nutz ein hoher Stamm[1] sie nutzet /
   und gnädigst unterhält.
Kl. Durch ihre Flamm beflammt Gelehrt' und andre trutzen
   sie übt ein ieder Held.
Str. Wie prangt das Weibervolk mit derer schönen Wortten?
   Sie liebt die Teutsche Zier.
Kl. Der Flikwort itzt befreyt / sie schwebet aller Orten;
   man ehrets für und für.

Bey solchen lassen sich Helianthus und Montano hinter den Hekken in dieser Weise hören:

Hel. Drum solcher hoher Preiß gefället uns und allen
   an diesem Pegnitzstrand.
Mont. Und unsre Lieder hier Ihr auch zu Lob erschallen /
   und machen diß bekannt.

Uber welcher unvermuther Begegniß Strephon und Klajus gleichsam erschrokken sind / iedoch sich nach dem Ort hin / von dannen diese bekannte Stimmen herschalleten / umgesehen / da ihnen alsobalden obbesagte Schäfer / Montano und Helianthus entgegen getretten. Wannenher / fragte Strephon / mit zuvor beschehenem Ehrengruß / ihr meine vielgeliebte Freunde / kommen wir an diesem Ort zusammen? was Winde haben euch hieher gewehet? Oder seyt ihr etwan / sprach Klajus / einem schönen Wild in fremder Häge nachgefolget? Klajus hat es errahten / antwortet Helianthus / doch in seiner Maß. Dann uns eine solche seltzame Ebentheur aufgestossen / dergleichen ich die Zeit meines Lebens über / nicht gesehen / noch gehöret habe; und solle Euch / hochbelobte Schäfer / der Montano dessen satsamen Bericht ertheilen / wann wir uns zuvor an diesen Hangen unter diesem Nußbaum werden nidergesetzt haben / um ein wenig zu rasten. Und fienge nach solchem der Montano an / als er den Strephon und Klajus zum aufmerken begierig gesehen / alles und iedes / was ihm und dem Helianthus [p.68:K2ᵛ] begegnet / mit allen Umständen auf das treulichste zu erzählen. Wessen sich die andere zum

---

[1] Das Hochl. Fürstliche Hauß Ascanien / als Urheber der Fruchtbringenden Gesellschafft.

höchsten verwundert haben / und Klajus mit einem starken Seuftzer in solche Wort heraus gebrochen: Ach mich unglükseeligen! wil dann mein Geschikk mit meinem innern Verlangen und Gedanken sich noch nicht recht vereinigen! Ich hatte oftmals die berühmte Poeten / den Celtes / Hess und Meliss glükseelig geschätzet / die durch der Weltberühmten Nymphe NORIS erkannte und bekannte Herrligkeit / mit ihren Gedichten / nur desto namhaffter worden / und darum bey mir selber hertzlich gewünschet / auch solches gunstgewogenen Glüks theilhaftig zu werden. Hoffen und Harren bringet feiste Farren / sagte hinwieder Helianthus; wiewol auch früer Anschlag und hitziges Verlangen zum mehrermal in einen spaten Ausgang und kalte Verrichtungen auslauffen. Und geschihet gemeiniglich / daß in gantz unverhofter Begebenheit unsre Sinne ehist vergnüget werden / obwol man vorher viel Sorge und Mühe darauf gewendet hat. Dannenhero zwar der Mensch / sprach Strephon / den freyen Willen hat etwas zu vermögen / das oberste Geschikk aber regiret solches in seiner gebührenden Stell / Maß / Ordnung / und Zeiten / und die allweise Vorsicht Gottes leitet es zu einem guten End / nach dem wolbekannten Sprichwortt:

Des Menschen Sinn zwar viel erdenkt;
Gott aber dessen Ausgang lenkt.[1]

Aber schauet / ruffte Montano / wie dort überzwergsfeld her Alcidor und Periander / samt einer dritten Person / auf uns zueilen. Es muß / allem Ansehen nach / jener auch ein Schäfer seyn / sagte Klajus und wie mich bedunkt / dem Band nach / unserer Mitgenossen einer. Freylich ja / antwortet Strephon / es ist der junge Schäfer Lerian. Als sich nun jene zu diesen genahet / und sie einander mit gebührlicher Ehrbezeigung begrüsset / hat Periander dem Helianthus / nebenst höchster Entschuldigung / einen Zettul überreichet / bittend / ihme solches nicht in [p.69:K3ʳ] ungunstem zu vermerken / daß er nicht unlangsten / als ihme / dem Helianthus / ein Zettul entfallen / aus fürwitziger Beysorge / denselben aufgehebt / und enthalten hätte / indem er gemeinet / dieses ein Liebbrieflein etwan seyn möchte. Wie? sagte Helianthus / mit lachendem Mund; wann ihr euch nun wiederum selbsten straffetet? Lasset sehen / Alcidor /

---

[1] HOMO PROPONIT; DEUS DISPONIT.

was schönes dann dem Periander itzund / in Uberantwortung des meinigen / aus seiner eignen Tasche entfallen ist. Worüber sich zwar Periander errotet; Alcidor aber hat dem Helianthus ein zusammgerolltes Papyr dargeliefert / welches nun dieser aufgewikklet / und befunden / daß es etliche Abschiedlieder wären / dem Floridan zu Ehren von unterschiedlichen aufgesetzet; welche er hernacher auf Ansinnen der andern gegenwärtigen Schäfer lesen thäte / und folgende waren:

I.

Die Pegnitz an den Floridan.

FLoridan / beliebter Hirt /
Du hast meinen Ruhm erhaben / und mit Sinnerhellten Gaben
    meinen trüben Sand geziert /
daß mich andre Flüsse neiden / warum wilst du von mir scheiden?

    Floridan / dein süsser Thon
hat mein schlankes Flutengiessen machen in dem Feld erspriessen /
    daß des Pflügers Ernderlohn
sich gebessert samt den Heyden / warum wilst du von mir scheiden?

    Floridan / du HirtenHort /
soviel Tropfen als ich trage / soviel mild beglükter Tage
    leb an andern Flüssen dort /
in nach Wunsch erfolgten Freuden / weil du ja wilst von mir scheiden?

        G. P. H.   [p.70:K3ᵛ]

II.

SEyn dann künftig unser' Auen
so entwendet ihrer Freud' / und wir in der Frülingszeit /
    Floridan / dich nicht mehr schauen?

Floridan trägt vielleicht grauen
über unsrer Pfeifen Hall / und beliebt nach süssen Schall
    fremder Gnoßschafft umzuschauen?

Nein. Er wird das Glükfeld bauen /
suchen Gunst mit seiner Kunst / und nachmals mit Freundesbrunst /
    Floridan / uns wiederschauen.

J. H.

III.

HEulet / weint / ihr PegnitzHirten /
  trübet euren Pegnitzfluß /
leget nider eure Myrten;
  Floridan / der scheiden muß /
war der PegnitzHirten Zier /
Floridan / ich folge dir.

Nim hin diese Abschiedsküsse /
  drukke meine treue Hand /
geh / begrüsse grössre Flüsse /
  mach dich groß und wolbekant;
Du / der PegnitzHirten Zier /
Floridan / ich folge dir.   [p.71:K4ʳ]

Grüsse alle Waidgenossen
  an der Okker hin und her /
wo der Rhein kömmt hergeflossen /
  sich die Elbe geusst ins Meer;
Du / der PegnitzHirten Zier /
Floridan / ich folge dir.

J. K.

IV.

FLoridan / wil weiters wandern /
   unser hochbeliebter Hirt /
ein Hertz reisset sich vom andern /
   wann diß Volk getrennet wird.
Floridan / ach Floridan!
ruf ich / was ich immer kan.

Du hast unser Trifft besungen /
   wo die Wollenheerde steht /
mit uns in die wett geklungen /
   wo das Vieh im Grasse geht.
Floridan / ach Floridan!
ruft die Heerde / was sie kan.

Treibe fort in fremde Matten /
   die reichbar bekleet seyn /
ruhe / pfeiff' in braunen Schatten /
   in dem heissen Sommerschein.
Ich denk an dich / Floridan /
solang ich dich nennen kan.

            J. S.   [p.72:K4ᵛ]

V.

ICh bin und bleib betrübt /
   dann Floridan wil fort /
den ich noch kaum erkennt / wil nun an fremde Ort /
und uns verlassen hier. Ich seh die Schaafe weiden
in trauriger Gestalt. Jenem beliebt das Scheiden.
   Ich bin und bleib betrübt /
   dann unser Floridan
sucht seiner Schaafe Trieft auf einer fremden Bahn /
wir müssen hinter ihm bey unsren Heerden bleiben.
und unsre Heerd' indeß auf dürre Waide treiben;
   ð dieses nun betrübt!

            F. L.

Auf beschehenes Ablesen / liesse Strephon / weil es eben die Gelegenheit gabe / einen andern Zettul sehen / dessen Innhalt erstlich war ein gemeines / an die sämtliche PegnitzSchäfer von dem Floridan aufgesetztes Danklied; das andere / ein absonderliches an den PegnitzStrom / in folgender Weise.

Danklied
an die PegnitzSchäfer.

AN der Pegnitz Blumenrande /
  auf der kühlen Schattenplan
  gieng der Schäfer Floridan /
und betrübte diesen Strande /
  samt der Bäche Silberfluß /
  mit der Augen Threnenguß.   [p.73:L1ʳ]

Dieses Ufer / das mich träget /
  (fieng' er heimlich bey sich an)
  dieser Fichten Schattenbahn /
die sich über mich beweget /
  diese Feld= und Wälderzier
  soll ich lassen hinter mir!

Hasset der ergrimmte Himmel
  mich mit Straf entbrannten Schluß /
  daß ich wieder weiter muß?
Giesset dann das Sterngewimmel
  allen Einfluß über mich /
  weil ich / Fluß / muß lassen dich?

Nun der Schnitter seine Gaben
  einmal von der Erd geholt /
  kaum der Ceres Aehrengold
einmal aus dem Feld erhaben;
  seit ich dieses Land begrüsst;
  seit ich diesen Strand beküsst.

Ich vermeinte dieser Orten
  an erwünschtem Ort zu seyn.
  Je das traf mir eben ein!
Es zerrinnet da und dorten.
  da ich noch kaum recht bin hier /
  muß ich / Pegnitz / schon von dir.   [p.74:L1ᵛ]

Was ists / daß man sich viel grämet /
  und sich stets den Sorgen schenkt?
  daß man diß und jenes denkt /
so und so sein Thun bequemet?
  endlich ist des Wunsches Füll:
  nicht was du / der Himmel wil.

Soll ich solche Schikke hassen /
  welche mir von hinnen ruft?
  Nein doch. Diese liebe Luft
wil ich willig nun verlassen /
  willig laß ich diesen Ort /
  weil das Glück mich fordert fort.

Grünet ihr beblümten Heiden!
  grünt / ihr Stamme / meine Ruh!
  krönt ihr Nymphen / Flora du /
krönet ferner diese Weiden!
  und du klarer Silberstrand /
  waltze frölich deinen Sand.

Also sang' er an dem Rande
  in der Fluten Lispelschall
  daß der Bäche Wiederhall
nachgelallet / nächst dem Strande /
  bis er nächst der SchafeSchaar
  der Gesellschafft ward gewar.

Nemt / sagt' er / mein letztes Grüssen!
  (als sie ihme nun genaht)
    mir verbeut ein Sternenraht [p.75:L2ʳ]
eurer ferner zu geniessen.
  Werthe Hirten lebet wol!
  Nun ich ie euch lassen soll.

Ich / ich / ja ich muß bekennen /
  daß ich euer Schuldner bin.
  Aber itzund muß ich hin /
und mich selbst undankbar nennen;
  ich muß wandern in die Welt /
  suchen / wo mir Glück bestellt.

Hier zwar hat mir nichts zerronnen /
  meine Heerden waren froh /
  daß sie mogten weiden so.
Seit ich eure Gunst gewonnen /
  fehlte mir kein guter Thon:
  aber nun muß ich darvon.

Gerne wolt' ich länger bleiben /
  Mir wär nirgent baß / als hier /
  Ihr / Ihr seyt der Hirten Zier.
Höret / was mich wil vertreiben.
  Mir gebricht an Vieh' und Haab;
  meine Nahrung nimmet ab.

Darum muß ich mich umschauen /
  wo ich weiter neme Brod;
  und zu Wendung meiner Noht
anderwerts mein Glükk erbauen.
  Dieses / liebe Hirten / macht /
  daß ich gebe gute Nacht. [p.76:L2ᵛ]

Unwerth bin ich in dem Orden
  euer Mitgenoß zu seyn.
  Ihr habt mich genommen ein /
der ich noch nie dankbar worden.
  doch wil ich auch / wo ich bin /
  eure Namen bringen hin.

Indeß lebet voller Freuden /
  lebet fürther / wie ihr lebt!
  Ich wil / weil was in mir bebt /
euer Lob in Rinden schneiden /
  weil ein Odem in mir wacht.
  Lebet wol! zu guter Nacht!

Lasst mich ferners dieses heissen /
  was ich hier gewesen bin.
  Ich wil / bin ich schon von hin /
mich der Pegnitz Ruhm befleissen.
  Daß mich crönet eure Blum /
  soll nur seyn mein höchster Ruhm.

Also hat er sie gesegnet /
  und sie wieder ihn / mit Ach!
  daß von beeder Augen Bach
milde Threnen zugeregnet.
  Also zog der Hirt dahin /
  hochbetrübt in seinem Sinn.   [p.77:L3ʳ]

Antwortt
auf der Pegnitz AbschiedLied.

PEgnitz / ja es ist beschlossen
  durch den Himmel über mich /
  daß ich soll gesegnen dich.
Ich hab deiner satt genossen /
  wie das Glük mir aufgesetzt;
  Pegnitz / es muß seyn geletzt.

Seit daß ich an deinem Rande
  meine Pfeiffe lassen hörn /
  gab der Sommer einmal Aern;
einmal hat im Blumgewanthe
  Flora deinen Sand geätzt.
  Pegnitz / es muß seyn geletzt.

Phoebus ginge niemals schlaffen /
  stund auch niemals wieder auf /
  da ich nicht nächst deinen Lauf
mogt' in das Vergessen raffen /
  was für Sorgen mich gefretzt.
  Pegnitz / es muß seyn geletzt.

Manche Stämme wird man finden /
  die in ihrem Runtzelkleid
  schützen noch mein Reymgeschneid /
in die Wunden ihrer Rinden
  hab ich meinen Nam gesetzt.
  Pegnitz / es muß seyn geletzt.   [p.78:L3ᵛ]

Durch die bunten BlumenMatten
  rauschlet mancher klarer Bach /
  der sein Lispeln nach und nach
wolt' in meine Reimen gatten /
  und sich itzt gelehrter schätzt.
  Pegnitz / es muß seyn geletzt.

Der Nymphe Noris Erste Tagzeit

Dieses laß ja ungesaget
  Pegnitz / daß mein schlechter Thon
  unter manchem SchattenThron /
daß mein Pfeiffen dir behaget:
  Strephon ist / der dich ergetzt.
  Pegnitz / es muß seyn geletzt.

Hat dich Floridan gepriessen
  so nicht / wie er zwar gesolt;
  wie er wünschend hat gewolt:
Laß dich solches nicht verdriessen /
  weil sein Reym noch heischer schwätzt /
  Pegnitz / es muß seyn geletzt.

Hilft mir noch des Himmels Wille
  wieder an dein Ufer her /
  wil ich seyn gewißlich der /
der mit deinem Lob anfülle /
  was Neptunus Arm umnetzt.
  Pegnitz / es muß seyn geletzt.

Sprichst du / warum wilst du scheiden?
  wisse / daß dein Floridan
  itzt verbringet / was er kan /   [p.79:L4ʳ]
und thut / was er nicht kan meiden.
  Mein Verhengniß mich verhetzt.
  Pegnitz / es muß seyn geletzt.

Gerne wolt' ich länger treiben
  meine Heerd an dein Gestad.
  Aber ach! das GlükkesRad
lässet mich nicht länger bleiben /
  das mich hin und wieder hetzt.
  Pegnitz / es muß seyn geletzt.

Pegnitz / ja ich bin gezwungen
 dir zu sagen / gute Nacht.
 Ja / der Schluß ist schon gemacht.
Ich bin von der Lust vertrungen /
 die mich neben dir ergetzt.
 Pegnitz / es muß seyn geletzt.

Muß es dann ie seyn geschieden /
 nim das letzte Lebe wol /
 das uns fester knüpfen soll.
Uns / uns wird kein Ort zerglieden /
 weil das Hifft in Haynen hetzt.
 Muß es itzt schon seyn geletzt.

Gute Nacht! dein Flutengiessen /
 (nim den Wunsch von meiner Hand!)
 wasche friedlich deinen Sand;
und dein sanftes Wudelfliessen /
 das mit deinen Schäfern schwätzt.
 Nun es ie muß seyn geletzt.   [p.80:L4ᵛ]

Indeß habe Dank und Ehre /
 daß du / weil ich war dein Gast /
 mich sowol bewirthet hast /
mit so mancher Hirtenlehre.
 Soll es nicht mehr seyn ergetzt /
 ey so sey es itzt geletzt!

Welche abgelesene Lieder die andere höchlich preiseten; Strephon aber hat hingegen bey dem Helianthus wiederum inständig angehalten / der sämtlichen Gesellschafft freundwillig zu vergönnen / auch dasjenige anzuhören / was auf dem vom Periander ihme zugestellten Zettul geschrieben stünde / welches dieser gantz willig und gerne übergeben / und Alcidor überlaut abgelesen hat.

Helianthus — Sonnenblum.

WIe die guldne Sonnenblum sich wend / wo die Sonne stralet /
und nach derer Tageslauf den beliebten Schatten mahlet;
   also nach dem Tugendscheine sich der freye Sinn aufschwingt.
   Drum mir diese Blum beliebet / weil sie schöne Lehren bringt.

Ach! es seyn nur schlechte Gedenkzeilen / sprach Helianthus / die ich an jener Aichen gelassen / und über meine Blum / die mir von der Fama geschenkten Hirtencrantz zutheil ist worden / gestellet hab.[1] Aber soll nicht auch neulicher Zeit der Schäfer Aminthas / der sich etwan auch eine Zeitlang in dieser Nordgauischen Refier / und an diesem Pegnitzstrand / nebenst dem berühmten Myrtillus / aufgehalten hatte / über seine ihm mitgetheilte Blum / an gedachtem Ort was hinterlassen haben? Ja / deme ist also / antwortete Klajus / und kan uns dessen unser theuer geachter Strephon / nach Belieben / eine Abschrifft zukom= [p.81: M1ʳ] men lassen. Ich habe sie zwar bey mir / sagte Strephon / und ist es ihnen nicht zuentgegen / so wil ich sie an das Taglicht bringen. Ey / hertzlich gern / sprachen die andere; bevoraus Lerian / den Strephon gleichsam noch einmal darum bittend. Welche Abschrifft jener um folgendes Inhalts hervor gezogen.

Aminthas — Blümlein Vergiß mein nicht.

SOlang das schön Gestirn an blauem Himmel pranget /
   und meine Flöte klingt auf grünbekleeter Au;
wie oft am Rebenstokk ein roter Traube hanget /
   und bey der Sommerszeit die Blümlein frischt der Thau /
so soll der Pegnitz Preiß niemals bey mir verwesen /
   die **Blum Vergiß mein nicht** hab ich mir drum erlesen.

Damit wir aber ferners den lieben Tag mit nutzlichen und lustigen Gesprächen hinbringen / und zur Ruhe begleiten / fuhre Strephon mit

---

[1] Von diesem Krantz besihe den 1. und 2. Theil der PegnitzSchäferey.

Reden fort / gefället es ihnen / so wollen wir uns unsrer wolhergebrachten Gewonheit / und alter verträulicher Abred nach / unterdessen in neuen Erfindungen üben / bis uns die Sonne den Schatten vergrössert / und wir desto kühlere Luft im Heimgehen finden. Meines Theils bin ich wol zu frieden / sprach Montano / und bereit mit meinem Bleygriffel fertig auf Sinnreiche Anweisung etwas aufzusetzen. Hierzu bin ich auch willig / sagte Klajus; wie auch die andern alle. Allein / bate Helianthus / daß einer unter dem Hauffen den Vortrag thäte / in was / und wie diese vorgeschlagene Ubung beschehen solte. Weswegen dann die andere Schäfer sämtlich den Strephon hoch ersuchet / ihme diese Ehre nicht zu wieder seyn lassen / daß er nach alter gepflogener Gunstgewogenheit gegen der sämtlichen Gesellschafft / sich auch dißmal be= [p.82:M1ᵛ] mühen wolte / den Vorschlag zu thun / und ihnen hierinnen gute Beyhülfe leisten. Strephon vermeinte zwar dieses freundliche Vertrauen zu ihm mit höflichem Danck abzuleinen / iedoch darmit er nicht allzu hartsinnig angesehen würde / ihnen in diesem zu wilfahren / redete er sie auf diese Weise an:

Vielgeliebte Schäfer / und treubeständige Wiesenfreunde. Es scheinet / als wann ihr sämtlichen auf mich das Absehen habet / daß ich euch / in bewustem Handel / eine Anweisung thun solle / zu welchem ich mich doch gering seyn erachte / und solche Ehre lieber einem andern überliesse / dessen Sinnreiche Gedanken und Erfindungen auch nicht minders / unserer PegnitzGenoßschafft zu Ruhm / die Teutsche Welt begrüssen. Dieweil es aber ie euer aller einmüthiger Will und Bitte ist / mich dahin zu bewegen / so kan ich nicht umgehen hierinnen / mehr aus schuldiger Freundspflicht / als Erhebung einiges unverdienten Ruhms / mich gegen Euch willfertig zu erweisen. Und vermeine ich / die Zeit nicht übel angelegt seyn / sich in solchen Dingen zu üben / die zugleich belustigen / und nützlich behagen mögen /[1] wie dorten ein Poet verständig erinnert hat. Demnach aber die menschliche Natur allezeit des Neuen begierig / in demselben seinen grössten Lust suchet / wiewol auch oft ein altes / doch neu getünchtes und übermahltes Hauß für neu / und was besonders verkauffet wird / so solte es wol nicht unrecht gehandelt seyn / nachdeme wir uns bißhero in allerhand neuartigen Gebänden und Gedichten / anderen känntlich gemacht / daß wir itzund etwas sonders ersinnen / welches seiner Erfindung nach zugleich belustiget / und nutzte. Und erachte ich zu diesem nichts bequemers zu seyn / als die Bilderreymen / in dergleichen Ausübungen sich vorzeiten auch die alte Griechen geübet / bey denen vor andern Völkern / die schöne Sinn= und Lehrreiche Gedichte im sondern

---

[1] HORATIUS. ET PRODESSE SOLENT & DELECTARE POËTÆ.

schwang gewesen / und häufig gefunden worden. Wie dann auch in oberwähnter Massen des Theocritus Panspfeife; des Simias Rhodius gestaltes Ey / zwey= [p.83:M2ʳ] schneitend Beihel / und zween zusammengesetzte Flügel / nicht ohne Belustigung / bey grossem Ruf verblieben. Auch etwan heut zu Tage in unserer Muttersprach die Form eines Ey / hohen Trinkgeschirrs / erhöheten Creutzes / Blumencrantzes / Trauerfahnen / Egyptischer Flammseulen / Geldbeutels / Schäfershut / Hertzens / Altars / und anderer mit feinen zierlichen Reymen und Gebänden gestaltet / zu sehen. Jedoch / daß wir nebenst den reinen Reymen auch dieses beobachten / was dorten bey Gesprächen ein Weltweiser Mann[1] erfordert / daß man in allen Dingen / sich auch der gleichmässigen und denselben Dingen nachgearten Wortten und Reden gebrauchen solle. Zu einer Zugab aber wolle ein ieder ihm gefallen lassen eine Räthsel (doch ohne Maßgebung und Vorschreibung dessen / von dem sie handeln solte) mitanzuhängen.

Welche des Strephons sogethane Rede die andern alle mit Freuden bestettiget / und derselben gantz willig eingewilliget haben / benebenst ihn abermaln bittlich ermahnet / den glücklichen Anfang zu machen. Worauf Strephon ein reines Papyr aus seiner Taschen gezogen / den Bleygrieffel ergrieffen / und die Abbildung des zweispitzigen Parnassus / mit zierlichen Reymen / also vorgestellet.

```
        Hohe                            Berge /
       welcher                         W e i d e
     nehret unser                    Hirtenfreude:
      e u r e Spitzen                Sonnenstralen
     morgens  m a h l e n            u n d  e r h i t z e n:
Phöbus und die Pierinnen         wohnen auf so grossen Zinnen/
welcher Lustbereichte Frucht      unser PegnitzHirt   Montan
für die C e r e s und den Pan    z u  besingen  h a t  gesucht.
Schaut die neubegrünten Hügel / wünschen pfeilgeschwinde Flügel/
bald wir auf der Pfeiffen klingen / und der Heerd zu Tische singen.
```
[p.84:M2ᵛ]

Ein löbliches Denkmal! sagte Montano; und gedunkete ihn wiederum nicht unrecht gethan seyn / wann er / weil Strephon dieser gegenwärtigen Gesellschafft sondere Ehrenzier und Ursacher wäre / zu dessen ruhmwürdigen Gedächtniß / eben desselben ansehenliches und wolhergebrachtes

---

[1] PLATO.

Wappenzeichen / nemlich einen hohen Thurn / mit zweyen neben Thürnlein / abbildete / wie vor Augen liget.[1]

<pre>
                         O
                        so
                        leb'
        O   und schweb'   O
     den ehrt /   hoch geacht /   wo so
    der uns lehrt /   der   betracht   liechte Loh'
   klugreiche   Lehr: Gott und sein Ehr': aufglimmet sehr /
 dessen   Namens R u h m u n d Preiß s t e t i g s i c h vermehrt /
 u n d   desselben   k l u g e r   G e i s t   unsre   Sinne   nährt!
 Strephon / Strephon ists / d e s s e n L o b   erschallt /
 d e s s e n S p i e l g e d i c h t'   ü b e r a l l e r h a l l t;
 seine   Pfeif' u n d L a u t' i e d e r m a n   erfreut /
 d e n   betrübten   M u h t   muntert   u n d   erneut /
 dessen   Kunst   e r r e g t grosser H e r r e n   Gunst /
 d e s s e n   G u n s t   bewegt a l l e r   Künsten   Brunst.
 Leb'   ohn   Neid   l a n g e   Z e i t/
 Strephon   werth /   h i e   auf   Erd !
 dich b e s c h m ü k k'   E h r e n g l ü k k !
 w o l   b e s t e l l t   w o l g e f ä l l t /
 z w e i f l e n i c h t/   dein G e d i c h t
 allen   F r o m m e n /   die noch kommen.
</pre>

Dein Gedicht sich schwingt und tringt / wo kein End noch Ziel der Zeit
es verbleibet einverleibt in der grauen Ewigkeit.
Strephons / Strephons theurer Nam welket und vertunklet nicht /
Strephons Nam bestralet ist / wie der Sonn und Sternen Liecht:
solte was zugegen schwebt / nicht bestehen und verschwinden /
wird man doch des Strephons Preiß in der Himmelsburg noch finden.

[p.85:M3ʳ]

---

[1] II. Des Spielenden Wappenzier.

Der Nymphe Noris Erste Tagzeit

Helianthus sagte: Wiewol ich zur Zeit in dergleichen Erfindungen mich noch wenig geübet / und gleichsam wie ein Neuling unterweilen mit unterlalle / so wil ich doch meinen gehorsamen Willen zu erkennen gebend / so gut es fället / den über uns flatterenden Nußbaum vormahlen.[1]

Ach!
ohn Schuld'
hier leid' ich
williglich /
und ertrage mit Gedult
den / der quälet mich.
Soll dann das lieben seyn:
bittre schwere Pein!
So man meiner Früchten wil /
schau / geniessen schlecht /
werd' ich meiner Zier beraubt mit Unbill /
Bauren Kinder / Mägd' und Knecht /
schenken mir an stat eines Dankeskuß /
Stein' und Stekken mit Verdruß /
s o   a l h i e r
für   und   für
ist der Lauff/
ist der Kauff;
Hass für Ehr
i t z t vielmehr
h i e r regirt/
u n d verführt
ieden   Stand.
Sonder Schand
fremd Gut nemen mit Gewalt/
macht / daß alle Lieb' erkalt.

[p.86:M3ᵛ]

---

[1] III. Ein Baum.

Darmit aber bey dieser unserer ohngefähren Zusammenkunft auch der abwesenden Mitgenossen gedacht werde / und unserer keiner ermangle / sprache Strephon / so wil ich / in des Myrtillus Namen einen Reichsapfel / mit dem Zustand itziger Zeiten / vor Augen stellen.[1]

O
wie süß/
aber süß
seyn des Friedes Füß'!
ieder s i e erküß!
Kriegesflut
kränket Muth;
a l l s verhört/
a l l s zerstört.
Teutsche Reich
ist nicht gleich
ihm itzt mehr.
GOTT erhör'!
u n d bescher
uns den Friedenglantz /
uns nicht gar verheere gantz!
Deiner Gnaden Aug über uns aufwache /
uns die treue Lieb' und Eintracht belache /
darmit auf dem Plan dieses runden Weltgebäu' /
Ach! dein Lob erschall' / und sich deine Kirch erfreu!
Mächtig ist dein Wortt / kräftig deine Stimm /
leg des Feindes Hass / steure seinen Grimm!
Grosser Zebaoth / unser Bitt gewer' /
auf daß wachß und sich vermehr
diß d e i n Eigenthum /
Dir zu Preiß und Ruhm.

[p.87:M4ʳ]

---

[1] IV. Reichsapfel.

Und ich / erwiederte hingegen Helianthus / wil unter des Amintas Person ein kleines Oergelein aufrichten.[1]

> Was des Menschen Sinn vermag / ist und kan man nicht ergründen /
> alle Tag und alle Stund siht man ihn was Neus erfinden.
> Menschen Sinn durchkreucht die Erd: Wasser und der Seen Gwalt
> ist ihm unenthalten hier: Luft und Feur in gleicher Gstalt.
> In diesem ringen Zirk er sich drum nicht vergnüget /
> weil immerzu sein Geist auch Himmel an sich füget:
> von dannen er auch ist / und wieder dorthin kehrt /
> wo die vollkomne Freud der Menschen darvon
> Was von seiner Müh trägt a u f e w i g ihn ernehrt.
> i s t gedachtes Ziel. Unverwelkte C r o n.
> Ach der Herligkeit. Ach der grossen Ehre.
> Bey der Sterbligkeit dient uns diese Lehre:
> Wie den Orgelklang Menschenwitz erdacht /
> und in solcher Kunst auf das höchst gebracht:
> doch ein Tand nur ists / und ein flüchtig Ding /
> gegen jener Freud viel zu schlecht und ring.
> Als ein Luftkind bald Luft hinwieder schwindet /
> keiner Pfeifen Schall wesentlich sich findet /
> so in diesem Rund nirgent was besteht /
> alles wie der Rauch und der Dampf vergeht.
> Wann gleich des Menschenwerk reicht bis zum höchsten Grad:
> so wandlet sichs doch bald / ist unstet wie ein Rad.
> Ja wie ein Luftgeschell des Menschen Ruhm umschweiffet:
> Ihm selbsten selb der Mensch sein eignes Grablied pfeiffet.
> Steht der Blaßbalg still / und ruht / ist der Thon und Klang dahin:
> Ach. Hier aller Menschenwerk an ihm selbst Verhängniß hangen.
> ist der Leib der Seel beraubt / weichet aller Witz und Sinn:
> Dorthin z u d e r steten Freudträgt d i e kluge S e e l Verlangen.

Menschen Hand was zwinget bezünget / schlürpfet und schürpfet mit lieblichem Hall/ Pfeifen und die Orgelwerke spielen und füllen die Lüfften mit Schall: auch die grossen Pommersröhren schüttern und flittern mit rauhem Gethön/ und die kleinen / als die Cymbeln / ringlen und klinglen im Klingen gar schön. Solche Music ist zu loben / solcherley Künsten mit Gunsten man mehre/ und dem Allerhöchsten GOtt / ieder sie dichte / verrichte zur Ehre.
[p.88:M4ᵛ]

---

[1] v. Ein Orgelwerk.

Was wird dann Klajus lächerliches vorbringen? fragte weiters dieser obgedachte Schäfer / deme der Hirt Klajus auf dem Papyr die Form einer Schalmeien zeigete / welche von den andern sehr gelobet worden.[1]

> Nun wolan!
> höret a n /
> was ich sag /
> was ich klag.
> W a s beliebet /
> mich betrübet /
> sich nicht helet /
> mich hart quälet.
> Solle d a n n
> falscher Wahn
> so stark seyn?
> Ach der Pein!
> immer h i n!
> meinen Sinn
> Clio schutzt /
> trutz getrutzt
> den / der wolt
> seyn unhold /
> unverschuld:
> m i t Geduld
> ich diß trag /
> nicht verzag.
> C l i o mich erfreut /
> meine P f e i f erneu /
> mich in L e i d ergetzt:
> Neid mich nicht verletzt.

Nun / so wil ich / sprach Montano / noch eines versuchen / und in des Floridans Namen eine Lauten aufgesetzt haben.[2]

> Auf! singet und springt!
> die Laute schön klingt:
> d e r e r Klang
> ohne Zwang
> h o c h anringt.
> Lasst sie lieben /
> und uns übn /
> solchen L u s t;
> iedem wie bewust /
> was für Freud sie macht /
> freyer Muth hier lacht :
> sie kein Leid betrüb'!
> ieder hab s i e lieb!
> wer sie nicht hoch acht /
> sich selbst veracht /
> und h a t darvon
> den MidasLohn.

[p.89:N1ʳ]

Und ich / sagte Periander / wil zum Gedächtniß der heutigen Begebenheit / einen schönen Röhrbrunnen aufstellen / dergleichen ich nebenst meinem geehrten Freund Montano / heut frü auf einer schönen und grünbebaumten Matten angetroffen / und solte sich dieser / nicht zwar der Kunst / iedoch der Gelegenheit nach / zu des hochgeehrten Strephons Parnassusberg wol schikken / weiln / wie man schreibet / auch für die Musen daselbsten eine sonders köstliche Quell entsprungen sey.

---

[1] VI. Eine Schalmei / oder Pfeife.

[2] VII. Ein Laute.

Das
Runde
zur Stunde
geschwind
sich find.
Hier in den bauen
ist auf das zu schauen
deme zu trauen. [1]
Diese Röhre
uns vermehre
mit abrinnen
gute Sinnen.
Was sich hier ergiesst/
und von dannen fliesst/
Saures uns versüsst.
trübe Röhren
sehr bethören/
Leid vermehren:
Helle Quelle
rinnen schnelle
im Gefälle/
und vor allen
einher wallen
mit Gefallen.

Süssigkeit beliebet.   *Saures oft betrübet.*

Der hellgläntzend Silberschein / und Krystallne Wasserbrunnen
so gedoppelt in den Napf / mit Belieben hier gerunnen /
der lispelt und wispelt durch liebliches Quellen heraus /
er platschert und klatschert in starken gefallenen Saus.
Süsse mit Saurn vermenget beheglichen ist /
durftigen Munde / der diesen zum öftern erkiest /
seiner Lippen Dörr hiemit gnug zu nutzen /
mit besondern Lust sich hier zu ergetzen.
Er lobet die seeligen stunden /
daß er hier Labung gefunden.
Nun auf diesen Stein
soll gegründet seyn
was viel frommen bringt /
und auch wol gelingt.
Schäfern ist er nutz /
zu besondern Schutz /
die mögen ihn besteigen /
darzu mit grünen Zweigen
von oben her zum Lust bezieren:
alsdann die Heerd zur Träncke fuhren.
Dann sie / glaube mir / wird sich können laben /
und zu diesem Ort oft Begierde haben.

[p.90:N1ᵛ]

---

[1] VIII. Ein springender Röhrbrunnen.

Der Nymphe Noris Erste Tagzeit

Wo bleibet dann ihr / Alcidor? rufte Montano. Ich habe bey mir / antworttete Alcidor / indessen die Flüchtigkeit des menschlichen Wandels betrachtet / da wir alle zwar den Lauf desselben vor uns sehen / den Ausgang aber dessen nicht errahten können: und bin ich demnach Sinnes worden / eine Sanduhr / zu mehrerer Erinnerung / abzureissen.[1]

O Menschenkind b e a c h t   d o c h d i e s e   W a r n u n g hier /
so d i r b e z e u g t den L a u f   d e i n s Lebens f ü r u n d f ü r!
Rund / *Unser Leben / schau / r i n g e t stets im Kampf / *Tod /
bunt / wann es l a n g gewärt /   i s t s e i n blosser Dampf. Glück /
Geld   H o f f e n   u n s erhält / H a r r e n   u n s ernehrt;   Noht /
schallt /   K u m m e r / krankheit / s o r g verzehrt.   tükk /
Weld /   w i e   i m G l a ß g e s c h w i n d   schnell
wallt: klarer   S a n d   durchrinnt /   Fäll.
hellt   s o   alhier   vergehet /   wie
Freud /   nicht   bestehet   Wind /
bellt   um und um   hie
Neid.   unsers Lebens Ruhm.   sind
Blut /   Ach! der blasse Tod /   Pracht /
Muth /   ist ein Both   Macht.
frisch   wol bezüglet /   Zeit
steht /   und gar schnell geflüglet /   alt /
risch   gibet uns gar schlechte Frist;   scheid
geht;   uns z u fellen s i c h stets rüst.   bald
hier   heut v o r A b e n d s t r o h t e r mir /   leid /
Hohn /   Morgen kommet e r / u n d   klopft deine Thür.   Freud;
Zwier   es hilft k e i n gewalt / e s hilft nicht d e r pracht; Feind /
Lohn. *Schön / klug / reich und stark jener nur verlacht.*Freund.
Drum / Mensch / bedenk' es w o l / b l e i b wachsam u n d gerüst:
klug s e y n / und nicht v i e l J a h r die Ehr d e s Alters ist.

Und ihr / mein lieber Lerian / also ermahnete Strephon den neulichst ankommenden jungen Schäfer / lasset euch [p.91:N2ʳ] doch auch einmal hören! Ich gedachte / sagte jener / nach jenes verständigen Witdoden Unterricht und Lehre / daß Stillschweigen mir was wolständigers seye; wiewol auch eine Rede zu seiner Zeit zu achten wie guldene Aepfel in silbernen Schalen. Und weil ihr / geehrte Mitgenossen / mich nun ermahnet / so wil ich demnach das meinige / nach Vermögen / darbey thun:

---

[1] IX. Eine Sanduhr.

wollet also / bitte ich dienstfreundlich / meinen Verzug nicht im Argen vermerken / und dieses weniges für meinen Legpfennig / in guter Gewogenheit an= und aufnemen / welches einem Ehrengebäu / der sämtlichen PegnitzGesellschafft zu Ehren aufgerichtet / gleichen solle.[1]

O

Hier
am Rand
des Pegnitzstrand
im Verstand /
ein Band
n e u
in Treu
hält zusamm
der Schäfer Nam.
Ihr belobter Preiß
füllt den Erdenkreiß:
die Gedicht / Geschicht / und Lieder /
zieren Teutschland hin und wieder.
Aus der reichen Quell ihrer klugen Sinnen
mancher schöner L e h r volle Bächerinnen.
w e r betrübt /   d i e s e liebt :
ohn umschweif   i h r e P f e i f
sich erschwingt/   lieblich klingt /
Freud ersetzt /   L e i d ergetzt.
Dieses ist die Weiß / dieses ist die Kunst /
wie man Ruhm erlangt / und der Fürsten Gunst.
So das Nachvolk hört / was vor alter Zeit /
ohn Nachtheil und sorg Muth und blut erfreut.
Seelig / seelig der /welcher Lust hier hegt /
und d a s Schäferpfand m i t Belieben trägt!
Dieses nutzt beheglich wol; dieses Spiel sehr wol behagt;
so wird dann das schwartz Geblüt und Melancholey verjagt.
Die Hirten m i t Myrten verehret / und ehret; nicht wehret /
das Teutsche Sprach Künsten mit Brünsten in Günsten uns lehret!
[p.92:N2ᵛ]

Wol! wol! rufte überlaut Helianthus / sprechend: Lang bedacht / wol zu Markt gebracht: und sihet man an diesem recht / daß Lerian seine Höf-

---

[1] x. Ein Monument / oder Ehrenseule.

ligkeit unter den gelehrten Rednern zu Delphos erlernet hat. Es hat sich auch die sämtliche Gesellschafft / fuhre Klajus mit Wortten unter / dieses unverdienten Ehrenlobs höchlich zu bedanken / und zu anderer Zeit es wiederum / nach Mögligkeit / mit Freundesdienst zu erwiedern. Aber schauet / sagte Strephon / ich wil diese Aufstellungen / zum mehrern Andenken / in vier Reymen zusammenfassen / und jener schönbelaubter Linden einschneiden!

ORgel / Uhr / Schalmey / Brunn / Laute / Baum / Berg / Apfel / Thurn / und Bau
stellet hier die Schäferzunft vor in schönen Reimgebänden /
   mit sowol behagtem Lust sie die Sommerszeit verschwenden.
Linde / zum Gedächtniß dieses ich nun deiner Rind vertrau!

Wo bleiben aber die Räthsel? fragte Alcidor. Dann die Sonn sich nun fast zur Ruhe hinneiget / und wir nicht viel Zeit mehr werden übrig haben. Meines Theils habe ich nicht zu eilen / und ist die Sonne noch zimlich hoch / antworttete Periander: was aber den Alcidor zum eilen veranlasset / weiß ich nicht / ob es seine hurtige Natur / oder eine andere uns verborgene Magnetkraft verursachet. Gefället es demnach unserm werthen Strephon / sprach anderwerts Montano / so wolle er auch in den Räthseln den Anfang machen. Ich lasse mich nicht gern lang bitten / sagte Strephon / und reichete hiemit seine aufgesetzte Reymen dar / die Meinung und Absehen darinnen / auf Belieben / zu errahten / welche diese waren:[1]

MAn grapplet sonder mich gefährlich / stösst sich / fället;   I.
mit Schaden oft zu mir die Schnake sich gesellet;
   die Tugend man doch nicht ersicht bey meinem Glantz:
   indem ich andern dien' / ich selbst verzehr mich gantz.

[p.93:N3ʳ]

Da solte wol rahtens gelten / sprach Alcidor; aber beschauet zuvor das meinige:

---

[1] Räthsel.

DEr Mensch den Ursprung hat von mir; aus mir sich speisset;   II.
mit Füssen doch tritt mich / und schlechten Dank beweisset;
  doch inner meinen Leib zuletzt die Sorgen tödt /
  die ihm den Tod gebracht: verwechslet heiß ich RED.

Solte nun das wenige / das ich in eil aufgesetzet habe / zu lesen tüchtig seyn / so habe ich mich dessen billig zu erfreuen / sagte Helianthus / und übergabe zugleich dasselbe:

DIe best Gestalt ich bin; der Anfang selbst und End;   III.
gib / sigle / zeug / befest / Treu / Brief / Ehr / Testament;
  die Hof= und Adelsbursch mit mir aufblehet sich;
  die JungfrauLieb ist feil / wann sie erblikket mich.

So habt ihr / meine geehrte Mitgenossen / rufte Periander / auch auf diesem Zettul das meine zu sehen / so gut es mir dißmal eingefallen:

ROm ehrte mich / weil ich erhalten sie durch Wachen;   IV.
meins Leibes leichster Theil verwaltet grosse Sachen;
  die Martinsfreud mein Leid; kein Jud mich gantz geniesst;
  des Winters Art und Lauf an mir verzeichnet ist.

Nach solchem thäte sich auch Schäfer Klajus herbeymachen / und übergabe folgende Zeilen:

MAn schneid mich / daß es schmirtzt / wie zeugen meine Threnen /   v.
die doch von mir die Artzt' ohn Ursach nicht entlehnen;
  wann nun die Sommerhitz mich gantz getroknet ab /
  als dann ich meinen Feind mit Laub und Früchten lab'.

[p.94:N3ᵛ]

Lerian anderseits bate / ihme seine Kühnheit in guten zu vernemen / dieweil es ja die itzige Kurtzweil erforderte / und bey gesamter Gesellschafft sich nicht füglich solcher entäussern könnte / darum wolte er sie

Der Nymphe Noris Erste Tagzeit 99

nochmals freundlich ersucht haben / dieses Gegenwärtige von ihme / mit bester Gewogenheit / anzunemen.

  BAld steig ich Wolkken an; bald Gruft und Gräber Ziere; VI.
  kein Zähre mich erweicht / doch Zähren selbst verliere;
   mit Andacht Rom mich ehrt; Ligurien ist das Land /
   da man mich gräbt: dann ich nicht aller Ort bekant.

So wil ich auch nicht zu rukk bleiben / sprach Montano / und um meinen langen Verzug wiederum einzubringen / zwo Räthsel hierbey vorlegen / eine für mich; die andre an des Myrtillus Stelle.

  EIn Maul / und doch kein Maul / hab ich; mein' holde Stimm VII.
  die nasse Rott ahmt nach; mich sucht deß Schlekkers Grimm;
   mein Tod der Kinder Freud; mit mir mich selbst man füllt:
   zwey Drittheil meines Nams die Plag des Durstes stillt.

  DEn Wolff ich stetigs irr' / all mein Vermögen nutzet; VIII.
  mit meinem Unschuldskleid' ein hoher Orden trutzet;
   ich / ich bin die Gedult; die Juden sonder mich
   nicht feirten ihr groß Fest; der Einfalt Bild bin ich.

Darmit sich der Montano seines Fleisses nicht zu rühmen habe / begegnete ihme Strephon / sprechende / so wil ich noch diese / in des Amintas Namen aufgesetzet / Euch allen hiermit zustellen. [p.95:N4ʳ]

  DEr Löw für mich sich förcht; im Feld ich Früwacht halte; IX.
  zur Schimpf= und Ernstzeit ich dapfer mich gestalte;
   doch diesen meinen Muth gönnt man nicht allzeit mir /
   indem man mich beraubt der besten Macht und Zier.

Und ich / liesse sich Periander wiederum verlauten / wil noch eines / um des Floridans willen / mitanfügen / welches dieses ist:

DIe Frau ich nicht verraht; den Herrn ich lieb und ehre;   x.
der Magd schmug ich mich zu; dem Dieb das stehlen wehre;
nicht sonder Neid und Zank ich meiner Speiß genieß;
der Treu' und Gailheit ich ein Merkmal bin gewieß.

Wiewol nun die meinigen Räthsel unschwer zu verstehen / fuhre Periander im reden fort / so wil ich doch mit Auflösung derselben den andern auch dergleichen Anlaß geben / darmit wir uns nicht säumen / und Alcidor eine tröstliche Hoffnung unsers herzunahenden Aufbruchs verspüre. Und ist dieses letztere auf einen Hund gestellet / welcher Massen seiner ein Frantzos[1] gedenket / und ihn beschreibet; der auch sehr gewer und getreu; imgleichen nichts sonder murren und neidisches Anblikken isset. Mein voriges aber ist eine Ganß / die der Römer Capitolium / durch ihr wachsames Schnattern / für des Feindes Uberfall erhalten; ihrer Federn Dienste sich grosse Potentaten in wichtigen Geschäfften gebrauchen; um MartinsTag die meisten Gänse gewürget werden; die Juden nichts / als die Lebern von ihr essen; und die Kinder an dem Bürgel oder Gemper des Winters Witterung erforschen. Wolgesaget / antworttet Montano; so ist das meinige / unter des Myrtillus Namen / ein Schäflein / mit welchem der Wolff ewige Feindschafft träget / und des Schafes sämtliches Vermögen oder Wesen / als Wolle / Fell / Fleisch / Darm / Mist und anders nutzet / und zu brauchen ist; besonders unter dem Name des Güldenen Fluß / [p.96:N4ᵛ] oder Lamfels die Burgundische OrdensRitter prangen; die Juden ein Lam zu ihrem Osterfest haben musten / und ein solches an ihme selber ein gedultiges und einfältiges Thierlein ist. Die meinige Räthsel aber zielet / mit Ehren zu melden / auf ein Schwein / das kein Maul / aber einen Rüsel hat / und die vollen Bacchusbrüder ihme nachgruntzen; die Vernaschte gern schweines Gebraten suchen; die Kinder / bey desselben Metzlung / sich freuen / und sein Darm mit seinem eigenen Fleisch ausgefüllet wird: und wann man von dem Wortt Schwein die vördern Buchstaben Sch. hinwegnimmet / die Artzney angedeutet wird / die den Durstigen kräftigen Labsal bringet. Meines hingegen / sagte Strephon / unter des Amintas Person aufgestellet / ist ein Hahn / ob dessen Geschrey sich der Löw förchten solle; wie er besonders fleissig zu den Morgenstunden schreiet / sich munter und freudig in Lieb und Streit erweiset; indem man aber die jungen Hahnen oftmals zu Kapaunen machet / wird auch ihnen

---

[1] JOACHIM. BELLAJUS.

zugleich vor der Zeit der freudige Muth benommen. Mein eigenthümliches aber ist ein brennend Liecht / ohne dessen Beyhülffe man sich im finstern leichtlich stösset / und fället / die Schnaken gern zu demselben sich nahen / und sich doch verbrennen; bey demselben kan man (wie jener kluge Mann mit der Latern unter den Menschen auf dem Markt keinen Menschen) die Tugendhafte nicht finden noch erkennen / und da es mit seinem Schein andern dienet / indessen sich selbst verzehret und verbrinnet. So erachte ich in dem meinen / begegnet Helianthus dem Strephon / nicht unartig vorgestellet seyn einem guldenen Ring oder Fingerreif / als dessen Runde die beste und vollkomneste Gestalt ist / sonder sichtbarlichen Anfang und End; und bevoraus mit den Petschierringen alle Käuffe / Verschreibungen / Handlungen / und letzte Willen bekräfftiget / und alle Geheimnissen verwahret werden. Imgleichen waren vorzeiten die Ringe bey dem Adel ein hohes Ehrenkleinod / als derer zween oder drey sie stetig an einem sei= [p.97:O1ʳ] denen Band / von dem Halß herabhangend offentlich getragen; auch gemeiniglich die Vermählungen und Eheverlöbnissen mit solchen geschehen. Solte man dann das letzte Wortt an meiner Räthsel wiederum zurecht setzen / sprach Alcidor / so wird man leichtlich den Schlüssel zu derselben finden mögen. Dann was sind wir Menschen anders / als Staub und Erd? Von den Erdenfrüchten ernehren wir uns / und müssen doch endlich wiederum zu ihr kehren wann wir sterben / und ihr gleichförmig werden / wiewol ihrer wenig diß betrachten / und mit Dank erkennen. Klajus anderseits bewiese / daß ihm die seinige zu erfinden die angehende Herbstzeit veranlasset hätte / nachdeme er in reife Erwegung gezogen / die edle Weinreben / die itzund mit ihren glotzenden und strotzenden Trauben den Wintzersleuten ihre milde Sanftmuth gleichsam Preiß boten / welche doch vor etlichen Monaten von denselben so hart verletzet / und übel waren behandlet worden / daß sie es mit häufigen Threnen oft beklagen müssen / und nichts desto minder ihre schmertzhafte Zähren zu des Menschen gedeilicher Gesundheit dienen liessen. Was solle aber das seinige in sich halten? fragte Montano den Lerian. Welcher sich erkläret / dasselbe ein Marmor zu seyn / von dem man vor Jahren / und zwar noch / prächtige und hohe Gebäue aufgeführet / und Fürstliche Grüften und reicher Leute Grabstetten darmit gezieret werden; auch man die kunstbelebte Bilder hiervon in grosser Acht hielte. Der Marmor aber wäre von Natur sehr hart / und nicht zu erweichen / dannoch sich selbsten oft anfeuchte und schwitze; imgleichen / nicht aller Orten bekannt / und würde der schönste und vielfärbige allein in Ligurien gefunden. Wie nun der werthe Strephon / sprach Montano ferners / unsere vorige Abhandlung zierlich zusammengefasset / und jener

Linden künstlich einverleibet hat / also wil ich / nach meinem geringen Vermögen / die itztbesagte Räthselstükke zusammenbinden / und zu einem Andenken des heutigen Tages in die andere Linden darneben einritzen in folgenden Reymen: [p.98:O1ᵛ]

DEn Hund / die Ganß / den Hahn / das Schwein / das Schaf darneben /
die Erd / das brennend Liecht / den Marmor / Ring / die Reben
    mit tunkler Red alhier die Schäferszunft bedekkt /
    und ihrer Freud zugleich diß Denkmal aufgestekkt.

Nach beschehung dieses thäten sie sich alle gegen dem Strephon / seiner aufgenommenen Mühe und ihnen bezeigten guten Willens / auf das freundlichste bedanken / mit Erbietung / solche Gunstertheilung zu andern Begebenheiten / mit möglichsten Diensten gegen ihme wiederum zu erwiedern. Und machten also besagte Schäfer sämtlichen den Aufbruch / weil nunmehr auch die liebe Sonne begunte ihre Stralen dieser Landschafft zu entziehen / und sich bey dem Oceanus um Gastrecht anzumelden; darum sich auch die Schäfer wiederum gegen ihre Hürden zugewendet / unter dem gehen aber die zur Ruhe sich neigende Sonne / um fernerer Kürtzung des Wegs willen / also besungen:

Strephon.

    SChauet / wann der Sonnen Liecht
        untergeht / ist alles düster;
    so / wo sich Verstand entbricht /
        unsre Werk' / ach! seyn nur wüster.
    Lasst mit Nutz die Zeit hinbringen /
    und uns klüglich diß besingen!

Montano.

WAnn die Sonn zur Ruhe rennt /
  längert sie den schwartzen Schatten /
dann die Heerd nach Hauß sich wend /
  und verlässt die grüne Matten.   [p.99:O2ʳ]
Lasst mit Nutz die Zeit hinbringen /
und uns klüglich diß besingen!

Helianthus.

SO der heissen Sonnen Stral
  Abendszeit sich kürtzt und kühlet /
mindert sich der Hitze Qual
  Sommerszeit; im Bach man spielet.
Lasst mit Nutz die Zeit hinbringen /
und uns klüglich diß besingen!

Klajus.

OFt die Sonn ein Wölklein dekkt
  Abendszeit / nass Wetter deutet;
oft uns auch ein Wörttlein schrekkt /
  und in Angstgewitter leitet.
Lasst mit Nutz die Zeit hinbringen /
und uns klüglich diß besingen!

Alcidor.

GEht die Sonne rot zu Beth /
  hofft man einen schönen Morgen;
so erhitzt im Glauben steht /
  der Gott traut / acht nicht das Sorgen.
Lasst mit Nutz die Zeit hinbringen /
und uns klüglich diß besingen!

Periander.

DUrch der Sonnen Abschied hier /
   indem sie von dannen weichet /
wird uns schön gebildet für /
   wie das Leben uns entschleichet.   [p.100:O2ᵛ]
Lasst mit Nutz die Zeit hinbringen /
und uns klüglich diß besingen.

Lerian.

WIe die Sonn zwar scheid von hinn /
   morgens doch sich wieder lenkket;
So nach WiesenLust der Sinn
   unsrer Schäfer künftig denket.
Lasst mit Nutz die Zeit hinbringen /
und uns künftig wieder singen.

Solcher Massen haben die gedachte Schäfer / nach vollendetem Gesang / mit Nemung allerseits eines freundlichen Urlaubs / und Wünschung einer geruhlichen Nacht und friedsamen Wollebens / sich voneinander getrennet / und ein ieder seiner Wohnung zu / dem Weg gefolget; indessen aber Montano bey sich betrachtete die Eitelkeiten dieses vergänglichen Erdenklumps / und die sorgsame Händel der müheseeligen Menschen / hat er diese seine Gedanken in folgendes Nachtliedlein verfasset / und bis an seine Hütten zu / mit heller Stimm erschallen lassen:[1]

              1.
O höchster Gott! was ist des Menschen Leben?
ein Staub und Rauch die in den Lüften schweben;
   ein Graß und Blum / die grunet und aufgeht
   zur Abendszeit / auf Morgen nicht mehr steht.

---

[1] Im Thon: O Höchster Gott / O unser lieber HErre. u.d.g.

2.
Gantz schnöd und nichts ist Menschenwitz zu achten /
doch wil der Mensch diß oftmals nicht betrachten:
    wann Gottes Geist ihn nicht regirt und hält /
    sein Vorsatz bald wie leere Spreu hinfällt.

[p.101:O3ʳ]

3.
Du Gott allein bists / der uns gänglet / führet /
in deiner Hut kein Unfall uns berühret:
    wer Dir vertraut / auf sich selbst nicht verlässt /
    der trifft die Bahn / und bleibet stet und fest.

4.
Drum weit hinweg / was Sinne nur ersinnen /
der eitle Wahn wird irdisches gewinnen /
    das mit der Zeit verstübet und verschwindt /
    in einem Nu man nichts mehr siht / noch findt.

5.
Was hilft dann nun viel sorgen oder denken /
und vor der Zeit mit Hertzenangst sich kränken?
    Gott ist allein / der alles gibt / beschert.
    Wer freudig bitt / der Bitte wird gewärt.

6.
Demnach ich wil viel Sorgen von mir jagen /
zu meinem Gott all mein Vertrauen tragen;
    Er / Er ob mir wird halten gute Wacht /
    die Hürd' und Heerd beschützen diese Nacht.

7.
Ja / diese Nacht wird Er mich wol bewahren /
weil Ihm bewust die Zahle meiner Haaren.
　Nicht Mißgunst wird / noch Schrekken treffen mich;
　dann Gottes Gütt' erhält uns wunderlich.

[p.102:O3ᵛ]

8.
Darum werd ich fein sanft und ruhig schlaffen /
der Glaub an Gott bleibt meine Wehr' und Waffen:
　den Leib / die Seel ich stell' in seine Händ /
　und meinen Lauf nach seinem Willen

E N D.

[p.103:O4ʳ]

Der Nymphe NORIS
Andere Tagzeit.

1.¹
WAchet auf / ihr meine Sinne!
waaren Lust mein Hertz gewinne
  das Lob zu sprechen seinem Gott!
Meine Leyre dich bezwinge /
und zu hohen Preiß erklinge
  dem / der mir hilffet aus der Noht.
    Sein Arm ist unverkürtzt /
    die Stoltzen jähling stürtzt;
      aus dem Staube
      den Armen zeucht /
      und ihm darreicht
    die Gnadenhand / nicht von ihm weicht.

2.
Solte Gott nicht helffen wollen?
der selbsten uns doch hat befohllen
  zu rufen ihn / und schreien an.   [p.104:O4ᵛ]
Auf Ihn werff' ich mein Anliegen /
er wird es zum Besten fügen /
  und mich leiten auf rechter Bahn.
    Er ist mein Hort und Schild /
    auf Auen / im Gefild
      meine Heerde
      er wol bewacht /
      bey Tag und Nacht.
    Dann sonder End' ist seine Macht.

---

¹ Morgenlied / Im Thon: Wachet auf / rufet die Stimme etc.

3.
Schrekken hatte mich umfangen /
und die finstre Nacht umgangen /
in Forchten lag ich für und für;
aber Gott der mein Erretter /
meiner Seelen Schutzvertretter /
gar treulich hat geholffen mir /
bey diesem Tageliecht
mich wieder aufgericht.
Es bestrale
seins Liechtes Stral
mich allzumal!
mein Thun und Lassen ihm gefall.

4.
Ja / den Leib und gantzes Leben
meinem Gott hab ich ergeben /
zu seinem Willen alles steht.
Dessen Gnade mich begütet /
und mich diese Nacht behütet /
auf diesem Morgen neu anfäht.   [p.105:P1ʳ]
Ich hab ihn mir erwehlt /
dann meine Tritt' Er zehlt /
lässt nicht gleiten
auf Steigen mich /
noch listiglich
die Feind' ob mich erfreuen sich.

Solches sange der PegnitzSchäfer Montano / als er mit aufsteigender Morgenröte erwachet / und um frische Luft zu schöpfen sich aus seiner / dem Ansehen nach / armseeligen / iedoch dem Vergnügen nach wolbeliebter Hütte / unter den freyen Himmel begeben hatte. Und däuchtete er sich an ihm selbsten gantz erneuet seyn / indem er aus so schwerem und sorglichem Schlaf ermuntert / seine Sinne und Glieder widerum in ihrer vorigen Freyheit befande / den mit dem matten Gräßlein buhlenden Perlenthau glitzern sahe / das freudige Luftvolk mit ihrem süssen Geschlirffe die aufgehende Sonne begrüssen hörete / und den lieblich rauschenden

Westwind auf den hohen Gipfeln der Bäume / und den vorragenden grünen Büschen spielend vername. Ja / indem er also in sich selber entzukket / ist ihme ohngefähr der Schäfer Helianthus aufgestossen / bittend / daß Montano doch dißmal ohnbeschwert ihn zu einen seiner guten Freunden begleiten wolte / und den Triebe seiner Heerde auf heut einem seiner vertrauten Nachbaurn anbefehlen / mit versprechen / daß ihn dieser Gang nicht gereuen / sondern vielmehr alle erwünschete Ergetzligkeit bringen würde. Deme nun / als seinem besten Freunde / der Montano gewillfahret / und vorher das nöhtigste in seiner Hütte bestellet hat.

Haben also diese beede Schäfer ihren Weg gegen der Sonnen Aufgang / auf eine grüne und schönbeblümte Matten zu genommen /[1] an derer Seiten der schlanke Pegnitzfluß sich in zween Armen zertheilet / auf seinem weissen Kiesel und goldgelben Sande fort spielete / und mit seinem Gesäussel die Luft durch= [p.106:P1ᵛ] frischete. Bey diesem Fluß giengen sie nun über zween absonderliche Holtzstege / an des einen äussersten Ende sie einen köstlichen Lustgarten /[2] mit herrlichen Gebäuen und Wasserwerken gezieret / angetroffen haben / an welchem sowol die kunstspielende Natur / als die Naturahmende Kunst keinen Fleiß gesparet. Dann alda benebenst denen wolerbaueten / und an dreyen Seiten sich ineinander schliessenden Sälen eine sondere wolbestelte Wohnung / und in dem einen Saal ein künstliches Wasserwerk zu betrachten gewest / wo bald das Wasser eine Kugel / oder was anders in die Höhe triebe / bald einen Regenbogen oder Crystalline Runde / auch sonder Erleschung eines darunter brennenden Liechtes / vorstellete / bald wiederum seltzame Zwergsprünge ineinander thäte / und durch verborgene Löcher die Anschauende netzte. Von daraus mochte man über eine lange Brukken wiederum in ein vierekkichtes und hochgeführtes Lusthauß gehen / welches auch mitten in einem breiten Weyher gestanden / und in dem Weyher gleich sowol ein helles Wasser durch gesetzte Stökke in die Höhe sprange; unter dem Schatten aber des Gestreuches herum die Fische / als der schöngespiegelte Karpf / die rötlichte Orf / die breitmaulende Barbe / der raubbegierige Hecht / und silberglänzende Persicht leicheten und schertzeten. Hinter welchem Weyher noch zween andere wolbesetzte Behälter / wie auch an der Seiten des Gartens ein fliessender Bach zu sehen gewesen. Die Gärtenfelder waren mit allerley Gewächsen lustig angebauet / und stunden in den Gängen und an den Weyhern herum

---

[1] Die Wiesen bey der Vorstadt Wöhrdt am Wasserthor.

[2] Itziger Zeit Herrn Jobst Christoff Kressen Garten.

mancherley grüne und fruchtbare Bäume und Stauden; wie auch zur Seiten der Säale gegen Mittag ein zierliches Blumenfeld. Doch schienen an diesem Ort die Najaden mehrers / als die Flora den Lust zu haben. Welches alles nun die obbemeldte Schäfer besichtiget / und bey ihrem Abschied in dem innern Hof / dem Inhaber dieses Lusts zu Ehren / diese Gedächtniß-Reymen hinterlassen haben: [p.107:P2ʳ]

HIer ist nichts dann Lust und Freude / doch nicht ausser allem Nutz /
schwere Sorg von hinnen weiche / und dir / Neider / beut man trutz:
   Wo mit Nutz vermengt der Lust / solcher Wandel wol behaget /
   drum auch dieses Ortes Herr wolverdienten Preiß erjaget.

Im fortgehen stiegen Montano und Helianthus einen hohen Sandhügel hinan /[1] auf dessen Ebne oben sie von fernen eines andern schönen Gebäues gewar worden / und weil nicht unweit darvon ihre vorgenommene Strasse war / derer sie sich gebrauchen solten / also seyn sie auf die Seite dieser Gegne zugegangen. Es war aber dieses ein ansehenlicher / nach Italienischer Art aufgerichteter Landsitz /[2] in folgender Gestalt. Zu Antritt vornen lag in der Höhe / neben andern zur Wohnung dienlichen Häusern / ein wolvermaurter Platz / mit Rundelen versehen / darinnen man nicht allein viel klein und grosses Vieh unterhalten / sondern auch Baum und Gartenfrüchte bauen möchte. Hinabwerts in dem Thal war über einen sehr breiten / und in der Runde liegendem Teiche / zimlicher Tiefe / eine wolverwahrte Brukke / mit zweyen versperrten Thoren / und zweyen aufziehenden Brukkstukken. In Mitte des Teuches oder Sees ein hohes viergädiges Gebäu / woran der unterste Stokk vornen gantz offen / mit schönen Seulen / Marmor / und springenden Brunnen besetzet / zu deme man von der Brukken her auf etlichen Staffeln steigen muste; die obern Stokwerke mit feinen Gemächern köstlich ausgearbeitet. Um das Gebäu herum / in zimlicher Weite / gienge eine zierliche steinerne Mauer und Brustwehr / auf welcher / nach der Reihe / fremde Gewächse und Bäume in Geschirren stunden / wie auch innerhalb der Mauer auf dem Platze / auf sonders künstlich gehauenen Steinen; darzwischen sowol offenes als verborgenes Wasserwerk zu sehen gewest. Jenseits des Teuches / wohin

---

[1] Bey der Duinau.

[2] Der Gleißhammer / Junckherrn Jacob Im Hof gehörig.

man mit einem Venetianischen Rennschifflein fahren konte / lage wiederum ein eingefasster wolerbauter Lustplatz / [p.108:P2ᵛ] mit bewachsenen Gängen / einem Irrgarten / und zugerichteten Vogelheerd; alles auf das lustigste / worbey ein starker Bach / nicht unfern ein Hammerwerk treibend; in den erstbesagten Teuch fiele. In der Nähe herum aber stunde einer Seits ein schönes grünes Gehöltze / darinnen sowol allerley Federwild / als ander rotes Wild solte anzutreffen seyn; anderseits sahe man in fruchtprachtende Felder / und auf die grosse Landstadt und naheligende Flekken zu. Mit einem Wortt / ein solcher Ort / den ihm kein Mensch besser oder bequemer einbilden solte. In Beobachtung nun dessen / haben die Schäfer einen erhöhten Stein an der Anfuhrt des Teuches ersehen / mit solcher Schrifft:

> O Menschenkind betracht / was Frevel / sicher Leben
>   im Ende nutzt und schadt /
>   den Tod es mir bracht hat;
> Dem Glüke traue nicht / dein Thun sey Gott ergeben.
>   Nüchtern / fromm seyn / fürchten Gott /
>   bringet Trost in SterbensNoht /
>   Leser / lerne diß an mir /
>   soll es besser gehen dir.

Worüber die beede begierig zu wissen / was doch dieses Orts sich begeben hätte; denen aber ein vorübergehender Fischer den Bericht ertheilet / daß nicht unlangsten ein Bedienter dieses Hauses in trunkener Weise gefrefelet / indem er sich auf den Kahn gesetzet / mit demselben umgestürtzet / und andern unwissend ertrunken wäre / der doch die Gelegenheit dieses Teuches wol gewust / und zum öftern andere um eine Verehrung geführet hätte.

Ach freilich! sagte Montano / benebenst dem Fischer um den Bericht dankend / ist es ein nichtiges Ding um aller Menschen Leben / da man / sobald man geboren / den Tod wiederum vor Augen hat / und kan sich niemand versichern / wielang er le= [p.109:P3ʳ] be / noch wissen / ob er jung oder alt / oder im mittel Alter sterben werde. Und solle demnach iederman zu ieder Stund / wann Gott kommet / bereit seyn / das irdische Gebäu seines Leibes der Erden / von der er genommen / wieder anzuvertrauen / und die von Gott gegebene Seele rein und unbeflekt einzuantworten. O thorichter Wandel / sprach anderseits Helianthus / eines solchen

Menschen / der seinen Verstand nach wol weiß / wie schnell es um ihn geschehen / dannoch sich nicht regirn / noch seine Begierde bezämen kan / und also mehrers Herrschafft dem Knecht / als dem Herrn einraumet. Sintemal Gott der allerhöchste der vernünftigen Seele die Herrschafft anbefohlen / und dardurch uns Menschen ihme zum Ebenbild erschaffen / derer nun zu Dienst der Leib / als ein Knecht / solle unterworffen seyn. Aber leider! man kehret es um / und wird die Seele dem Leibe unterworffen / daß sie ihre Wirkungen den fleischlichen Lüsten nach vollbringen muß / und wird sie also dem Göttlichen Wesen / aus welchem sie ihren Ursprung / hat mit Gewalt entzogen / und frefler Weise in das ewige Verderben gestürtzet.

Unter solchem Gespräche erblikketen sie ein junges Rehekalb / aus dem Holtze dem Teuche zulauffen / sonder Zweiffel / seine lechtzende Zungen zu kühlen / und den peinlichen Durst zu stillen / welches eine ledige Jagrüde in acht genommen / mit grossem Gebell solche verfolget / und wieder in das Holtz zu ruk getrieben. Das Gebell aber hatte bey gesagtem See oder Teuche wol dreymal wiederhallet / und solle dieses Orts vor Jahren / dem nachmal eingenommenen Bericht nach / eine neunfache Echo oder Wiederfallender Schall gewesen seyn /[1] warob erwehnte Schäfer einen sonderlichen Wolgefallen getragen / und deswegen die Echo anzuloken / Montano folgende Reymen mit heller Stimme gesungen / und richtige Antwortt bekommen. [p.110:P3ᵛ]

    Mont. Echo! Deine Wohnungsöde mir gefället.
        Echo. Dir gefället; hie nicht fehlet.
    M. Drum ich mich zu dir gesellet.
        E. mir gesellet; mich bestehlet.
    M. Nein! wir dich nur fragen weiter.
        E. fraget weiter; saget leider.
    M. Gibt es auch hier Ehrenabschneider?
        E. Mehr gescheider; Ehrenneider.
    M. Echo / was solt dich betrüben?
        E. mich betrüben; Liebe üben.
    M. Ach! das ist nur Schertz getrieben.
        E. Schmertz geschrieben; trübe blieben.
    M. Solt dann Lieb uns nicht verbinden?
        E. nicht erblinden; überwinden.

---

[1] Der Echo bey dem Gleißhammer.

M. So wär bloß gelebt nach Winden.
    E. strebt nach Sünden; Schmach empfinden.
M. Und was solt die Jugend spielen?
    E. Tugend zielen; gut End fühlen.
M. Nicht mit Schande sich abkühlen?
    E. nicht so wühlen; in Soth spühlen.
M. Demnach Zucht und Ehr gefallen?
    E. höher schallen; mehrers wallen.
M. Laster seyn wie bittre Gallen.
    E. mir und allen; mißgefallen.
M. Echo / du hast wol gelehret /
    E. Wort gewehret; oft gemehret.
M. Demnach bleib von mir geehret.
    E. wiederkehret; ungewehret.

Hierauf probirte Helianthus die Echo an einem andern Ort des Teuches / in folgender Massen:

H. Ermahne mich der Sterbligkeit.
    Echo: Ich? heut: heut: heut.   [p.111:P4ʳ]
H. Dann Sicherheit führt in das Leid.
    E. das meid: meid: meid.
H. Der Mensch von Leimen aufgericht.
    E. abbricht: bricht: bricht.
H. Gar bald erlischet / als ein Liecht.
    E. zernicht: nicht: nicht.
H. Darum man nach der Tugend streb.
    E. und schweb: schweb: schweb.
H. Daß nach dem Tod der Ruhm bekleb.
    E. und leb: leb: leb.
H. Diß Echo mir itzt artlich weisst.
    E. befleisst: fleisst: fleisst.
H. Ermuntert also meinen Geist.
    E. geneusst: neusst: neusst.

Mit Verwunderung dessen haben sie sich beede von dannen erhoben / ihren Weg ferners unter die Füsse genommen / und durch ein junges

Gehöltze zu einem lustigen Dorfflekken gelanget /¹ welcher nicht allein an ihme selber mit Einwohnern zimlich besetzet / einen feingebauten HerrenSitz hatte / sondern auch fast mitten im Flekken ein höltzerner Röhrkasten stunde / um dessen Wasser zu fassen sich unterschiedliche Personen eiferig trengeten. Ob welchem Montano bewogen / einen Inwohner fragete / warum doch die Leute so hefftig nach diesem Wasser strebeten? von deme er diese Antwort bekommen / wie nicht unlangsten ein sonderlicher Wahn dieselbe bezaubert hätte / als solte eben dieses Jahr² über ein Gesundbrunn an diesem Ort entsprungen seyn / da er doch wol wüste / und von seinen Voreltern öfters gehöret / daß dieser Röhrbrunn weit über Mannsgedenken wäre im Gang / aber einiger Schadenheilung halben niemals beruft gewest / sintemal dieses Orts das Viehe und die Menschen keinen sondern Vortheil hätten / etwan gesunder oder länger zu leben. Doch hätte er benebenst vernommen / daß dieses Orts zwar seinen [p.112:P4ᵛ] Durchgang haben solte dasjenige Wasser / welches man in der Weltberühmten Neronsburg jährlichen zu dem Wildbad gebrauchet / und im Maj / Brach= und Heumonat üblich wäre. Ja / mein Freund / sprach Montano weiters zu dem Dorfmann / indessen Helianthus seinen Geschäfften nachgegangen; Ja / mein Freund / sprach er / ich habe einesmals auch darvon gehöret; und solle nicht allein von hier dieses Wasser in bemeldte Stadt / mit sonderer Vorsichtigkeit / geleitet seyn / sondern es ziehen sich von hieraus auch anderwers hin dergleichen Adern oder Wassergänge / vornemlichen bey dem grossen See / der Tutscheteuch / oder Dutzetteuch genannt /³ da sowol das Wasser durch eine rötlichte Erden oder Letten unterschiedlicher Orten durchtringet / welches nichts anders / als ein Eisenschmilben seyn kan. Und dannenhero ihrer viel dieser Meinung /⁴ daß besagter Wassergang seinen Lauf von denen Pfältzischen Eisenbergwerken / und sonderlich von Velnstein her habe / alda auch ohnfern eine seltzame * Grotte oder Loch unter der Erden seyn

---

¹ Der Zabel= oder Zagelshof.

² Im Jahr Christi 1646.

³ Dutzetteuch / dieweil aus 12 Weyhern daselbst einer endlich gemacht worden.

⁴ Besihe Joh. PHARAMUNDI RHUMELII NYMPHOGRAPHIAM, oder Beschreibung des Nürmbergischen Wildbads.

solle /¹ in einer zimlichen Länge / innerhalb voller Winkel / und unterschiedlicher Gänge / einer ausgeführter Fundgruben gleich / auch mit zweyen Weyhern oder Wasserhalten / über welche man auf einem Brette schreiten muß. Im solchen Loch finde man viel Steinsaltz / und eine rote oder tunckelbraune Erde / die schmirbig / feist / und sich zu der Artzney gebrauchen lässet; und weil es solcher Gestalt ein Anzeigen gibt eines unzeitigen EisenErtzes / also könnte es wol seyn / daß dieser Orten vorzeiten Eisenertz gestanden / und das durchlauffende Wasser die natürliche Kräfften und Eigenschafften des Eisenertzes an sich genommen / und zu Brüchen / fliessenden Schäden / böser Räude / Muttergebresten / verstopfter Miltz und Leber / und dergleichen Gebrechen dienlich were. Ich wil es gerne gelten lassen / sagte der Dorfmann / doch habe ich bißhero Sterbens halber noch keine sondere Freyheit alhier sehen können. Und das noch seltzamer ist / so lauffen gegenwertige Leute heraus ohne Unter=
[p.113:Q1ʳ] scheid ihrer Gebrechen / sauffen sich zumtheil in denen herumliegenden Wirthshäusern toll und voll / und eher die Krankheit an ihren Halß / als daß sie andern / oder ihnen selbsten / mit diesem Wasserholen dienen können. Mein lieber Mann / antworttete Montano / du weisst das gemeine Sprichwort wol / daß / wo Gott eine Kirche hinbauet / der Teufel gemeiniglich auch eine Capelle hinstelle. Also / wo Gott irgent einem Land eine Gutthat erzeiget / der mehrere Theil entweder solche gering achtet / oder mißbrauchet. Halte demnach ich wol darfür / daß durch den täglichen Gebrauch dieses Wasser seines guten Berufs entfremdet worden / als die wir unserer bösen Gewonheit nach / mehr nach ausländischen / als inheimischen Dingen gaffen; anderseits aber / nachdem bey kurtzer Zeit hin und wieder viel neue Gesundbrunnen und Quellen entstanden / und ohngefähr dieses wiederum ist gedacht worden / der gemeine und unverständige Pöbel solchen für etwas neues gehalten / und mit solcher unbesonnener Begierde dahin fället / als wann GOtt ohngefähr / und sonder einige Ordnung über seine Creaturen herrschete / und alles und iedes zu allem und iedem / ohne Unterscheid und Beschaffenheit der Arten / dienen müste / deswegen sich dessen / sonder vernünftigen Nachdenken / gebrauchet. Es thun auch solche Unartige / mit ihrem sichern und ungezämten Leben vielmehrers Gott verhönen / als um diese Wolthat danken. Mit welchen Worten Montano sich abgetrehet / weil eben Helianthus wiederkommen / deme er dieses alles erzehlet; Helianthus aber ihme ein Papyr dargereichet / auf welchem er etliche Reymzeilen über des obge-

---

¹ * Das KreusselLoch.

dachten ertrunkenen Dieners Todesfall / unterwegs mit seinem Bleygriffel hatte aufgesetzet / und waren solche: [p.114:Q1ᵛ]

> NIcht satt / doch voll des Trunks der Trunkne hier ertrinket /
>   als er dem SchmeichelGlük gantz freflend traut im Kahn /
> der durch den Trunk zuvor genetzt / ins Nasse sinket /
>   das liebe Nass noch sucht auch auf der Todesbahn.
> So / so uns selbsten oft der eigen Unfall dünket
>   gar süß und angenem / und ist doch mißgethan.
> Verwahre demnach dich / es schleichet hin und wieder
> die Sterbensnoht dir nach / die dich bald leget nieder.

Bey solchem Ablesen suchte auch Montano ein kleines Zettulein hervor / darauf eine Klage über eines kleinen Kindes allzuzeitigen Tode verzeichnet stunde.

> WIe ein rauer Ostwind öfters / ach! die schöne Blüe verheert /
>   eh' am Baum die Früchte stehn / so der blasse Menschenfresser
> in der Kindheit manchem Kind schneidet mit dem Würgemesser
>   schnell hinweg den Lebensfaden / und den zarten Leib zerstört.
>   Sonder Frucht die Blüe nicht nutzet /
>   so vergebens Kindheit stutzet.

In dem fortgehen werden sie des Alcidors und Lerians gewar / die von dem Schweiß durchnetzet / und mit Staub beleget / schienen / einen fernen Wege gewesen seyn. Zu denen sich Montano und Helianthus genähet / sie mit freundlicher Begrüssung wilkomm geheissen / und erkundiget / aus was Orten sie der Wind itzund eben daher gewehet hätte. Worauf Alcidor behend die Antwortt gegeben. Meiner Füsse Schnelle / sprach er / habe ich mich wol zu rühmen / indem es mir beliebet / bald da / bald dort einem zu Dienste zu lauffen; doch bin ich in Gedanken was bedachtsamer / als der ich wol beachte / [p.115:Q2ʳ] weme / und wie ich solte angeneme Dienste erzeigen. Betreffend aber unsere Reise / so kommen wir beede aus dem Nordgauischen Gefilde / von Delphos / her / woselbsten gegenwärtiger unser gute Freund Lerian in einem Olympischen Kampfspiel den

Preiß erhalten /[1] und diesen grünen Lorbeerkrantz / zu seinem unverwelklichen Ehrenlohn / darvongebracht. So recht / mein vielgeliebter Lerian / sprache Montano. Dann was solten wir anders thun / als unsere Zeit in Ausübung solcher Dinge zubringen / mit welchen GOttes des Höchsten Ehre vermehret / und der Nebenmenschen nutzliches Beyspiel erbauet mag werden / auch die einem ieden zu selbsteigenem Nachruhm dienen. Demnach wünsche ich ihme von Grund meines Hertzen zu diesem erlangten EhrenSieg alles ersprießliches Gedeien. Und daß er / setzte Helianthus hinzu / dergleichen und höhere GlükkesGaaben mehrers erlangen möge. Aber / wie? fragte er den Alcidor ferners / beliebet euch beeden nicht in unserer Gesellschafft zu bleiben? Nein / sagte Alcidor / sich und den Lerian auf dißmal entschuldigend / dieweil sie zuförderst heimeileten / um frisches Gewanth auszuwechslen / und die lasse Glieder wiederum ruhen zu lassen; so hätte Lerian auch nicht gern verabsäumet die Gelegenheit denen Schäfern / Amynthas und Myrtillus / zu schreiben / weswegen er um günstige Erlassung gebetten / und sich zugleich mit höflichen Gebärden der obgedachten Schäfer freundliches Glükwünsches bedanket. Seyn also Alcidor und Lerian von dannen geschieden; Montano aber und Helianthus haben ihren Pfad ferners gesuchet.

Im gehen nun gerieten diese Schäfer in ein zimlich weitläuffiges Gespräch / und war die Haubtfrag / ob auch die freye Wissenschafften und Sittenlehre ihrem ringen Schäferstand anständig / und vor Jahren üblich gewesen wäre? Da unter andern Helianthus wolte beweisen / [p.116:Q2ᵛ] dieweil die Spartaner / so fast alle edel geboren / wann sie irgent ein Laster ihren Kindern wolten zum Abscheu vorstellig machen / sie ihren leibeigenen Knechten / die Trunkenheit oder andere Uppigkeit zugelassen / und solche jenen vorgeführet / darmit die Jugend solches unartige Wesen erkennen lernete / und sich desto mehrers in Höfligkeit und Tugend übete. Und wolte er dißmal durch die Knechte den mindern Stand in einem Regiment / darunter auch die Schäfer begrieffen / verstanden haben / daß nemlich dieser sich der Wissenschafft und Tugendübung wenig beflissen / weil es ausser dem Beruff / und besagte Wissenschafft einig und allein dem höhern Stand / als dem Adel und Regenten / anständig gewest. Nein / sprache Montano; in tieferer Betrachtung befindet sich solcher Handel hingegen weit anderst. Und obwol die Spartaner für Edel gehalten worden / so sind sie doch der freyen Wissenschafft und Tugendlehre wegen nicht so berühmt / als die Athenienser gewesen / bey welchen der mindere sowol als der obere / der Leibeigene sowol als der Freye / der Knecht

---

[1] MAGISTERII GRADUS zu Altdorf.

sowol als der Herr / ob gehabter solcher Wissenschafft / in grosser Acht gehalten worden / wurde auch oftmals den Knechten deßwegen die Freyheit ertheilet / dannenhero der Freye Adelsstand zweifels ohne entstanden / und seinen Anfang genommen. Und gesetzt / daß diese Wissenschafften dem Adel und höherem Stand etwas anständiger / dieweil auch die Kunst wol und weißlich zu regirn darunter verhüllet ist / solte es darum desto unthunlicher seyn / solche imgleichen bey dem gemeinen / wie auch unserm Schäferstand zu hegen? Nein / keineswegs. Sintemal sie nicht / wie der Adeliche Name oder stattliches Herkommen ererbet werden / sondern eine sondere Himmelsgabe sind / die so wol sich unter einem ringen Schäferskleid / als einem Königlichen Purpurmantel erhalten können. So stekket über das unter solcher Wissenschafft nicht nur die Weise andere zu regirn / sondern eine noch viel höhere / sich und seine Sinnneigungen selbsten weißlich anzuführen / die der vorbesagten [p.117:Q3ʳ] Regirkunst / als ein erbauliches Beyspiel / an die Seiten gesetzet wird. Dann wie die Gedult als den stärksten Feind überwunden haben der grösseste Siegspracht ist / also ist auch sich selbsten / und seine Sinne zämen / die höchste Kunst und Wissenschafft; welche / obwol sie eine Himmelsgaab / doch nicht iederzeit ohne Mittel und Anweisung getreuer Lehrmeister erlernet wird. Warum seyn dann / fragte Helianthus weiters / bey unserer vor Eltern Zeiten die meiste Stifftungen und Clöster nur dem Adel zum besten gewidmet worden / in welchen man sie von allerhand Wissenschafften und Tugendlehren unterrichten solte? Freylich / saget ihr recht / ihr mein vertrauter Helianthus / zur Unterrichtung in den Wissenschafften und Tugendlehren / antworttete Montano / und sonderlich dem Adelstand / dieweil meinem einfältigen Bedunken nach / die liebe Vorfahren mit scharffrn Augen albereit gesehen / daß der Adel auf seinen Reichthum sich verlassend / und auf sein Herkommend pochend / der Wissenschaft und Tugend sich wenig achten / und demnach ein wüstes und wildes Leben führen würde / also haben sie dieses Mittel erfunden / die tauglichen Gemüther in solchen Schranken zu behalten / und bey vorgesetzter und abgemessener Leibesunterhalt und täglicher Nohtdurft dieselbe / mit Vermeidung des verzärtleten Uberflusses / dahin zu leiten / darmit sie desto bequemlicher würden besagte Lehren und Unterricht zu fassen / und bey steter Ausübung derselben sich und ihren Schöpfer recht zu erkennen / und im klugen Nachsinnen ersehen / zu was Ende sie erschaffen / und des Menschen Wandel anzustellen sey. Im Gegentheil hat der mindere / wie auch unser ringer Schäferstand / schauet! diesen Vortheil / daß er in seiner Nidrigkeit und Einfalt / des unnatürlichen Schwelgens / schandlicher Wollust / eitler Standshoffahrt / frefler Mißgunst / und Gewissenschädlicher Geldsucht überhoben / seine Sinne und Gedanken was freyers hat / und tüchtiger ist / nebenst seinem Beruf solchen Wissenschafften und Unterrichten abzuwarten / [p.118:Q3ᵛ] und zu rechtmässiger Ausübung zu bringen; ja wol solches alles / ohne anderer Beyhülfe aus dem Naturbuch selber erlernen kan. Dann an dem zwitzerenden Luftvolk lernet ein Schäfersmann sich übermässiger Sorgen zu entschlagen / und seinem Gott und Schöpfer täglich loben; an denen herumschwermenden Bienlein / die Emsigkeit und Haußzucht; an seinen eigenen Schäflein / die Gedult und Bedienung des Nächsten; an seinem Hunde / die Treue und Wachsamkeit; an den Blümlein und Gräßlein / die Vergnügung der ihme von Gott verliehenen Gaben / und seiner Sterbligkeit; an dem Himmel und dem Gestirne / Gottes wunderbare Allmacht und Regierung. Wiederum geziemet auch dem Schäfer zu haben die Wissenschafft des Gestirns / des Gewitters / die Arte der Trifften und des Landes / wie auch die so wol zur Artzney / als der Waide dienliche Eigenschafften der Kräuter. Imgleichen sich zu befleissigen einer höflichen und sanftmütiger Rede / merksamer Erinnerung guter und erbaulicher Geschichten und Beyspielen / kluger Nachsinnung ergetzlicher und Lehrreicher Erfindungen; und dann kunstmässiges Sing= und Klingspiels / um sich selbsten / als andere in freudigen Gedanken zu unterhalten. Welche Kling= und Singspiele auch denen zarten Wollenhegern und Schafen / gemeiner Sage nach / die halbe Mastung seyn solle. In welchem allen dem Montano endlich Helianthus Beyfall gegeben / mit gesamter Hülfe des andern / folgendes Liedlein angefangen / und unterweilen seiner kleinen FlötenHall miteingemenget hat.

1.
LAsset uns / lasset uns lieben die Künsten /
Schäfer und Schäferin haltet die werth.   [p.119:Q4ʳ]
Mehret / nicht wehret die nützliche Brünsten /
edleren Schatz nicht ihr findet auf Erd'.
Abseumet nicht diese /
sie können mit Süsse
verkürtzen die Zeit;
erhöhen die Sinne /
und bringen zum Gwinne
ja allen beheglichen Lusten und Freud.

2.

WIssenschafft / Künste mit Tugend vereinet /
 heben und halten das vorder Panier.
Derer Ehrstralende Leuchte hoch scheinet /
 gläntzet im Ringe wie theurer Saphier.
  Ihr kluges Beyrathen
  uns lehret viel Thaten /
 mit Nutzen befrucht
   die Menschen sie lassen /
   die träge sie hassen.
Wol diesem / wol diesem / der brünstig sie sucht!

3.

WIssenschafft lieben erkläret die Sinnen /
 Besitzung der Tugend der beste Reichthum.
Wissenschafft sättigt Gemüthes Begiennen /
 Tugend belohnet mit ewigen Ruhm.   [p.120:Q4ᵛ]
  Die Wissenschafft nehret /
  Verborgenes lehret;
 Der Tugenden Halt
   mit nichten verjähret /
   mit nichten verzehrt
Gesundheit / noch iemandes schöne Gestalt.

4.

SChäfer und Schäferinn nidrigen Stande
 Wissenschaft zieret / belobet ihn macht.
Tugend ist derer getreuestes Bande /
 welches die Schäfer in Rufe gebracht.
  Drum Tugend stets lieben
  die Schäfer / sich üben
 in solcher mit Fleiß;
   klugs wissen sie lernen
   sich niemals entfernen
so süssem beheglichen Nectar und Speiß.

Unter solchem Gespräche / als sie etliche schöne und nahe am Holtz ligende Dörffer und Weyhler /[1] in welchen nicht weniger herrliche Lusthäuser zu finden waren / durchstrichen / wurde ihnen ohngefähr ein Blik eines kostbaren und von ferne stehenden Gebäues / in der Gestalt eines runden Tempels aufgeführt / da sich besagte Schäfer in dem zunahen erinnert / daß es eben derjenige wäre / zu deme sie unlangsten von zweyen Nymphen wären hingeleitet worden. Demnach sie sich erkühnet / mit vorbeschehener Reinigung / und erforderter Sittsamkeit / hinzu zu tretten / in Meinung / weiln es die Gelegenheit gibt / dasjenige / was ihnen anderer Zeit nicht vergönnet gewest / nun mit reiferer Erwegung und sorgsamern Augen in das Gedächtniß zu fassen. [p.121:R1ʳ]

Zu Eintritt demnach des grössern Tempels begaben sie sich alsobald ungescheut und ungehindert / zu den vormals erwähnten guldenen Gitter hin / da sie in wiederholter Betrachtung der Bilder Pallas oder Tugend / und der Ehre / bey Entrukkung des Vorhangs / den Eingang dieses Orts eröffnet befunden / und also ferners fortgedrukket. Innerhalb war es alles auf das köstlichste ausgearbeitet / und erschiene wol / die KünstlersHände zu dieser Capellen Zierde nichts gesparet haben. Dann das Gewölbe in der Höhe von blauen Lassur; die Seitenwände vom gelblichten Marmor / an welchem das Gesimse und Seulenwerk vermengter oder Romanischer Art / mit Gold belegt / und rings herum Crystalline Fenster / nebenst einer gulden Einfassung zu sehen / zwischen den Seulen aber etliche sehr künstliche und von Farben lebhafte Gemählde zu beobachten gewesen. Der Boden war zugweiß mit blauen / gelben / grünen / roten / weissen / und schwartzen Marmor bestreuet.

Die Gemählde betreffend / waren solche / wie die Schäfer zuvormals und hernacher berichtet worden / schöne Abbildungen unterschiedlicher unter der grossen Nymphe NORIS Gebiete wolverdienter und lobwürdiger Personen des obersten Standes / mit Andeutung eines und des andern Lobs und Ehrenlohns in reimen gefasset; da auch zugleich bey einem ieden eine guldene und immerzu brennende Lampe ware aufgehängt worden. Die Bildnisse waren nun diese:

---

[1] Die Gegne von Mögeldorf / bis hinüber zum Zigelstein / als da seyn: Schubelsberg / H. Im Hof zustendig / Rechenberg / H. Camerario gehörig / Thummenberg / den Dilherren.

Der Freygebige.[1]

ANdacht lieben / seiner Haab armen Siechen mitzutheilen
ist nicht ein geringes Thun; dann mit solchen Tugendpfeilen
   man den rechten Zwek erlangt / darum ich in solcher Weiß'
   auch hab bey gemeinen Volk mir erhalten Lob und Preiß.
[p.122:R1ᵛ]

Der Bedachtsame.[2]

WIewol mein Will gewest gantz einsam frey zu leben /
so wolte doch das Loß und Gott ein anders geben /
   daß mit Bedacht ich zwir in Ehstand mich verband /
   kam meinem Stamm zu Nutz / und auch dem Vatterland.

Der Vorsichtige.[3]

WAs ich gemeiner Stadt mit Raht und That genutzet /
des trag ich billich Ruhm / und sie ob solchem trutzet /
   durch meine Vorsicht must der Juden schönster Platz
   entraubt / gewidmet seyn zu Gottes höchsten Schatz.

Der Getreue.[4]

GEmeiner Stadt das best getreulich ich gesuchet /
   wie des das gantze Reich ein theurer Zeug ist mir;
   ich bracht es weißlich durch / erhielt die Freyheit ihr /
als Gegentheil auf Macht und Freundschafft trotzig puchet.

---

[1] Conrad Groß / Spitalstiffter. †1356.

[2] Berthold Tucher. †1379.

[3] Ulrich Stromer der Junger. †1385.

[4] Ulrich Stromer. †1387.

Der Nutzliche.¹

WAs nutzen kan der Forst / und des Wildbahns Gehege /
die Nachwelt weiß nun diß / indem ich niderlege
  mein Haubt. Ich hab anfangs mit reifen Raht geseet /
was itzt gemeiner Stadt zum Lust und Nutzen stehet.

[p.123:R2ʳ]

Der Andächtige.²

DEr Vätter Lebensart weiland mir wolgefiel' /
in einsamer Andacht / drum ich mir zum Beyspiel
  und meiner Nebenfreund' hab eine Clauß * gestifft.³
Weh dem / der allzusehr sich in der Welt vertiefft!

Der Dienstliche.⁴

WAs zu Lieb dem Vatterland ich durch meine Dienst' erworben /
ist des meiner ingedenk das Nachvolk noch nicht gestorben;
  mein getreuer Raht und Wille hat bey Kaiser / Fürsten / Herrn /
ausgebett dem Vatterlande / * was man sonst dorft nicht begehrn.⁵

---

[1] Peter Stromer. †1387.

[2] Marquard Mendel. †1388.

[3] *Carthaus.

[4] Sebald Pfintzing. †1431.

[5] *Müntzgerechtigkeit.

Der Ernsthafte.[1]

OBwol das Vatterland und dessen treue Vätter
 ein' hohe Standsperson vernicht / sie angefeindt /
war ich doch derer Ehr' ein merklicher Vertretter /
 verantworttet behertzt / was jener nicht vermeint.

Der Glükseelige.[2]

SOlte sehen Kindeskinder seyn ein übergrosses Glük
so bin billich ich zu achten glükseelig in diesem Stük:
 dann bis in die dritte Stuf / hundertfünfunddreissig Seelen
 kunt erzeugt aus zweyter Eh' ich bey meinem Leben zehlen.

[p.124:R2ʳ]

Der Begnadete.[3]

WAs mein Verstand vermocht und Tugendlichs Verhalten /
drob grosser Herren Gunst mit nichten wolt erkalten;
 es hat dieselbe hoch mit Freyheit mich begnadt
 zu Nutz dem Hallerstamm / davon er Ehre hat.

Der Gezierte.[4]

VIeler Potentaten Land ich bin nutzlich durchgereiset /
darum ich GesellschafftZeichen und der Orden viel gehabt /
 womit man mich aller Orten gnädigst hat beziert / begabt;
 dessen ich auch billich noch bey den Meinen werd gepreiset.

---

[1] Berthold Volkamer. †1452.

[2] Conrad Baumgartner. †1464.

[3] Ruprecht Haller. †1489.

[4] Gabriel Muffel. †1498.

Der Nymphe Noris Andere Tagzeit 125

Der Anordnende.¹

NIcht mindre Klugheit ist in Ordnung alles richten /
und zu des Vatterlands Aufnemen etwas dichten;
  darum durch meinen Raht die Stund wurd abgetheilt
  in ihre Viertheil hier / die sich oftmals verweilt.

Der Verständige.²

BUrgund mich hat geehrt / und meines Rahts gepflogen /
und in das Ungerland die Vätter mich geschikkt /
  welchs Maximilian in Gnaden wol erwogen /
  drum mein Begehr bey ihm mir stettig hat geglükt.   [p.125:R3ʳ]

Der Gepreisseste.³

DEr Himmel / Erd und Meer mir war so wol bekant /
daß ich durch meinen Fleiß auch fand ein neues Land;
  drob Portugal mich ehrt / der Kaiser gab den Preiß /
  daß ich vor allen hätt gethan die gröste Reiß.

Der Bemühete.⁴

KOenigs Ladislaus Gnad mir grosses hat vertraut /
drum seine Hofnung auch der Raht auf mich gebaut;
  durch meine Müh' und Fleiß ich die Belehnungsgab
  der Aemter in der Pfalz der Stadt zu weg bracht hab.

---

[1] Ulrich Grundherr. †1500.

[2] Wilhelm Haller. †1504.

[3] Martin Böhaim. †1506. EXIMIUS ASTRONOMUS.

[4] Johann Harsdörffer. †1511.

Der Fleissige.¹

WAs ich dem Vatterland gedient mit meinem Fleisse /
des gibt gemeine Stadt mir heut noch grossen Preisse /
   drum mir auch manches Ambt wurd höchlich anvertraut;
   wo Fleiß ist mit Verstand / wird grundfest aufgebaut.

Der Unverschuldte.²

WAs Feindschafft und Gefahr im Regiment zu hoffen
des ware Zeugniß mich mit Schaden hat betroffen /
   als Schott aus lauterm Neid den Raht und Stadt bevehd /
   er als ein Mörder mich an meinem Leib geschmäht.   [p.126:R3ᵛ]

Der Weisse.³

NIcht Menschen / Himmels Gab ist weiß seyn im Verstande /
drum mich ein weisser Held * den weissen Burger nannte
   des Reichs / und hochgeacht.⁴ Verwaiset ist die Stadt /
   verwittbet ist der Raht / wo Weißheit nicht Sitz hat.

Der Angeneme.⁵

DEr Fürst aus Preussenland mich gnädigst hat geliebt
ob meiner Tugendhalt / in Schrifften sich geübt
   mit mir / mir anvertraut was heimlich ihm gewesen;
   durch mich das Vatterland zum öftern ist genesen.

---

¹ Leonhard Groland. †1521.

² Wilhelm Dörrer. †1524.

³ Antoni Tucher. †1524.

⁴ *FRIDERICUS SAPIENS, ELECTOR SAXONIÆ.

⁵ Caspar Nützel. †1529.

Der Gelehrte.¹

WAs Rom und Griechenland ruhmwürdig hat gemacht /
 das alles war in mir mit Wunder auch zu finden;
solchs hat bey Kaisern mir viel hohe Gunst gebracht /
 des wird das Vatterland ein ewigs Lob empfinden.

Der Sieghaffte.²

DIe Pfaltz / schau! meine Hand / und scharffen Waffen fühlte /
 gemeiner Stadt zu gut gewan' ich Land und Leut /
durch meinen Schweiß und Blut ich manchen Sieg erhielte /
 drum bleibt mir nach dem Tod der Ruhm zu einer Beut.

[p.127:R4ʳ]

Der Löbliche.³

WEr Kunst und Wissenschafft liebt / treulich darob hält
nicht ringes Lob erjagt / und seinem Gott gefällt;
 des ich mich billich rühm' / dann diese ich geehrt /
 drum der Gelehrten Hauf mich auch des Preiß gewert.

Der Tapfere.⁴

DIe Tugend nicht besitzt ein träges feig Gemüthe /
sie muß geübet seyn im Adelichen Blüte /
 beym Ritterlichen Schertz / und Feldstreit sie sich zeigt;
 Fürst Fridrich von der Marck mir darum war geneigt.

---

[1] Wilibald Pirckheimer. †1530.

[2] Andreas Tucher. †1531.

[3] Hieronymus Ebner. †1532.

[4] Martin Geuder. †1532.

Der Demühtige.[1]

OBwol der Kaiser mir und andre Potentaten
gewogen in der Gnad / mit vieler Schänkung baten
  Ihnen bedienet seyn / nicht achtet ich der Ehr /
  zu Lieb dem Vatterland blieb minder ich vielmehr.

Der Eyferige.[2]

WEr eyfert / eyfre recht / in dem das GOttes Ehre
betrifft / und dem Mißbrauch der Kirchen hertzhafft wehre;
  ich meines theils hab diß vor Kaisers Carls Thron
  standhafft erwiesen / nun trag ich das Lob darvon.   [p.128:R4ᵛ]

Der Unverdrossene.[3]

MEinen unverdrossnen Fleiß hat das Vatterland gespüret /
indem ich mit Nutz und Preiß manchen Bau hab angeführet /
  durch Verständniß und Nachsinnen; ja ich hab aus meinem Leib /
  merket / zweyundzwainzig Kind' ehlich zeugt mit einem Weib.

Der Geliebte.[4]

WIe mein getreuer Dienst gemeiner Stadt genutzet /
und wie der Schwaben Bund auf meinem Raht getrutzet /
  bezeugt die bittre Klag der übergrossen Menge /
  die sich aus Liebe fand bey meinem Leichgepränge.

---

[1] Christoff Kreß. †1535.

[2] Christoff Koler. †1536.

[3] Wilhelm Schlüsselfelder. †1549.

[4] Hieronymus Holtzschuher / †1551.

Der Ansehliche.¹

WAs Reichthum nicht vermag / vermögen freye Künste /
erheben aller Ort bey Potentaten Günste;
   das Vatterland mich hat ob meiner Treu geehrt /
   mit einem Marmormahl mein guts Gerücht vermehrt.

Der Gedultige.²

GEdult die ist uns noht / wann Trübsal uns beleget /
die hab ich unverschuldt in fremder Band geheget /
   als diese Stadt verhasst. Der Warheit zugesellt /
   ich einen eignen Ort der Musen Schatz bestellt.   [p.129:S1ʳ]

Der Sinnreiche.³

DAs reinest' Element der reinste Sinn erkündet /
darinn viel schöner Künst' und schöne Werk' erfindet;
   in Flammen war entflammt mein aufgeflammter Geist /
   worum Maxmilian mir Ehr und Gnad' erweist.

Der Daurende.⁴

ES ist ein feiner Ruhm ans Werk die Hände legen /
doch ist ein grössers Lob / seyn aller Ort zugegen
   selbst im Beruff und Stand / und führen den zu End;
   so in der grössten Gfahr die Landpfleg mich erkennt.

---

¹ Sebastian Groß. †1558.

² Hieronymus Baumgartner / †1565.

³ Johannes Stark. Ein treflicher Feuerwerker. †1572.

⁴ Jobst Tetzel. †1575.

Der Giltige.[1]

WAs mehrers Schuldigkeit vermag ein Mann zu weisen
dem lieben Vatterland / als höchst sich zu befleissen /
   wie dessen Wolfahrt werd erhalten im Ruhstand;
   demnach ich mich selbselbst gesetzet hab zum Pfand.

Der Beredsame.[2]

EIn Wort zu seiner Zeit / wie Gold in silbern Schalen;
doch wer auch künstlich weiß die Sache vorzumahlen /
   erhebt imgleichen Ruhm. Fürst * Wilhelm diß gefiel /[3]
   und wünschte gmeiner Stadt meins gleichen ihrer viel.

[p.130:S1ᵛ]

Der Edele.[4]

IM Welsch= Teutsch= Niederland ich zweyen Potentaten
getreulich hab gedient / die Stadt sich meines rathen
   auch hin und her gebraucht; dreymal aus hoher Gnad
   man mich zum Rittersmann zur Ehr geschlagen hat.

Der Rüstige.[5]

WEr was dem Vatterland zu Lieb in Diensten richtet /
dem bleibt man billiglich zum Ehrendank verpflichtet;
   drum trag ich dessen auch die Ehre noch im Grab /
   dann zweyen ich zugleich zween Vorträg' oftmals gab.

---

[1] Andreas Im Hof. †1579.

[2] Philipp Geuder. †1581.

[3] *WILHELMUS LANDGRAVIUS HASSIÆ.

[4] Johann Rieter. †1584.

[5] Jacob Füterer. †1586.

Der Dankbare.[1]

ICh trug zu freyer Kunst und Tugenden Kundschafften /
drum jener ich zur Ehr ein schönen * Bau gestifft /[2]
  bey dieser aber mich sehr emsiglich vertiefft;
ins Vatterlandes Dienst' ich bin also entschlaffen.

Der Häußliche.[3]

MIt Maß man halte Hauß / handhabe das Gericht /
so bleibt der Herr im Stand / und ieder in der Pflicht;
  wo aber diß sich kehrt / der gantze Staat sich stürtzt /
der Nohtschatz wird verzehrt / Recht und Gericht verkürtzt.

[p.131:S2ʳ]

Der Fähige.[4]

DEr Musen schrofer Steig führt zu den hohen Pforten
der Ehre / darum mir seyn anbefohlen worden
  viel Aembter dieser Stadt ob meinen klugen Witz;
dann ich von Jugend auf geliebt der Musen Sitz.

Der Gesuchte.[5]

EHrfahrnheit und Verstand bringt manchen hoch zu Ehren /
drum ich auch ward gesucht / diß wolt der Neid abwehren;
  als in dem Türkenzug sich meines Rahts bewarb
das Reich und Vatterland / im Ungerland ich starb.

---

[1] Sebald Welser. †1589.

[2] *COLLEGIUM WELSERIANUM ALTDORFII.

[3] Wilibald Schlüsselfelder. †1589.

[4] Bartholme Pömer. †1590.

[5] Hieronymus Kreß. †1596.

Der Milde.[1]

WEr Schätze samlen wil / geb reichlich hin den Armen /
des wird der Himmel sich wiederum erbarmen;
   es hat die milde Hand / die Armen gerne gibt /
   noch nichts verödt; ja mich deßwegen man geliebt.

Der Wachsame.[2]

DIe kluge Wachsamkeit / mein unverdrossner Muth
hat meinem Vatterland gedient zur reiffer Hut:
   dann dessen Wolstand war mir so genem und süsse /
   daß ich mich krank und schwach zu Raht oft tragen liesse.

[p.132:S2ᵛ]

Der Versuchte.[3]

EGypten / Palestin / Italien / Ungerland
mich hat erkennet wol / verlihen Ritterstand /
   zu Fried= und Kriegeszeit ich meinen Mann vertratt /
   drum Herren und auch Städt' oft holten meinen Raht.

Der Inbrünstige.[4]

OBschon im Alter mich das Augenliecht verlassen /
hab ich doch den Verstand viel schärfer blinken lassen;
   in mir das reine Liecht des Glaubens eifrig brant /
   daß ich es ofner Schrifft / und offnes Munds bekannt.

---

[1] Andreas Im Hof. †1597.

[2] Hieronymus Baumgartner. †1602.

[3] Christoff Führer. †1610.

[4] Paulus Harsdörffer. †1613.

Der Vielwissende.[1]

WIe manchen Staat und Land ich willig bin durchzogen /
und derer Tugend Lehr begierig ausgesogen /
   die Sprach und Wissenschafft erlernet ich mit Fleiß /
   darmit der Stadt und Schul' ich diente gleicher Weiß.

Der Sanfftmüthige.[2]

IN mir die Sanftmuht selbst hat' ihrer Wohnung Sitze /
solchs kam gemeiner Stadt und Vatterland zu nutze;
   doch meines Raths auch pflag der grosse Held von Nord /
   den Armen meine Hand war ein Hülfreicher Port.   [p.133:S3ʳ]

Der Fromme.[3]

FRomkeit / der Weißheit Quell / mich stetig hat begleitet
mit Gottes süssen Trost ich stündlich mich geweidet /
   die Diener seines Worts hab ich geehrt / geliebt /
   nach dem Vermögen oft Erbarmungswerk geübt.

Der Pflantzende.[4]

ALtdorf mir zu danken hat ihres fremden Kräutergarten /
   weil Gewächs' und schöne Blumen warn meine höchste Lust /
   und mir solcher Zucht und Pflantzen ist gewesen wolbewust;
demnach zu der Blumenzeit wird man meines Lobs abwarten.

---

[1] Christoff Löffelholtz. †1619.

[2] Georg Volkamer. †1633.

[3] Andreas Im Hof. †1637.

[4] Johann Friderich Löffelholtz. †1640.

Der Verhütende.[1]

WAs Unheil falsches Schrott im Müntzen bringt dem Lande /
ist kenntlich / dieses ich gebracht zum rechten Stande
　durch meine Müh; die Stadt des Kaisers milde Gnad
　zur Unfriedszeit erlangt / und mir zu danken hat.

Der Kluge.[2]

MEin kluger Sinnverstand mir selbstenselbst geschadt
indem ein ieder Stand meins Rahts gebrauchet hat;
　mit fremden Dienst' ich mich hab selbsten abgenutzt /
　als nun das Vatterland aufs höchst mit mir gestutzt.　　[p.134:S3ᵛ]

Soviel konten diese beede Schäfer damals beobachten / und hätten sich noch mehrers umgesehen / wann nicht ein unvermuthlicher Trompeten-Schall / nebenst einer nicht unangenemer Music / sie an solchem verhindert hätte. Dann da sie dieses gehöret / und gesehen etliche Nymphen durch den Tempel auf diesen Ort zueilen / vor welchem eine andere geflügelte Weibsperson / mit einer silbern Trompeten / hergetretten / seynd sie / die Schäfer / schnell in einen Winkel gewichen. Denen gedachten Nymphen ist ein alter Mann gefolget / mit einem langen grauen Bart / kahlen Haubt / doch anstat der Haubtdeke eine geflüglete Sanduhr tragend / in einem bunten und mit Sternlein eingewirkten Gewanth bekleidet / und um die Lenden einen güldenen Gurt / in Gestalt einer Schlangen / habend; mit beeden Händen hielte er eine aus Cedernholtz neugemachte Tafel / auf welcher ein Conterfey oder Mannsbild / mit folgender Ob= und Unterschrifft / welche man gar wol lesen konte / abgebildet gewest.

[1] Sigmund Gabriel Holtzschuer. †1642.

[2] Johann Jacob Tetzel. †1646.

Der Aufrichtige.[1]

NAch meinem Tod bedenkt die Burgerschafft mit weinen
erst meine treue Pfleg / mein hertzliches wolmeinen;
den Schulen und der Kirch' ich redlich hab gedient /
in Witwen= / WaisenMund mein EhrenLob auch grünt.

Um den alten Mann herum sprangen und sangen etliche entblösste Knaben / derer Leib zumtheil mit silbern Zendel bedekket war / in einer Hand trugen etliche Trauben und Kornäher / auf den Häubtern aber waren sie alle mit Mahenköpfen gecrönet; und indem die Nymphen / welche theils weiß / theils grün / und wiederum theils gelb / theils braun bekleidet gewesen / [p.135:S4ʳ] auf Harffen / Lauten / Violeten und Cytharen spieleten / haben besagte Knaben dieses Liedlein mit zugestimmet / unter dem singen zugleich ohne Nachlaß die Tafel / so der Alte in den Händen truge / mit allerley Blumen und Majen bestreuet oder beworffen.

1.
SO / so / so / Nachsinnen üben /
Tugend lieben
macht bekant /
und bringt Nutz dem Vatterland.
Jo / jo / jo / ja nicht verschieben
angetrieben
noch im Brand
soll seyn / was dient iedem Stand.

---

[1] Lucas Friderich Böheim. †1648.

2.
So / so / so soll sich befleissen
  und sich speissen
    Tag und Nacht
mit der waaren Tugendpracht.
Jo / jo / jo / es wird nicht greyssen
  und sich reyssen
    gantzer Macht
durch die Zeit / wer diß betracht.

3.
So / so / so / wer Tugend ehret /
  wird verehret
    der Gestalt /
daß sein Name nicht veralt. [p.136:S4ᵛ]
Jo / jo / jo / wer dieses höret /
  nicht abwehret /
    Tugendhalt /
daß der Kunst bleib beygestalt.

4.
So / so / so nächst grünen Majen /
  lasst bestreuen
    mit Safran
den / der Tugend lieb gewahn.
Jo / jo / jo / lasst ihn einweyhen /
  und uns freuen;
    Thimian
sparet nicht / noch Majoran.

Mit solchem Gesange und Klange zoge nun erwehnter Hauf durch den Tempel hinein / wie vormals gesagt / auf den Ort zu / in welchem sich beede Schäfer hatten umgesehen / wo sich ohnversehens wiederum zwo andere Weibspersonen herbey macheten / derer eine war mit einem / dem Opal gleich / schillerendem Gewanth angethan / auf dem entblösstem Haubt einen guldenen Ring oder Reif tragend; die andere in einem erbarn und schwartzen Rok / mit einem zarten weissen Schleyr verhüllet / welche die obbesagte Tafel von dem Alten angenommen / mit einem gulden Circul / und Quadrant oder Winkelmaß sie allerseits genau abgemessen / nachmals mit einem sonderbaren Oel / wieder das Verwesen dienend / überstrichen / und also an die Wand der oftgedachten Capell zu den andern Gemählden / wo hin und her noch mehrere leere Plätze waren / aufgeheffet.

Dieses alles haben die Schäfer hinten wol / iedoch nicht sonder Bestürtzung / in acht genommen / demnach begierig zu [p.137:T1ʳ] wissen / was doch dieses bedeuten möchte / seynd sie / nach Hindanscheidung der obbeschriebenen Personen / wiederum hervorgerukket; welches aber einer unter den Knaben vermerket / sich ungebetten zu ihnen genähert / und sie mit solchen Wortten gantz freundlich angeredet.

Tugendliebende und wissensbegierige Schäfer. Das Verlangen dieses und anders verständiget zu werden / rühret nicht so wol von euch selber / als von dem in euch wohnenden Tugendtrieb her / und wie euch dortmals die grosse Nymphe NORIS vergünstiget / ihre Herrligkeit zu besichtigen / also hat sie auch dißmal nicht abwehren wollen / euch ferners ihres Wesens und Handels wissend zu machen / worzu sie nun mich gnädigst verschiedet hat / als die wol erachten mögen / daß ihr euch dieses Orts wiederum / wegen nächster zugefallener Begebenheit / werdet antreffen lassen / um euren nachsinnlichen Verlangen einen Genügen zu thun. Demnach / meine liebe Schäfer / wollet dieses / was ich euch erklären werde / zu dankbarer Gedächtniß fassen / und was hierüber ferners mich zu fragen euch belieben solte / euch nicht abschrecken lassen. Belangend nun dieses gegenwärtige und an dem grössern Tempel hangende Gebäu / ist solches ein besonderer Ort / zuförderst denjenigen gewidmet / die bey hohen Aembtern und Diensten unter der besagten Nymphe NORIS Gebiete entweder mit lobwürdigen Thaten / oder eigenen Tugendübungen / vor andern sich bekanntlich gemacht haben / deren Bildnissen hierinnen / nebenst kurtzer Andeutung ihres Wolverhaltens / ihnen nach ihrem zeitlichen Absterben zum rühmlichen und unvergänglichen Andenken in Cedernholtz aufgesetzet und aufgestellet werden / in der Weise und Gestalt / wie vor Augen. Das Gepräng aber / wie ihr gesehen / ist uns allzeit üblich bey Einholung einer und der andern neuen Tafel oder Bilde / und dienet so wol zur Ehre des Abgebildeten / als zur Anreitzung anderer / sich auch in dergleichen Tugendhalt und rühmlichen Thaten zu befleissigen; woraus [p.138:T1ᵛ] nicht allein eines ieden eigene Ehre / als des Vatterlands durch ihn beförderter Wolstand erhellen möge. Der alte Mann / so diese letzte Tafel hiehero getragen / ist Zeitlauf /[1] der Nymphe NORIS GroßCantzler / welchem oblieget / solche Händel zu beobachten / und zu gebürender Zeit nach der Grossen Nymphe Befehl / in die offentliche Schau zu bringen;[2] die Nymphen aber in unterschiedlicher Kleidung bedeuten / daß die Tugend / als eine Jungfräuliche Reinigkeit / bey unterschiedlichen Altern sich finden solle / worüber wir / als freudige Naturgeisterlein und treumeinende Begleiter solcher Menschen /[3] uns zum höchsten freuen. Die andere beede Weibspersonen / so die Tafel in diesem Ort angenommen / sind geheime Sachwalterin und Schatzhütterin der oftgedachten grossen Nymphe NORIS / und die in dem bunten Rok wird genannt die Betrachtung;[4] die andere im schwartzen Gewanth / die Beurtheilung /[5] verordnet / daß sie solche Ehrengedächtnisse annemen / und in Gewahrsam halten sollen / deswegen sie dann diese vorher mit reifen Nachsinnen betrachtet und besichtiget / ob sie solcher Hut und hoher Warthe würdig seyn / oder nicht. So wird auch / Zweifels ohne / diejenige / mit der Trompeten vorhertrettend / als eine des Gerüchts Dienerin /[6] selber wol bekannt / euch vorkommen. Und solches ist es / meine liebe Schäfer / das euch zu erklären / mir dißmal die grosse Nymphe mit sondern Gnaden befohlen hat.

Ach mein schöner Knab! fragte Helianthus / beruhet dann der Tugendlob allein auf solchen hohen Standspersonen? solte sie nicht auch bey mindern ihren Sitz finden / und diese ebenfalls etwas Lobwürdiges verrichten können?

Ja / gar wol / antworttete der Knab; sintemal bemeldte Tugend so wol / als der ihr nachfolgender Ruhm nicht eben an einem und gewiesen Stand gebunden / da zuforderst ein ieder Mensch seinem Gewissen / zu des Höchsten GOttes Ehre / und zu Dienste seines Nächsten und des Vatterlandes / [p.139:T2ʳ] zum Beyspiel sich darzustellen verbunden ist. Dann daß aus der Tugend / wie auch nutzlichen Wissenschafften erfolgtes Lob ist eigentlich nichts anders / als ein lebhafftes Beyspiel oder Vorbild / nach dem sich die Nachkommen zu richten / und daran zu lernen haben / sich

---

[1] TEMPUS.

[2] ÆTATES.

[3] GENII.

[4] CONSIDERATIO.

[5] JUDICIUM.

[6] FAMA.

ebenmässiges Nachfolgs zu befleissigen / um derentwegen ihnen derer Vorfahren wolerlangter Ruhm zur löblicher Anreitzung vorgesetzet wird. Nur allein ist dieses der Unterscheid / daß es bey mindern Ständen theils wegen der Schuldigkeit gegen ihre Obere / theils wegen allzu überhäufften Neid des Nebensgleichen / nicht so erhellet / noch so nachdrüklich ist / um wieviel weiter bey höhern Personen / als bey einem auf einer hohen Wartte aufgestektem Liecht die Stralen fallen / und erbaulicher ist / und sich das Land gemeiniglich nach dem Regenten zu richten pfleget. Ist der Regent gut / und liebet Recht und Tugend / so tragen auch die Unterthanen Scheu / ein wiedriges Leben zu führen / theils aus Lieb und Verlangen der Gleichförmigkeit ihres Obern / theils aus Forcht / daß ein Tugendhaffter Herr die Untugend nicht würde einwurtzeln lassen. Ist aber das Oberhaubt böß / so seynd auch gemeiniglich die mindere Glieder nicht viel besser / und wird allem Laster und Unfug die Thür geöffnet. Darfür der Allerhöchste diese gegenwärtige edle Landschafft und Stadt gnädigst behüten wolle!

Und mit diesen Wortten ist der Knab vor der Schäfer Augen unverhofft verschwunden; die Schäfer aber wurden indessen in solcher Capell eines andern niedern Thürleins gewahr / zu welchem sie sich gewendet / und dem Pfad nach / etliche Staffeln unter der Erden in ein wolgeführtes Gewölb kommen / zu dessen Eintritts Seiten stunden [p.140:T2ᵛ] auf schwartzen Marmorn Fußgestellen (wie auch das Gewölbe an ihme selbsten allenthalb von schwartzen Marmor ware / iedoch mit Ionischen platten Seulen an der Wand herum unterstutzet und unterschieden / an welchen die Haubtzierde / Leisten und Gesims von plainirtem Gold gläntzeten) von Corinthischem Ertz ausgebildet / das Gerüchte mit einer voller Zungen und Ohren besetztem Gewanth / fliegendem Haar / zweyen Flügeln / und in einer Hand eine Trompete / in der andern einen Palmzweig haltend / darbey stunde: Ein gut Gerücht. Für das ander / ein Todengeripp / auf dem Schedel einen CypressenCrantz habend / sich auf eine Sensen steurend / und mit einer Hand gleichsam das Gesicht verhelend / mit der Unterschrifft: Den Tod fürcht nicht. Und weil dieser Ort allein durch etliche silberne / guldene und hellglimmende Lampen / ohne ferners Taglicht / durchleuchtet ward / haben die Schäfer zur Zeit nur folgende Wappen / die an den Seulen hin und her mit ihren güldenen Unterschrifften / gehangen / recht erkennen mögen:[1]

---

[1] Die Wappen der abgestorbenen Nürmbergischen und Rahtsfehigen Geschlechten / doch unvermeld derjenigen / die für sich selber aus der Stadt sich begeben / und ihr Burgerrecht aufgesagt.

Wappen der abgestorbenen Rathsfähigen Geschlechten.

Folio. 140.

Ammon.	Brünsterer.	Eyssvogel.	Paltzner.	Flechsdörffer.	Pueterer.

Grabner.	Graser.	Grossen.	Hayden.	Hirschvogel.	Krauter.

Langman.	Mendel.	Ortlieb.	Pirkhaimer.	Pußken.	Sachsen.

Schmuggenhöfer.	Schopper.	Seubold.	Teufel.	Vorchtel.	Wagner.

Zenner.	Zingel.

Einen Schild /¹ mit rotem Feld / in welchem zwo in die Länge herab zertheilte weisse / mit gelben Cronen becrönete / und creutzweiß übereinander geschränkte Löwinne waren / darbey geschrieben:

SOlte Noht und Unglük kommen / du nur deinen Muth nicht senk' /
in demselben bleib beständig / deiner selbst sey ingedenk;
  wie die Löwin nicht des Schmertzs achtet / obgleich sie zerstükket /
  dannoch in dem bittren Grimm ihr an ihrem Feind' oft glükket.

Einen Schild /² in der Mitte die Längs herab zertheilet / das eine Theil rot / das andere schwartz / mitten in die Quer hinüber weisse Spitzen / mit dreyen Zakken übersich / und zweyen untersich gehend / warzu diese Reymen gesetzet: [p.141:T3ʳ]

INs Feuer / ja zum Tod getrost ein ieder gehet /
dem das Gewissen rein / und Unschuld zur Seit stehet;
  ein solcher Sinn und Mann beharret in der Hitz' /
  als ein Soldat zu Feld / der streitet an der Spitz.

Einen weissen Schild /³ in welchem drey Eyßvögel / mit dieser Beyschrifft:

GEdult hier überwind / das Weltmeer lasset toben /
es rausche wie es woll' / es überwerffe gar /
  die Hülfe / die uns hilft / die kömmet uns von oben /
  indeß in hoher Rast nicht forchtet die Gefahr.

---

[1] Die Ammon.

[2] Die Brünsterer.

[3] Die Eyßvögel.

Einen schwartzen Schild /¹ worinnen ein gelber / von zweyen Blättern zusammen gelegter Tisch / zu sehen / mit der Unterschrifft:

NIcht im finstern Jammerthal / Gott / ja Gott / uns strauchlen lesset /
noch uns über unsre Krafft Centnerschweres Leid zumesset;
 er hilft / er hilft zeitlich allen / sie erquikt und machet frisch /
 und dem Feind zu Trotz / viel Trostes uns bereitet einen Tisch.

Einen roten Schild /² mit einer weissen Lilie / worbey:

 WIe in dem roten Feld die Lilie herrlich pranget /
 so / wann ein frommes Hertz das bittre Creutz umzwanget /
  diß jenes niemals schrekt / es tauret wie der Stahl /
  es bleibet unbeflekt / tröst sich der Gnadenwahl.

Einen roten Schild /³ mit einem weissen Sparren / und drey weissen Sternen / mit diesen Wortten: [p.142:T3ᵛ]

 WEr sich der Weißheit Zucht gantz willig untergibt /
 der wird hinwiderum von ihr auch hochgeliebt:
  sie bauet ihm ein Hauß / das gläntzet in die ferne /
  sein Namensruhm auch schwebt / solang der Lauf der Sterne.

Einen roten Schild /⁴ mit zweyen weissen creutzweiß geschrenkten Grabscheiden / darbey zu lesen:

---

[1] Die Faltzner.

[2] Die Flechsdörffer.

[3] Die Füterer.

[4] Die Grabner.

IM Schweiß des Angesichts man suchen soll das Brod;
dann ohne Mittel Gott hilfft selten aus der Noht.
  Es muß gegraben seyn / die Haut nur streke dran /
  wer was erlangen wil auf diesem Erden Plan.

Einen roten Schild /[1] mit einer Graßsichel / und drey weissen Rosen / worunter:

SOnder Anstoß leichtlich nicht wird die schöne Ros gebrochen /
solcher Maß wer Tugend liebt / vielmals wird vom Neid bestochen
  solche Dörner wol behaue mit der Sichel der Gedult /
  so kanst du zunichte machen / unverschuldt was dich beschuldt.

Einen weissen Schild /[2] worinnen auf einem gelben Berglein ein rotes Creutzlein / aus diesem aber gleichsam ein grünes Lindenlaub wächset / mit der Unterschrifft:

WEr mit Creutz und Trübsal bauet hier in diesem Jammerfeld /
dort alsdann in Freudenlachen seine reiche Ernde helt /
  obwol scheint die Kummersaate / vor den Augen schwer und hart /
  wird uns doch die grosse Freude samt dem Trost zum Lohn gespart.

Einen gelben Schild /[3] mit eines Mannes Brustbild / im schwartzen Gewanth / mit einem schwartzen / hohen und krum= [p.143:T4ʳ] gespitzten Hut oder Haube / daran der Uberschlag weiß / und unter dem Schild diese Reymen:

---

[1] Die Graser.

[2] Die Grossen.

[3] Die Häyden.

OB weiland Haiden wir / doch Christen wir itzt seyn /
drum ieder führen soll seins Glaubens wahren Schein;
   es daucht pur lauter nicht / wer Christlich sich bloß nennt /
   und nicht zugleich im Werk sein Christenthum bekennt.

Einen schwartzen Schild /[1] worinnen auf der Zinne einer weissen Maurn ein gelber Vogel / mit ausgebreiteten Flügeln / stehet / und darunter geschrieben:

WIe auf der hohen Wartt' ein Vogel im Gewitter
sich munter stellet dar / und schwinget sein Gefieder /
   so soll seyn unser Muth / im Trauren und im Freud'.
   Ach! beedes sich verkehrt zur unverhoffter Zeit.

Einen roten Schild /[2] in welchem ein Minotaurus oder halb Mensch und Thiergestalt / mit dieser Schrifft:

WEh dem / der menschlich sich von Angesicht geberdet /
und doch mit wilden Thun die Seele hoch beschwerdet;
   der selbsten sich vernicht / sein' Ehr' und Namen schändt /
   und durch diß Lasterwerk sein eignes Heil verpfändt.

Einen in der Mitte die Länge herab zertheilten Schild /[3] das eine Theil weiß / das andere rot / mit einem schwartzen Sparren über beede Felder / darbey:

---

[1] Die Hirschvögel.

[2] Die Krauter.

[3] Die Langmann.

BEy Ernst und bey Schimpf wann man sich lang gnug weilet /
doch unverhoffet oft ein trüber Both hereilet /
  verkürtzt die Ehr' im Streit / entraubt die SiegesCron;
  bey angefangnem Schertz trägt man bald Schmertz davon.

[p.144:T4ᵛ]

Einen Schild[1] von oben überek herab in drey Theile zertheilet / oben gelb / unten schwartz / und in der Mitte rot / worunter zu lesen:

WEr hier in dieser Welt begehret umzuwallen /
  der lasse Guts und Böß zum Lohn ihm wolgefallen /
  das rot bedeut die Bahn / das gelbe zeigt die Ehr /
  das schwartze Schand und Spott. Nun derer eins begehr.

Einen Schild /[2] überek herab in weiß und rot sich krümmend zertheilt / aus welchem ieden in das andere gleichmässiger Farb ein Lindenblat gehet / deme dieser Reymen beygefüget:

ES grunt der hohe Ruhm bey hoch und nidrem Stande /
  der sich verdienstlich macht zu Nutz dem Vatterlande /
  wer aber eignes Kopfs den Eigennutzen sucht /
  verfällt dem Herbstlaub gleich / und bleibet stets verflucht.

Einen Schild /[3] in die Quer zertheilt / oben gelb / unten rot / und durch den vollen Schild eine weisse Birke / mit der Beyschrifft:

---

[1] Die Mendel.

[2] Die Ortlieb.

[3] Die Pirkheimer.

DIe Birke war zu Rom dem BurgermeisterStande
  geeignet / hielt das Volk in ihrer Schuld und Pflicht;
wer diese Stell verwalt in seinem Vatterlande /
  die Frommen lieben soll / der Bösen schonen nicht.

Einen blauen Schild /[1] worinnen ein weisser Spar / und darunter ein weisser Ring / mit diesen Beywortten:

WEm durch Verstand sein Thun auf Erden hier gelingt /
  der weißlich hat gebaut / ja dessen Nam sich schwingt /
hoch hin bis an die Bühn des blauen SternenSaals /
  es bleibet sonder End / bestehn sein Ruhm dißfalls.   [p.145:V1ʳ]

Einen schwartzen Schild /[2] mit dreyen weissen Rosen / darbey:

DEr Knoblauch beygestekkt versterket den Geruch
  der Rose / so erhellt bey schwartzen Wolkenbruch
der Trübsaal unser Trost / an dem wir denken nicht /
  wann wir nur immer fort schwebten in Wollusts Liecht.

Einen Schild /[3] in der Mitte die Längs herab zutheilet / ein Theil blau / das andere weiß / im vollen Schild aber ein roter Sparr / mit denen Wortten:

---

[1] Die Pukken.

[2] Die Sachsen.

[3] Die Schmuggenhöfer.

Der Nymphe Noris Andere Tagzeit 147

KLugheit und Aufrichtigkeit nutzet wol dem Vatterlande /
wol dem / der zum Schmuk und Zier träget diese Tugendpfande;
   dieses / dieses Namens Seule wird von rotem Gold erbaut.
   Wol dem Volk / ja wol dem Land / das sich solchem Mann vertraut.

Einen Schild gantz rot /[1] in welchem überzwergs ein weisser Balk gehet / an dem drey Glieder von einer Ketten stehen / mit diesen Reymen:

DIe Hoffnung / Lieb und Glaub / wo diese dreye schalten /
und aneinander fest / als treue Glieder / halten /
   da ist man sicherlich verwahrt / gleich einer Maur /
   obgleich der ärgste Feind mit Listen auf uns laur.

Einen roten Schild /[2] worinnen der Lateinische Buchstab *S.* von weisser Farb / worbey:

DRey *S* in sich vereint / erhalten Land und Leut /
wann man von Hertzen Seuftzt / wol Schwitzt / und mannlich Streit:
   Drey *S* hinwiderum verderben Leut und Land /
   wann man Gott fälschlich Schwört / Schwelgt / Schläfft nur ieder Stand.
                                                    [p.146:V1ᵛ]

Einen Schild /[3] in dreyen Theilen auf dem Mittelpunct zu schlims ineinander geschrenket / die Farben weiß / rot / und schwartz / worunter geschrieben:

---

[1] Die Schopper.

[2] Die Seubold.

[3] Die Teuffel.

SO / so sich seltzam kartt des Menschen gantzer Handel /
es ist bald süß / bald saur / bald mittler Art der Wandel;
  im End' hat eben diß der da gesorget viel /
  was andern schenkt im Schlaf / das untreu Glükkesspiel.

Einen gelben Schild /[1] mit einem roten Sparren / bey deme zu lesen:

WEr in der Ehre baut sein selbsterworbnes Gut /
der kan zur Unglükszeit trotzen auf seinen Muth;
  dann keine NeidersHand dem Mann kan schädlich seyn /
  der ehrlich sich ernehrt / ist im Gewissen rein.

Einen blauen Schild /[2] mit einem weissen Stierkopf / mit diesen Reymen:

GLeich wie ein junger Stier im Feld sich muthig machet /
nicht wissend daß zum Tod er nur gemastet wird;
  so mancher kluger Narr mit Uberwitz hoch prachet /
  nicht merkend / daß derselb' ihn selbsten oft verführt.

Einen roten Schild /[3] in welchem überek herab ein schwartzer Balk / mit weissen Leisten / darbey zu sehen diese Schrifft:

OEfters bey den Siegespalmen Leid und Freud sich seltzam mischt /
doch durch solches seltzam mengen wird ein andrer angefrischt /
  dem es baß gelingen solt. Man muß Sieg mit Glükke wagen /
  ja der Ringst dem Stärksten oft kan den Ehrenpreiß abjagen.
                                            [p.147:V2ʳ]

[1] Die Vorchtel.

[2] Die Wagner.

[3] Die Zenner.

Einen roten Schild /[1] in welchem ein weiß geflügletes Hertz / mit einem Pfeile / sich in die Höhe schwinget / mit denen untersetzten Wortten:

DEr hat das beste Glük / der hat gewünschtes Spiel /
wem ist die Seeligkeit gesetzt zu einem Ziel;
   darum ein frommes Hertz begierig sich aufschwingt /
   und unbeflektes Sinns pfeilschnell in Himmel tringt.

Und wiewol derer Wappen noch mehrere vorhanden gewesen / haben sich doch die Schäfer hierinnen nicht länger aufhalten wollen / dieweil sie ohne diß vermeinet / sich zulang verweilet haben / sich benebenst erinnerend / daß dieses Orts der Nymphen voriges Tages gethanem Bericht nach / der gantz abgestorbener Geschlechten in der Neronsburg Gedächtnisse müssten zur Verwahrung gestellet seyn / wie es auch die Uberschrifft an dem Thürlein innerhalb dieses Gewölbs mit diesen Reymzeilen gnugsam zu verstehen gab:

OBwol hier derer Stamm der schwartze Tod zernicht /
und dieser Welt entsetzt / iedoch das Namgerücht
   und waare Tugendlob noch unaufhörlich klingt /
   dem Golde gleich stralt vor / und gutes Beyspiel bringt.

Zu mehrer Eil aber gab den Schäfern / als sie wiederum ausser den Tempel gekommen / auch nicht weniger Anlaß eine stark getriebene schwartze Wolke / die sich kürtzlichen mit schweren Donner und Blitzen / auch schnellen Schlossen und Regen zertheilet; dieser nun zu entrinnen besagte Schäfer sich in den nächsten Weyler oder Mairhof verschlieffen / worinnen sie auch ohngefähr den Periander antraffen / nebenst welchem sie den Ubergang des Wetters erwartend / in wärender Zeit folgendes Gespräch untereinander gepflogen. [p.148:V2ʳ]

Was Ursach mag wol seyn / fienge Periander an zu fragen / nach ertheiltem Gruß / an die andere / eines so unversehenen starken Gewitters? Sind es nur blosse natürliche Ursachen / oder vermögen auch die Hexen und Zauberer ein solches in das Werk zu richten? Eigentlich zu reden /

---

[1] Die Zingel.

antworttete Montano / seyn es iederzeit natürliche Ursachen. Massen solches Wetter nichts anders ist / als eine durch der Sonnen Gewalt veranlasste Wärme und Trükne / auch mit etwas zeher Feuchte vermengte Aufdämpfung aus der Erde / welche / wann sie an den mitlern Raum der Luft gelanget / alda wegen Kälte des Orts die Feuchte zusammen getrieben / und die Wärme sich ie mehrers in sich ziehend gleichsam in einer Wolke / als in einer Haut oder Blase eingeschlossen wird; dahero dann nohtwendig folget / daß solches aufgedämpftes Wesen / wegen der Kälte der äussersten Feuchte / oder umschlossner Wolke so wol / als wegen seiner natürlicher Bewegniß / desto mehrers sich erhitzt / und einzwengt / bis es endlichen seinen Ausgang suchet / den es in die höhere Luft / und weil die Wolke oberhalb dichter und fester / nicht haben kan / derowegen sich solches Gefängniß frey zu machen / mit Gewalt herabwerts tringet / und die Wolke zerreisset / die Wolke aber algemächlich durch den Regen sich zerflösset. Und nachdem solche Aufdämpfung in ihrer Art schwach oder stark gewesen / verursachet sie auch unterschiedlichen Knall und Hall / indem solche wiedrige Naturen in verschlossner Wolke noch miteinander kämpfen. Dann wo der eingeschlossne Dampf noch nicht seinen Kerker zerbrochen / so gibt es einen dunkbaren und langwürigen Hall; Hingegen durchreisset er die Wolke mit einem Stoß / so höret man einen jähen und gewaltsamen Knall / als wie an einer zersprengten Blasen; geschihet es aber mit unterschiedlichen Stössen / da geschehen auch vielfältige Knall und Wiederhall. Und solcher durchgetrungener Knall wird ein Donner oder Wetterschlag genannt / mit deme gemeiniglich auch der Blitz vergesellschafftet ist / auch wol öfters oh= [p.149:V3ʳ] ne dem Donner gesehen wird. Welcher Blitz gleichwol auch aus gleichmässigem Wesen / wie der Donner / gezeuget wird / doch einer subtilern Art / und in der Luft / ob gewaltsamer Bewegung und starken Gegenhalt des Gewülkes / sich entzündet / und balden wiederum auslischet. Daß man ihn aber eher und öffter sihet / als etwan der Donner gehöret wird / geschihet es darum / weil der Sinn des Gesichts in die ferne viel weiter reichet / als das Gehör. Dann wie man wol von fernen in dem Gehöltz oder anderstwo einen Holtzhauer sihet das Beyhel in die Höhe heben und sinken lassen / wiederum in dem Feld einen Fuhrmann oder Hirten / die Peitsche schwenken / aber den Schlag oder Knall nicht hören kan / bis sich etwan der Knall allgemächlich durch die Luft etwas näher herzutringet / also hat es auch die Beschaffenheit mit dem Donner und Blitz. Besagter Donnerschlag aber nachdem er subtil oder dicht / solcher Massen durchtringet und verletzet er auch / was er auf dem Erdboden antrifft. Dannenhero es kommet / daß er entweder ohne Schadnemung des Kleides einen Menschen an dem Leib beschädiget / und ohne Verletzung des Sekels oder der Schaide das Geld oder die Klinge eines Degens rühret und zerschmeltzet; auch wol das Viehe und die Menschen / sonder einigen äusserlichen Merkmahl / tödtet / und also die engeste Gänge und Schweißlöcher eilfärtigst durchtringet; und dieses geschieht wegen seiner Subtile und Schnelle. Hingegen / so er eines dichtern Wesens / und gleichsam in sich einen starken Wind verborgen hältet / so kömmet er mit einem gewaltsamen Geprässel / schläget und zerschmättert alles augenscheinlich / was er rühret / in unterschiedlicher Weise / bey welchem Schlag sich öffters ein schwartzer oder aschenfarbichter Stein / der Gestalt nach länglicht und breitlich / an einem Theil zugespitzt / doch in der Mitte ein rundes Loch habend / findet / den der gemeine Mann einen Donnerkeil oder Donnerstein nennet / und aus einem fetten / schwefflichten / irdischen Dampf entspringet / welcher in der [p.150:V3ᵛ] Luft von den Wolken zusammengezwenget / und so wol von der Sonnen Hitze / als gewaltsamer Einzwängung selber / ausgetruknet / und zu einem solchen harten und dichten Wesen gemacht wird. Unterweilen gibt es auch Donnerstreiche / die etwas subtiler / als itztgemeldter / doch nicht so / wie die erstbesagte Art / dann diese noch mit etwas Schweffel und Fett vermenget seyn / aber keinen andern Schaden thun / als daß sie / was sie berühren / versengen / schwartz machen / und einen zimlichen Gestank hinterlassen / welcher Gestank zuweiln dem Nächststehenden schädlich ist.

Solte dann sich niemand für dergleichen Wetterschaden hüten / oder solchen durch natürliche Mittel abwenden können? fragte Periander ferners.

Nach etlicher Meinung könnte es wol seyn / sagte anderseits Helianthus; daß man nemlich sich zu solcher Zeit in die Hölen und Gewölber unter der Erde verberge / weil kein Donnerstreich über fünf Schuhe tief in den Erdboden hineintringen solle. Oder / wann man eine Haut von einem Meerkalb bey sich trage / weswegen man vor Alters aus diesen den Kaisern und Feldobersten ihre Gezelte zugerichtet. Imgleichen wann man einen Lorbeercrantz auf das Haubt setzet / sintemal nicht wissend / daß iemals der Donner in den Lorbeerbaum geschlagen hätte. So solle auch der Donnerkeil selbst / wann man einen im Hause hat / dasselbige Hauß / Menschen und Viehe vor künftigem Wetterschlag bewahren.

Von dem Donnerkeil / sprach Montano / sind unterschiedliche Meinunge.[1] Etliche wollen gantz keinen glauben / und halten es für eine Fabel und Gedicht. Etliche wiedersprechen seinem oberwähnten Ursprung in

---

[1] Besihe hiervon BOËTIUM DE BOODT IN TR. DE GEMMIS & LAPIDIBUS.

den Wolken / und vermeinen / er werde vorher durch starkke Winde von harten Felsen abgerissen / und in solchem Sturm mit dem Gewülke vermenget. Andere wiederum bestettigen obgedachte Her= [p.151:V4ʳ] kunft aus den Wolken / und bezeugen nicht allein mit glaubwürdigen Zeugnissen / sondern auch eigenem Augenschein / daß man dergleichen Steine an denen Orten / wo das Wetter eingeschlagen / nachmals ausgegraben habe / und zwar unterschiedener Gestalten / theils rund / theils breitlicht / doch alle ablenglicht / und in der Mitte ein rundes Loch habend / welches an einer Seite weiter als an der andern; dannenhero etliche in dem Wahn gestanden / daß sie Eissenwerk / als von Hämmern und dergleichen gewesen / und etwan unter der Erden zu Steine worden seyn. An der Farb seyn sie zwar nicht alle schwärtzlicht oder aschenfarb / sondern auch etliche weißlicht / oder rötlicht. Ohne ist es nicht / daß die Natur / wie in allem andern / also auch in Verschaffung solcher Steine spielet / und derer in Teutschland zuweilen hin und wieder / bevoraus an der Elbe / wann gleich kein Wetter eingeschlagen / gefunden werden / und in der Farbe einen blaudurchscheinenden Crystall gleichen. Welches Periander / als der solcher Orten wol bekannt / bejahete. Helianthus hingegen meldete / daß eine andere Art der Donnersteine in Spanien sich finden solle / die der Farb nach glüend scheinen. Die Güte aber / oder das waare Kennzeichen eines rechten Donnerkeils / hätte er ihme sagen lassen / wäre / welches wol seltzam / daß / wann man solchen Stein um und um mit einem Faden einfach umwiklet / doch daß der Fade aufeinander nicht doppelt komme / oder liege / und solcher Gestalt der Stein auf glüende Kohlen gelegt wird / der Faden nicht verbrenne / sondern sich anfeuchte. Daraus ja zu erlernen / sprach Montano / daß es ein durch die Luft zusammengetriebener / und in sich selbst verhärter Dampf seyn müsse.

Aber wo bleibet die Beantwortung meiner andern Frage / ob nicht auch die Hexen / nach eigenem Willen / solche Wetter zurichten können? sagte Periander. Deme alsobalden Montano [p.152:V4ᵛ] mit diesem Bericht begegnet / wie dieses in gemeldter bösen Leute eignem Willen nicht stünde / sondern durch Beyhülffe der bösen Geister geschehe / denen es / als Beherrscheren und Inwohnern der Luft / wol müglich / weil ihnen der gantzen Natur Kräften und Lauf wol bekannt seyn / und solcher Massen / als Tausentkünstlere / iedoch durch mitwirkkende natürliche Mittel dieses und jenes wissen zurecht zu bringen; indessen aber solche böse Leute durch falsches Fürgeben bereden und blenden / als wann sie es durch die von ihnen den bösen Geistern gezeigte Künste ausrichten mögen. Doch kan auch dieses nicht ohne sonderbare Verhängniß des Allerhöchsten Gottes geschehen / etwan zuweiln anderen zur Straffe / oder Probirung der

Menschen Gedult / und Vertrauen zu Ihm / wie es der böse Geist in des gedultigen Edomiters Beschreibung selbsten bekennet hat.¹ Gott aber hinwiederum seiner Allmacht nach / und Deme alle Creaturen zu Gebote stehen / ist es nicht benommen / mit oder ohne Mittel / und also der Natur Lauf zu wieder / an welchem er nicht gebunden / dergleichen Zornwetter wann und wo er wil zur Straffe auszurüsten.

Jetzund fället mir bey / sprach Helianthus / dem Montano in die Rede fallend / was ich einsmals gelesen /² daß die alte Griechen den Ursprung und die Eigenschafft des Donners in eine artige Räthsel verstekket / die im Teutschen ohngefähr also lauten solte:³

ZWitracht hat mit Vulcan ein Feuerkind erzeuget /
Vulcan der Mutterstell / Zwitracht dabey gezweiget
   des Vatters Nam und Werk / doch nicht aus Gegenlieb
   diß Kind erzeuget war / ein starker Streit und Trieb   [p.153:X1ʳ]
des Wiederwills vielmehr sich beederseits befunden.
Wann nun der Juppiter das Menschenvolk hierunten
   in Lastern wallen siht / schnell sendet er diß Kind /
   welchs theils diß Rund mit Brand anzündt / theils schrekt geschwind.

Ist wol zu hören / sagte Montano / sintemal diese Räthsel mit meinem Bericht von des Donners Ursprung und Eigenschafft übereinstimmet; dann er in dem hitzigen Dampf als seiner Mutter / welche Vulcanus vertritt / durch den wiedrigen Gewalt der einzwängenden Wolke / als seinen Vatter / gestaltet und ausgefertiget wird / und diese gesamte Wirkung geschihet nicht aus Lieb oder gleichförmiger Vereinigung / sondern aus Wiederwillen / und strittiger Natur. Welcher ausgewirckter Donner nachmals vom Himmel auf die Erden schiesset / theils mit Brand / theils ohne Brand / erschrecklich.

So ist anderwerts auch nicht unfüglich / redete Montano weiters / die Abbildung des Donners /⁴ die in Libyen / im innersten Theil Africe / unter

---

¹ Hiob am 1. Cap.

² Besihe FORTUNIUM LICETUM IN TRACT. DE PYRONARCHÂ.

³ Räthsel vom Donner.

⁴ Der Donner / im Bildniß eines Abgottes.

dem verfallenen Gemäur eines alten heidnischen Tempels solle gefunden seyn worden / mit folgender Gestalt. Ein abscheuliches Weibsbild aus einem Holtz / dem Lorbeerholtz nicht ungleich / zugerichtet / mit offnem Rachen / am Leib meistentheils entblösset / auf den Knien liegend / und mit Gewalt einen zugespitzten länglich runden Stein von sich schibend / auf dem Haubt (welches gleichsam mit einer Haube und Schleyr bis über den Rukken herab bedekket) um den Halß / und die Beine steinerne Ringe oder Cräntze tragend / zu hinderst an dem Leib / mit einem scheußlichen Schwantze; der Leib aber hin und wieder sonder einiger Ordnung oder Füglichkeit / mit kleinen / zerbrochenen / rauen / und an der Farbe / roten / gelben / grünen / und blauen Steinlein besetzet.

Aus Anhörung des Montano itzterzehlten Bildniß / unterkame Periander / sprechend / ist dieser Abgott nichts anders / als eine waare Vorstellung des Donners gewest. Dann wie [p.154:X1ᵛ] durch die Bildniß eines Mannes die alten Pythagorische Lehrer das Gute / also haben sie durch das Bildniß eines Weibes das Böse abgemahlet. Und muste das Bild (welches aus Lorbeerholtz zubereit / anzudeuten / daß der Donner ihme selbsten nicht / aber wol andern schaden solle) einen zugespitzten Stein gewaltsam von sich schieben / als weil der Donner mit grossem Gewalt / und selten ohne Verletzung dessen / was er antrifft / abgehet. Die unterschiedlicher Farben Steinlein aber zeigen an seine Herkunft und Eigenschafft / als die blaue / dessen Geburtsstelle in der Luft / die grüne / sein irdisches und schwefflichtes Wesen / die gelbe / seinen hitzigen Halt und Blitz / die röte die schädliche und tödtliche Gefahr / die er nachsich führet. Die Crone auf dem Haubt erinnert seinen hohen und unwiederstreblichen Gewalt; die Cräntze oder Ringe um die Füsse / seine berühmte Fertigkeit oder Schnelle / in welcher seine meiste Macht bestehet. Die scheußliche Gestalt des Angesichts / und aufgesperter Rachen stellet vor seine schrekkende und betrohende Grausamkeit. Der scheußliche Schwantz aber deutet an / daß er gemeiniglich hinter ihme einen wüsten Schweffelgeruch lasse.

Wol / wol! rieffe Helianthus. Nun erinnert ihr mich / meine liebe Waidgenossen / einer schrecklichen / iedoch warhafften Geschichte eines Donnerschlags / die sich vor wenig Jahren den fünften oder fünfzehenden Tag des Erndmonats in Frankreich /[1] in der Grafschafft Avignon zu Mazan / begeben. In bemeldtem Flekken / als etwan an einer sonderer heiligen Feyre eine Geistliche Ordensperson nachmittag dem Volk in der Haubtkirche geprediget / fuhre nach vielen unterschiedlichen Blitzen und Geprassel in den Wolken / ein jeher Donnerstreich in den Kirchthurn /

---

[1] Im Jahr Chr. 1633.

zerschluge die Glokken / vondar an die Seite zu ruk prallend riesse er aus dem Gemäur drey grosse Steine / und zerscheitterte das Gehäus der grössern Uhr. Nachmals sich herab lenkend ist er durch ein Thürlein inner die Kirche gerathen / zum Eingang alsobald eine Frau erschlagen / andere [p.155:X2ʳ] Leute theils verletzet / theils ihnen das Gehör benommen. In ebenmässigem Flug ist er an den nächsten Altar gelanget / sich alda überwältzet / mit einer jehen Flamme das weisse Altartuch angezündet / den gespitzelten und künstlich genehten Schleyr über das Bild auf dem Altar besenget / und einen andern Damascenen Rok desselben / wie auch andere KirchenZierd verderbet. Als nun dieser Donnerstral solcher Massen herumschwermete / hat er etliche zunahe stehende mit gewiesen Streichen berühret / doch nicht getödtet / unter andern einem Mägdlein das Gewanth an dem Leib verzehret / doch an dem Leib nichts versehret; hingegen aber ihres Vatters Leib angebrannt / sonder einiger Verletzung des getragenen Gewanthes. Und was noch mehrers ist / einer Edlen Frauen das Kind aus den Händen gehebt / in die Höhe getragen / doch wiederum / etwan drey Schritt weit von der Mutter / auf die Erden sänftlich / ohne allen Schaden / niedergeleget. Einem andern die halbe Ferse an dem Fuß hinweggeschmiessen. Ihrer zween sind für todt aus der Kirche nach Hauß gebracht worden / welche sich doch wiederum erholet. Der andern Personen seyn bey funftzig gezehlet / die entweder an dem Leib beschädiget / oder so taub worden / daß ihrer Gesundheit keine Besserung zu hoffen. Etlichen hat solcher Wetterstral den Geruch benommen / etlichen bloß die Nasen berühret / etlichen dieselbe gar gekrümmet; wiederum andern den Bart und die Haar an dem Haubt besenget. Unter itztbemeltem Sturm hat sich eben dieser besagter Stral unter den Predigstul herumgetrehet / den Geistlichen darauf plötzlich überfallen / ihn solang abgemergelt und geschlagen / bis ihme die Seele ausgegangen / da man doch hernacher nährlich ein Wundmahl an ihme vermerken können / ohne daß die trieffende Blutstropfen in dem einen Ohr gnugsames Anzeigen thaten. Von dannen erhube sich der Wetterstreich in die Höhe / führete einen Mann von der Porkirchen hinweg / [p.156:X2ᵛ] trehete ihn dreymal im Craiß herum / und warffe ihn nachmals todt zu Boden. Ferners hat er sich an die erhobene Kehle einer Seulen gemacht / einen schweren Stein ausgehebt / welcher nicht schnurgerad herab gefallen / sondern in die Weite gesprenget / einer Edlen Frauen das Haubt zerschellet / daß sie darüber todt geblieben; wie auch durch einen andern Stein aus diesem Ort ein Adeliches Mägdlein zerquetschet / und ihr das Hirn aus dem Schedel getrieben worden. Und dieses geschahe alles von einem eintzigen Wetterstreiche und Feuerstral / bis er endlich verschwunden / und einen üblen Schweffelgestank / gleich einem Schießpulver / hinterlassen hat.

O eine jämmerliche und übergrausame Geschicht! es mag viel eher der böse Menschenfeind selber / als ein natürlicher Wetterstral diß gewesen seyn / sagte Periander. Den aber Montano um Unterbrechung solches langwürigen Gespräches fragte / wie er doch an dieses Ort eben zu ihnen kommen wäre? welches Periander beantwortet / vorgebend / daß er gewillet gewesen / auf der nächstanliegender Ziegelhütten zu Ausbesserung seiner Hütten / um etliche hundert Ziegel den Kauf zu schlagen. Wohin ihn dann auch die andere Schäfer / nach geendetem Gewitter / begleitet haben.

Bey gedachten Ort[1] sahe man die Hände nicht müssig / noch die Füsse erstarret seyn / massen dann der Arbeiter ein Theil den zugeführten Letten an einem feuchten Ort eingeschlagen / andere wiederum denselben mit frischen Sand anwirketen; etliche die Forme strichen / etliche diese in die Oefen stiessen; hingegen anderseits andere sie abgeröstet / wiederum in die Luft geleget / und ferners an ihre gehörige Ort eingezehlet haben. Uber dem vordersten Thor dieser Ziegelhütten stunden diese Reymen angeschrieben: [p.157:X3ʳ]

LEtten schlagen / Ziegel streichen / rösten / trukren in der Luft /
hier nicht ist ein ringer Handel / ursacht manchen sauren Tuft;
   doch muß diß gearbeit seyn / weil man Brod im Schweiß soll essen /
   wann nur Pharaonis Last uns auch nicht wird zugemessen.

Nach verrichteten Kaufschlag wolten diese drey Schäfer / weil die Sonne noch zimlich hoch am Himmel / um Verzehrung der übrigen Tagzeit / noch ferners um die fruchtbereicherte Felder spatziren / da sie nicht unweit unter dem Schatten eines lustigen Gehegs / auf einer grünen und gelbbekleeten Auen / ihre andere liebe Zunftgenossen / als den Weltberühmten Strephon / den hurtigen Alcidor / den verliebten Klajus / und den Lehrbegierigen Lerian beysammensitzen sahen.

Itztgedachte Schäfer hatte etwan auch die heitere Luft und der liebliche Sommertag in das grüne Feld zu spatzirn angelokket / deswegen sie sich dieses Orts in den kühlen Schatten gelagert / und gewillet gewesen / ihre Zeit bey einer HirtenMahlzeit / mit einem lieblichen Gespräche / zu

---

[1] Die Ziegelhütten.

verzehren. Demnach sie in allerhand kurtzweilige Reden gerathen / bey Ankunft aber besagter dreyen sich nicht wenig verwunderend / wie doch eben auf diesem Platz sie allerseits das Glük zusammen geführet hätte / worüber sie sich ingesamt frölich erzeigend jene batten / sich nächst ihnen in den grünen Klee niederzulassen / und ihrer Gesellschafft beyzuwohnen. Welches freundliches Anbieten jene drey dankbarlich / nebenst Ablegung gebürlichen Grusses / angenommen.

Helianthus aber den Schäfer Klajus stark in das Gesicht fassend / fragte mit besonderm Eyfer / was ihme doch in dem Hertzen stekkete / daß er so melancholisch und verwirret aussehe? deme bemeldter Schäfer in Gegenantwort berichtete / wie dieses seine Gewonheit wäre / und ohne Zweiffel von dem erkrank= [p.158:X3ᵛ] ten Miltz herrühre. Was / Miltz? begegnete ihme wiederum Helianthus; es muß eine andere Ursach da seyn / sintemal das Miltz an ihme selber nicht kranket / wann es nicht anderst woher veranlasset wird / und wie ich etwan gehöret / solches gemeiniglich aus schlechter Dauung des Magens beschieht; diese aber vornemlich durch Entziehung der Geister (die gleichsam Auswirker seyn aller natürlichen Kräfften in des Menschen Leibe) geschwächet und gehindert wird / zu welchem nun das allzu scharffe Nachsinnen oder beschwerliches Sorgen Ursach geben. Und solte ich meinen kleinen Finger fragen / würde ich bald hören / daß ein langgehosstes Götzlein wäre / welches ihn so beunruhiget / und solche Melancholische Liebsgedanken durch sein bezaubertes Anhauchen in ihm aufwechlet. Worüber die andere alle lacheten / auch der wolgetroffene Klajus selbsten schmutzmaulen müssen.

Diesemnach Alcidor die Frage vortruge / was doch eigentlich die Lieb / und derer Ursprung wäre? Die Liebe / wann hier die buhlerische verstanden wird / antworttete Montano / ist eine durch ein angenemes gegenständiges Wesen erregte Gemüthsneigung gegen dem / das solche erreget. Wie kommet es aber / daß wir alle und iede nicht eben eines lieben? fragte Alcidor ferner. Weil wir auch nicht alle einerley Art und Sinnes sind / sprach Montano. Und bestehet diese Liebe nicht eben in der Schönheit / wie man in gemein darvon redet / sondern nachdem eines und des andern Wahn von einem und dem andern Gegenständigen urtheilet / und dieses mit jenes Natur und Eigenschafft übereinstimmet. So wäre billich / fuhre Periander unter / die Liebe eher eine Schwachheit der Vernunft / als eigentliche Wirkung derselben zu nennen / massen man zum offtern höret / daß / wie jener Weltkluger Mann auf eine scheutzliche [p.159:X4ʳ] und hogerichte Weibsperson / also andere auf andere am Leibe und Gemüth übelgestalte ihre Lieb geworffen haben. Es ist nicht ohne / sagte Strephon / daß solche buhlerische Liebe ofters ein ohnbegründeter Wahn ist / und bald wie eine jehentstandene Flamm / nachdeme sie einen ihr bequemen Unterhalt antrifft / auflodert / und wiederum bald erlischet. Dann nachdeme sich das Geliebte gegen dem Verliebten erzeiget / und ihme schmeichlet / solcher Massen thut es auch desselben begierige Flammen mehren oder mindern. Wie? so muß ja / wieder oberwähnter des Perianders Meinung / gabe Alcidor den Einwurff / die Liebe eine eigentliche Wirkung der Seelenkrafften seyn und bleiben / weiln sie aus dem Verlangen und Begierden herrühret. Eigentlich darvon zu reden / antworttete Montano / ist sie ein innerliches Verlangen / doch wird solches von einem andern äusserlichen Wesen veranlasset / und zu seiner Wirkung gebracht. Gleichwie der Spiegel zwar ein Spiegel genennet / aber im Werke das nicht ist noch leistet / was er heisset / wo nicht das Gegenbild / das er vorstellet / selbstständig da ist / und durch dessen Gegenwart seine Wirkung ereignet. Das Verlangen dieser Gestalt in dem Menschen / sprach Strephon / ist zweyerley; erstlich eine uns angeborne Lust oder Verlangen nach etwas angenemes; zu dem andern / eine Lust oder Verlangen nach etwas nutzliches. Und diese beede kämpfen stetigs miteinander. Ist nun diese jener überlegen / so wird sie billich eine Klugheit geheissen / die zwar selten in unsern eigenen Kräfften / unserer verderbten Natur nach / bestehet sondern vielmehr durch emsiges bitten und flehen / als eine sondere HimmelsGaabe zu erwartten ist. [p.160:X4ᵛ] Obsieget aber jene dieser / so ist sie mit allem Recht eine Thorheit / und des Perianders Ausspruch nach / eine Schwachheit der Vernunft zu schelten / als die blößlich auf die Schönheit / oder auch wol garstigen Schandbalg gaffet / und sich durch den blinden Wahn betriegen lässet.[1] Demnach mit Verstand lieben / und Verlangen tragen nach dem / was nutzlich und löblich / ist Englisch / die blosse Schönheit und äusserliche Leibsgaben lieben ist viehisch; beedes aber zugleich beobachten ist menschlich. So ist ie auch jener Weltweise zu entschuldigen / ruffet Helianthus / daß er eine Hogerichte lieb gewonnen / und gefreyet hat / indem er nicht gemeinen Wahn nach hierinnen handlete / sprechend / daß nicht was insgemein schön ist / sondern was selten und wenig zu finden / zu lieben und zu achten wäre / sintemal mehrere gerade und schöne / als hogerichte Leute anzutreffen seyn. Gleichwie die Indianer das gefärbte Glaß / so schlecht aus Aschen und andern ringen Dingen bey uns gemacht und ring geschätzet wird / höher achten / als das Gold / welches als das vollkommeste Metall von der Natur durch weit höhere Kräfften gezeuget wird / und bey ihnen sehr gemein / und in grosser Menge zu finden. Wann gedachter Weltweiser /

---

[1] Der Spielende im 3. Theil der Gesprächspiele.

begegnete ihm Montano / mehr auf die innere Gemüthsgaben / als auf die äusserliche Leibsgestalt gesehen / hat er billicher Massen sein Lob hiervon. Doch finden sich die meiste in ihrem Wahn zum öfftern betrogen / indem sie sich allzu gierig in Lieb entzünden / und durch einen einigen Blik / der etwan ihnen nicht vermeinet / oder zur Prob beschehen / sich bethören lassen. Und ermahnet mich solche Lieb den Cometen nicht ungleich / welche an ihnen selber grobe / dichte und feiste Erdendämpfe seyn / und durch die warme Luft entzündet in ungewöhnlicher Sterngestalt erscheinen / gemeiniglich aber was unglükliches andeuten; also auch solche blinde und unbedachtsame Lieb durch Eingebildtes / Gegenständiges angeflammet / scheinet wol angenem und lieblich / im Ende aber trohet und träget sie was wiedriges und schmertz= [p.161:Y1ʳ] liches mit sich. Dannenhero halte ich darfür / liesse sich anderwerts Periander hören / ist solche Lieb bey den Alten durch einen Knaben / mit verbundenen Augen / beweglichen Flügeln / Pfeil und Bogen / auch einem Rosencrantz vorgebildet worden / anzudeuten / daß sie thumm und unbesonnen / gehe / wankelhafft / schädlich / dem äussern Schein nach zwar schön und annemlich / doch aber schmertzlich und bald vergänglich sey. Und hat Montano / sprach Helianthus / solches neulichster Zeit in einem Sinnbild artig vorgestellet / indem er das Hinschkraut / oder Lateinischer Sprach nach / Bittersüß genannt / auf das Papyr gerissen / wie es sich um die nächststehende Kräutlein und Aehren anschmeichlet / und in dem Umfang diese zu Boden ziehet / und erstikket / mit solcher Uberschrifft: mit Schmertzen oft verbürgt. und denen untengesetzten Reymen:

DIe Lieb erscheinet seyn ein schweres Schmeichelband /
ein' honigsüsse Gall / annemlichsaurer Stand;
   wie Hinschkraut im Umfang anschmeichlend alles würgt /
   so ist der Liebsten Kuß mit Schmertzen oft verbürgt.

Dergleichen wollen wir von unsern lieben Waidgenossen / dem verliebten Klajus / und seiner schönen Lisetten nicht hoffen / sagte Alcidor / denselben auf der Seiten sehnlich anblikkend. Das wolle der hohe Himmel nicht / antwortet Periander / und beliebet der sämtlichen löblichen Gesellschafft / unsern vielleicht durch dieses Gespräche bestürtzten Schäfer Klajum wiederum zu ermuntern / und mit anmuthigen und zu seinem Vorhaben dienlichen Sinnbildern zu verehren / so wolle Lerian / als ein Fremder / der neulichst wiederum von Delphos kommen / ihme die Ehre gefallen lassen / den Anfang zu machen. Zu welchem Vorschlag die andere alle willigten / und mit freundlichen Haubtniken den jungen Schäfer Lerian gleichsam anfrischeten. Den guten Lerian dunkete diese Ehre eines Theils zuviel seyn / anders Theils [p.162:Y1ᵛ] schämete er sich gleichsam von solchem ihme zurzeit wenig bekannten Handel etwas vorzubringen / iedoch der sämtlichen Gesellschafft zugehorchen / und seinem werthen Klajo zu Ehren erkühnete er sich (indessen auch die andere Schäfer ihre Bleygriffel und Papyr aus der Taschen hervorsuchten) folgendes Sinnbild /[1] nemlich zwo geschlossene Hände / mit einem Pfeile durchschossen aufzusetzen / nebenst dieser Uberschrifft: So vereinet. sonder Zweiffel auf die waare und beständige Lieb der Eheverlobten / auch wol anderer guter Freunde abgesehen. Worunter er nachmals diese Reimzeilen gestellet:

> DIe recht' und waare Lieb in nirgent etwas wanket;
>   dann solche nicht nur sich im Freudenfall entdekkt /
>   ja ihre Wirkung auch sich bis in Tod erstrekkt /
> im Glük' und Unglük sie hält standfest / und nicht schwanket.

Welches des Lerians überreichtes Sinnbild die andere alle gelobet / und zugleich der eilfährtige Alcidor dieses zweyständige Sinnbild zu lesen dargegeben /[2] als einen jungen grunenden Birnzweig / auf einem andern Birnbaum eingeimpfet / und dann einen jungen verdorten Birnzweig / auf einem Aichenbaum stehend; über jenem stunde: Nur mir allein. über diesem: Nicht sonst gemein. Mit diesen Reymen:

> GLeichwie ein Peltzerreiß in seiner Arte Stammen
>   geimpft / weit besser wächst / als wann er wird gesetzt
> auf fremden Baumenstok / so glüklich seyn die Flammen
>   der reingewillten Lieb / fremd Naschwerk nur verletzt.

Anzeigend / daß gleich und gleich sich gesellen / und verbündlich bleiben soll. [p.163:Y2ʳ]

---

[1] Einständiges Sinnbild.

[2] Zweyständiges Sinnbild.

Helianthus übergabe zu besichtigen folgendes dreyständiges Sinnbild und Gemählde:[1] 1. einen Gokelhahn auf der Henne / mit dem Beywortt: Verlobte Treu. 2. einen Hahnen / neben der Hennen / sich schwingend / und gleichsam im Geschrey den Halß hochstrekkend / mit dem Beywortt: Die ohne Reu. 3. einen Hahnen / neben einer Glukhenne / und ihren kleinen Küchlein / mit dem Beywortt: Wird täglich neu. Worunter ferners unter jedliches Gemählde geschrieben:

         1.
WEr etwas liebs erwehlt /
demselben Treue helt /
  dem bleibt auch zugewandt /
  der reiche Glükkesstand.

         2.
Wo süsser Lust vermählt
und nicht die Reue quält /
  so thut man Wiederstand
  dem starken Eyferbrand.

         3.
In dieser Schrank verpfält
die Frucht sich nicht verhält;
  diß edle liebe Band
  gibt stetigs Unterpfand.

Periander anderseits hatte seine Kunst in einem vierständigen Sinnbilde erweisen wollen /[2] folgender Massen: 1. war eine Mannsperson / die vor dem Betthe kniend gegen Himmel schaut / und bettet / mit dem Ubersatze: Wer Gott vertraut. 2. Wie einer mit Ehrerbietung auf eine arbeitsame Jungfrau zugehet / mit dem Wortt: Nach Tugend schaut. 3. Wie ein Par Brautleute die Hände ineinander schliessen / mit dem Wortt: Im Ehstand baut. 4. Wie Eheleute viel Kinder / Viehe / Geld / und anders Gutt / mit Freuden vor sich stehen sehen / mit dem Wortt: Das Guldenkraut. Darunter ferner diese Zeilen mitangehänget: [p.164:Y2ᵛ]

---

[1] Dreyständiges Sinnbild.

[2] Vierständiges Sinnbild.

1.
WEr Gott zum Beystand hat /
dem glükket Raht und That.

2.
Ein solcher Tugend liebt /
mit Schand sich nicht betrübt.

3.
Durch treuer Liebe Band
erwehlt er solchen Stand /

4.
wo man zwar sorglich lebt /
doch Gottes Segen schwebt.

Montano sich auch nicht saumend legte der Gesellschafft ein fünfständiges Sinnbild vor in solchem Abriß.[1] 1. Ein zusammengerolltes Tuch / darbey eine Brille / und die Schrifft: Zuvor beacht. 2. Ein benanntes Tuch / darbey in etlichen langen Riegen gepregtes Geld / und die Schrifft: Ein langer Kauf. 3. Ein aufgerolltes Tuch / welches inwendig zurissen und bemaklet scheinet / und die Schrifft: Ists unbedacht. 4. Bemeldtes Tuch / und ein Par Fußfessel darbey / auch die Schrifft: Drum nicht entlauf. 5. Auf besagtem Tuche / eine Narrenkapp / und die Schrifft: Sonst bist verlacht. Darunter waren diese gebundene Zeilen gesetzet:

1.
TRau wol riet weg das Pferd /
Selbst schau / das Werk bewärt /

2.
wer blind sich gibt gefangen /
bleibt sonder Loßkauf hangen.

3.
Ist dir dann nicht der Werth
nach deinem Sinn beschert /

4.
so hat dich hintergangen
dein eignesthums Verlangen.

5.
Wer sich des Kaufs beschwert /
dem Narren gleich man ehrt.

---

[1] Fünfständiges Sinnbild.

Der edle Strephon aber truge dieses sechsständige Sinnbild dem Klajo zu Ehren in die offene Schau:[1] nemlich 1. ei= [p.165:Y3ʳ] nen fliegenden Tauber / mit dem Uberwortt: Ein sonderer Trieb. 2. Wiederum einen Tauber / der Täubin nachstellend / darbey: Der Liebesbrand. 3. Wie ein Par Tauben theils durch Regen und Sonnenschein streichen / darbey: Ja süß und trüb. 4. Ein Par Tauben / auf einem grunenden Zweige nebeneinander sitzend / darbey: Ist solches Band. 5. Ein Par Tauben / die miteinander sich schnäbeln / darbey: Bey steter Lieb. 6. Eine Täubin / auf einem dörren Ast gantz traurig sitzend / darbey: Im Tod hält Stand. Worunter diese Reymen zu beobachten:

1. Es sind lauter Gottes Gaben / was wir hier auf Erden haben.
2. Wie auch keuscher Liebes Brand / kömmt von hoher Gottes Hand.
3. Obgleich dieses süß Vorhaben / Unglükswetter oft beschaben /
4. hat doch dieses feste Band / dannoch seinen Schutz und Stand /
5. mag mit süsser Lust sich laben / und das bittre Creutz vergraben.
6. Waare Lieb zeigt Gegenpfand / auch bis an das letzte Strand.

Uber welchen allen der Schäfer Klajus gleichsam aus seinen Gedanken erwachend / mit lächlendem Munde und freundlichen Geberden gnugsam erwiese / daß ihme solcher unterschiedlicher Sinnbilder Auswirkkung nicht mißgefallen habe; bedankete sich auch mit Wortten besonders gegen der sämtlichen Gesellschafft / sprechend / daß ihme diese vorgelegte Sinnbilder nicht allein zur Ehre / sondern auch zur ErmahnungsLehre dienen solten. Darmit aber die besagte Schäfersgesellschafft sein vertrauendes Hertz und innerlichen Sinnenschluß vermerken möchte / hat er ihnen samtlichen nachgesetztes sibenständiges Sinnbild vorgestellet:[2] 1. Einen schwartzen Egyptischen Storch (welcher / wie die Naturkündige melden /[3] sich zu gewiesen Zeiten selbsten reiniget / um die Gesundheit zu erhalten / und von den Egyptern in den Bilderschrifften gute [p.166:Y3ᵛ] Gesundheit zu bedeuten / gebrauchet wird) mit dem Beywort: Gesund / nicht krank.

---

[1] Sechständiges Sinnbild.

[2] Siebenständiges Sinnbild.

[3] IBIS. PIËRIUS L. 17. HIEROGLYPH. C. 20.

2. einen Pfauen / mit ausgebreitetem Spiegelschwantze / darüber: Schön / nicht ungstalt. 3. einen Kranich / (welcher ein wachsamer Vogel / und behutsam in seinem Hin= und HerFluge) darbey: Nicht faul / wol schlank. 4. einen Adler / (der sich / wie man schreibt / verjüngen thut) darbey: Fein jung / nicht alt. 5. einen Schwanen / darbey: Nicht schwartz / doch blank. 6. einen Trappen /[1] (welcher wol groß scheinet / iedoch einfältig / und schlechter Stärke ist) worüber: Schwach / kein Gewalt. 7. eine Taube / mit dem Wortt: Lieb / sonder Zank. Zu unterst stunden diese acht Reymenzeilen:

MEiner Liebsten grösster Ruhm soll in diesem Wunsche stehen:
daß sie stetig bleib gesund / sie nicht böse Lüfft' anwehen /
  ihre Schönheit sonder Mangel standhafft bleib' / entweiche nicht /
  ihr Verstand zum Bösen träge sey / zum Guten wolbericht /
ihrer Jugend junge Zeit sich dem Adler gleich verjünge /
und man ihre blanke Zierd mit dem Schwangesang besinge /
  ihr Gewalt und Stärk' erhelle der geborner Blöde nach /
  ihrer Liebe zugeselle sich nicht Eyfers Ungemach.

Wol! wol! wol! das übrige wird der Text und die Zeit schon geben / rufte Helianthus.

Zu Unterbrechung hingegen solches Gesprächs / und zu Anlassung eines andern / erforschete Montano bey dem jungen Schäfer Lerian / ob er noch seiner dieses Tages frü beschehener Andeutung nach denen Schäfern Myrtillus und Aminthas geschrieben hätte / und warum er sich annoch bey dieser Wiesengesellschafft auf heut befände. Diese schöne heitere Luft hat [p.167:Y4ʳ] mir / antwortete Lerian / den Lusten gemacht / mich / nach etwas wenig genommener Raste / vor Abends noch eines im Grünen zu erfrischen; denen heutfrü gedachten Schäfern aber etwas sonderliches / bey damals vorfallender Gelegenheit / schrifftlichen zu berichten / wolte mich meine Schuldigkeit angetrieben haben / wie es dann auch beschehen. Wiewol ich zugleich nicht ringers Verlangen trage zu wissen / wo sich doch unser solang entferneter Floridan aufhalten möge / weil ich in so geraumer Zeit nichts von ihme gehöret habe. Mein lieber Lerian / sprach Montano / er ist / laut empfangenen Berichts / dem Leibe nach noch in dieser Welt; seines Namens Ehrenruhm aber hat sich durch dessen wolklingender

[1] OTIS.

FlötenSchall angefangen nicht unzeitlich in der Unsterbligkeit Burgerrecht einzumengen / wie dessen die durch des Floridans Lieder nicht wenig berühmte Flüsse / die Saal / Pegnitz / Oker und Elb glaubwürdige Zeugniß geben. Was sehnliches Verlangen aber nach unsern Trieften ihn noch bißhero unterhalte / sagte anderseits der edle Strephon / zugleich etwas zusammengeroltes aus der Taschen ziehend / das habe ich mit diesen zweyen Brieflein / von des Floridans eigener Hand / zu belegen / welche dem Alcidor / bitte ich / belieben wolle / der sämtlichen Gesellschafft / durch Ablesen / lautmährig zu machen. Die dann der Alcidor wilfährig angenommen / und sich nachfolgendes in denenselben befunden.

1.

An die fürtreffliche sämtliche Hir=
ten an der Pegnitz. [p.168:Y4ᵛ]

FUr Leid und lauter Schmertzen /
der mich quält in dem Hertzen /
der mich im Hertzen plaget;
für Schwermuth / die mich naget /
muß ich die Feder netzen /
mit Klagen mich ergetzen.
Vor Klagen / edle Hirten /
verblassen meine Myrten.

Ein Aehre hat gereiffet /
der Winter zwier gestreiffet
die Blätter von den Baumen /
seit daß ich muste raumen
der Pegnitz Blumenfelder /
die edlen Schattenwälder /
die Wälder mein erquikken /
die Felder mein entzükken.

Die Ceres hat gemeyet /
Pomona Obst gestreuet /
und Trauben ausgedrukket
einmal; Zwier hat gepflukket
die Flora Blumenbüsche /
seit daß ich nicht zu Tische
mit euch den Heerden spiele /
seit daß ich Unmuth fühle.

Seither hab ich gestritten /
viel Ungemachs erlitten /
erlitten und erduldet /
das Glük hat mich enthuldet /
ihr Wandelrad getrehet /
mich unverhofft erhöhet /
bald wieder abgestürtzet /
verworffen / und verkürtzet.

Es ließ sich alles leiden.
Nur sich von Freunden scheiden /
nur Scheiden ist ein Schmertze /
ein Schmertze der das Hertze /
das Hertz mit Unmuth kränket /
und stets mit Threnen tränket.
Vermeiden / was man liebet /
hat viel zu todt betrübet.

Die Lieb bleibt nicht verborgen /
sie flakkert in den Sorgen /
und sitzet an der Stirne /
und wachet im Gehirne.
Des Hertze wird zerstükket /
der ofte wird entrükket
von Freunden / da die Flammen
sich nah zusammen stammen.

Die Saal wolt' erstlich rinnen
in meine Schäfersinnen.
Die Pegnitz lehrte greiffen
ein Lied auf sieben Pfeiffen.
Die Oker hat die Blätter /
die sonst nur sind vor Götter /
geflochten in die Myrten /
die meinen Scheitel zierten.

Der Saal holdgrüne Gassen
und edle Rebenstrassen /
die schlanken Schlangestaden /
nächst den bebüschten Pfaden /
die Thäler / Berg' / und Hügel /
das muntre Luftgeflügel /
die halten meine Sinnen
noch halb verzaubert innen.

Doch nicht die grünen Felder /
die Felder und die Wälder /
die Wälder und die Schatten /
die Blumbeseeten Matten /
der Pegnitz Silberwellen /
der OkerNymphen Zellen /
der Saale Goldgerinne
erhalten meine Sinne.

Nein / nein! die Hirtenbrüder /
der Pegnitz Blumenlieder
sind meiner Sinne sehnen.
Die Clarien / die Schönen/[p.169:Z1ʳ]
dort an den Saalgestaden
mich immer zu sich laden /
doch kan der Oker rinnen
am meisten mich gewinnen.

Vor allen andern Flüssen
hat mich die Oker müssen
bezaubern und gewinnen /
und rauben meine Sinnen.
ich weiß nicht / was mich ziehet /
in steten Sorgen siehet.
man siehet mich in Sorgen
den Abend als den Morgen.

In Sorgen geh' ich schlaffen /
die mir mein Leben raffen /
mein Leben / das sich quälet /
und doch die Qual verhälet.
Ich leb' hier weit von Hirten.
Hier wachsen keine Myrten.
Hier tantzen keine Nymphen
in ungewohnten Sümpfen.

Der Nymphe Noris Andere Tagzeit

Was soll ich / ach behagen!
von meiner Pegnitz sagen?
die Lust= und Wasserräder /
die klaren Nymphenbäder /
die Bäche samt den Brunnen
von welchen abgerunnen
die Blumen ihrer Hirten /
noch meinen Geist bewirten.

Die Blumbeseeten Auen /
das Perlenreiche Tauen /
der Oker Lustgerinne
macht auch / daß ich beginne /
beginne mich zu kränken /
mich müd und krank zu denken.
Diß denken macht mir bange /
ach bange gar zu lange.

Ich denk' auch jener Freuden
in meinen Okerheiden /
ich denke meiner Lieben
die mich aus mir getrieben /
die an der Saal die Auen
voll tausend Anmuth schauen.
Je mehr ich aber denke /
ie mehr ich mich durchkrenke.

Ich lasse da und dorten /
ich laß' an allen Orten
ein Stük von meinem Hertzen /
und sehne mich mit Schmertzen /
und sehne mich mit Peine /
zu werden doch der Meine /
mich wieder mir zu geben
bey meinem Geist zu leben.

Aus meinem Lämmerhöltzlein
T. 3. des Blumenmonats /
  im Jahr 1647.

Ich muß auf meiner Pfeiffen
nur Trauerlieder greiffen /
in trauren muß ich singen /
die Zeit in Leid verbringen.
Hier springen keine Panen /
man sihet nicht Sylvanen.
Es liebet meine Heerden
alhier kein Gott der Erden.

[p.170:Z1ᵛ]

Ich denk' / ihr Hirtenbrüder /
an unsre Blumenlieder.
Ich denk / wie wir gepfiffen /
gepfiffen und geschliffen /
gesungen und getrunken /
und in das Graß gesunken.
man wird in mancher Rinden
noch meinen Namen finden.

Ich bin darzu geboren /
zum Unglük auserkohren /
itzt trohet mein Geschikke
mir wieder scheele Blikke.
Ihr Hirten bleibt gewogen /
und wär' ich schon gezogen
hin zu den Garamanten
von Freunden und Bekanten.

Solt' ich wol in der Erden
der Würmer Speise werden /
so soll diß Lied bezeugen
mein dienstergebnes Neigen.
Komm' ich nicht selber wieder /
so liebet meine Lieder.
Ligt Floridan verschlungen;
doch nicht was er gesungen.

Deroselben Hertzergebener

            Floridan.   [p.171:Z2ʳ]

2.

Denen Edlen und Lobwürdigen sämtlichen
Mitgenossen der Lieblöblichen Hirtengesell=
schafft an der Pegnitz / seinen hochwehrten
und geehrten Ordensgenossen.

DEr Löblichen Hirtengenossenschafft an
der Pegnitz wünschet gedeilichen Zu-
wachs ihrer Heerden / und einen gnädigen Himmel / dero unwürdiger Mitgenoß und ergebener Diener Untenbe-
namt.

Nachdem selbiger nunmehr in die drey Jahr lang an den NiederSächsi-
schen Flüssen herumgewandert / mancherlei Haiden und Weiden betrie-
ben / und auf ausländischen Rohren geschnittenen Pfeiffen seinen Heerden bißhero zur Tafel gespielet und geflötet: befindet er bey seinen Schä-
felein ein sehnendes Verlangen nach denen wolgestimmten Flöten der
Pegnitzhirten / einen lechtzenden Hunger nach den Kleereichen Pegnitz-
feldern / einen heisen Durst nach den goldrinnenden und krystallklaren
Pegnitz=Armen / und eine verlangende Wiedergedächtniß der ergetzli-
chen Baumschatten in der Nähe daselbst. Er selber schläget sich stündlich
mit solchen Erinnerungsgedanken / und hält seine Glükseeligkeit unvoll-
kommen / weil es ihme bey sothanem Zustand noch an ihrer hertzer-
freulichen Gegenwart ermanglet. Und / weil dannenher seine Schalmey
mehr leidige als freudige / mehr klägliche als behägliche Weisen anzustimmen nach und nach gewohnet / bebeissen seine sonst=freudige Ziegen
ihre Haselbüsche etwas sörglicher und kärglicher / als denen seine Lieder
nicht allerdings so / wie ehemals / lustig vorkommen. Auch / die Warheit
zu bekennen / wer wird ihme gleuben / wann er läugnen / daß durch
Zusammen= [p.172:Z2ᵛ] sprach des Spielwandlenden Strephons / derer
Naturkündigen Montans und Helianthus / des vielgeübten Perianders / des
dichtfertigen Klajus / des süßleyrenden Lerians seine Lieder sich nicht
geehrter und gelehrter machen solten / und seine Gedanken mit besseren
Einfällen beschwängern. Demnach er auf viel= und langbeschehenes
Uberlegen / zu diesem endlichen Schluß gekommen / denen NiederSächsi-
schen Flüssen auf eine Zeitlang gute Nacht zu sagen / und mit Erlaubniß
der Elbinen / Jetzinnen / und OkerNajaden den Pegnitzinnen wiederum

auffwärtig zu werden. Wie dann das leichtflüchtige Gerüchte das Lebewol / mit welchem er schon längst mit hiesigen Hirten und Hürden sich geletzet / ihnen bereits wird für Ohren gebracht haben: massen es auch hierunten allenthalben an der Warnau / Aller / Aue / u.a.m. erschollen / und daher von etlichen Orten / bevor von der Draus und Elbe / so beweglich wiedergeklungen / daß Floridan beynahe von seinem Vorhaben wäre wendig gemacht worden. Wiewol die werthe Gunst seiner geehrten Waidgenossen in dem Rahtsitz seiner Gedanken noch endlich die meisten Stimmen gesamlet / und die Begierde sie zu sehen / als Worthalterin / den Ausspruch gemacht / er solte anderer Hirten diß Orts ab und anhaltendes Suchen nicht bittseeligen / und der Pegnitz ihren Schäfer wiederbringen. Diesemnach lässet er an die sämtliche Liebblöbliche Genossenschafft sein dienstfleissiges Bitten gelangen / dieselben wollen wilfährig seyn / die holdlieblichen Pegnitzinnen seiner Wiederkunfft zu verständigen / und also bey denenselben ihme wieder einen erfreulichen Zutritt auszubitten; auch dero / zwar unwürdigen / doch Hertzergebensten alten Mitgenossen in dero Trifft und Waidgesellschafft wieder aufzunemen / und die unterste Stelle ihme in ihren Zusammenkünfften zu vergönnen. Zwar gestehet er / wie dann auch in der Letzte gestanden / daß ihn das Rukverlangen nicht lang zulassen werde / daroben zu verbleiben: werden sie derhalben / wann ihme das Verhängniß ruffen wird / ihren [p.173:Z3^r] Triftgenossen wieder verstatten / den Abzug zu nemen. Sonsten wird er vor dißmal nicht so einsam wiederkehren / als er vor dreyen Jahren ausgezogen: sondern er wird ihnen mitbringen das Verlangen etlicher Hirten / die durch seine Vermittlung um den Orden anzuhalten gesonnen. Und zwar verhoffet er / sie werden kunth machen / daß seine Wenigkeit noch etwas bey ihnen gelte / wann sie solche Hirten seiner Bitteinlegung geniessen lassen: massen er dann nicht nur dieses / sondern noch grössers / von ihnen zu erbitten gedächte. Seine Heerden betreffend / so haben sich dieselbe bißher zimlich vermehret: er verhoffet aber das sandigte Nordgau werde ihnen ja so wol bekommen / als das schmaltzichte NiederSachsen. Inzwischen empfihlet er sie sämtlichen der gnädigen Obhut des grossen Pans / und freuet sich / daß er / wie itzt in der Ferne und abwesend / also bald in der Nähe und gegenwertig seyn werde.

Aus hiesigem Tannenforst /   Ihr aufwärtiger
den 6. Herbstmonats / im   Schäferknecht
Jahre 1648. eiligst.   Floridan.

Was Floridan erwehnet von ihrer etlicher Begierden unsers Ordens fähig zu werden fienge Klajus / nach Ablesung des itztgedachten Briefes an zu reden: Das solte uns allen billich zu einer höflichen Ermahnung dienen / in unserm bißhero mit sonderm Nutz und Lust gedeilichem Vorhaben nicht nachlässig / sondern forthin desto munterer zu seyn / und mit sinnreichen Ausübungen unserer Teutschen Muttersprache andern Nationen nichts nachzugeben / und so viel möglichen / wo nicht den höchsten / doch zu dem wenigsten den bißhero erworbenen gleichmässigen Preiß erhalten. Und erinnere ich mich itzund / daß / als ich nicht unlangsten an dem Ort / wo weiland das umschweiffende Gerüchte uns sämtlichen mit einem Blumencrantz verehret / und den aufgehänget hat / ohngefähr vorbeygegangen / [p.174:Z3ᵛ] ich abermals einen Zettul / ohne Zweiffel von einem durch die schwätzigte Läuferin unserm Orden einverleibten neuen Schäfer dorthin gewidmet / und angeheftet gefunden habe / dieser Uberschrifft und Inhalts:

Schafgarbe: Philanthos.

> ACh! daß meines Leibs Vermögen
> hätte so viel Krafft und Macht /
> als hier diese Blumepracht /
> könnt' ich für gewiß darlegen /
> wie ich wolt zu Diensten seyn
> der berühmten Schäfersgmein'
> an dem Pegnitzstrand zugegen.
> Wieviel * tausend an den Zahln[1]
> Blätlein diese Blum umringen /
> zu so vielen tausendmaln
> solt' ich derer Lob besingen.
> Ihrer Flöten süsser Klang
> hallt im Auf= und Niedergang.

Wer dieser Philanthos eigentlich sey / sprache anderseits der edle Strephon / werdet ihr / meine liebe Mitgenossen / ehist künftig selbsten

---

[1] * MILLEFOLIUM.

sehen und vernemen / auch alsdann urtheilen / ob er mit Fuge sich unsers Ordens Freyheit anzumassen habe.

Periander hinwiederum brachte etwas anders auf die Bahn / den Lerian fragend / wie es itziger Zeit in dem Nordgauischen Delphos stehe / ob alda die Freye Künste noch in löblicher Blüte / und ein starker Zugang von Ausländern sey. Welches der sittsame Lerian mit kurtzen beantworttet / daß annoch die Freye Künsten nicht allein in voller Blüte / sondern auch mit sonderlichen Ruhm ihre beheglige Früchte dem allgemeinen Teutschen Wesen so wol / als auch den Fremdlingen reichlich mittheilten / dessen man in dem Nohtfall gnugsame Zeugniß fände. [p.175:Z4ʳ] Dann über solchen löblichen Besitze der Freyen Künste so wäre besagter Ort von der gütigen Natur also begnadet / daß / wo nicht allen / doch dem wenigsten dergleichen beruften Oertern er an lustiger und gesunder Landsart nichts bevorlässet /[1] massen hin und wieder in dieser Gegne schön beblümte Auen und Thäler / grünbewachsene Hügel und Berge / reichbeährte Aekker und Felder / wildbesetzte Gehäge und Wälder / auch hell und schnell rießlende Bäch= und Brünnlein anzutreffen seyn. Wie sonders namhaft und bekannt ist ein absonderlicher grüner Spatzirgang /[2] an beede Seiten mit nutzbarem Gestäude und Gestreuche eingefasset / worinnen die zwitzerende Luftkinder / und die kunstartige Nachtigallen ihren Auffenthalt haben / auch an den hin und her ragenden Blümlein und Klee / welcher scharfftringender Geruch gleichsam die Luft durchläutert / die arbeitsamen Bienlein ihren Lust und Freude suchen. So hat es auch iederzeit dieses Orts an vortreflichen Lehrern in Geist= und weltlichen Wissenschafften nicht gemanglet / daß dahero nicht unfüglich jener diesen Ort mit dem Paradyß oder Garten in Eden vergliechen /[3] dessen Lehrreiche Ströme sich in die vier Ende der Welt ergiesseten / und demnach unterschiedlicher Landsarten Fremdlinge um solche zu kosten / sich nicht in ringer Anzahl stetigs befinden. Wil geschweigen der Menge der nutzlichen Kampfanstellungen / und rühmlichen Siegesprachten / auch der köstlichen den Musen gewidmeten Gebäuen und Wohnungen. Wolan! rufte Helianthus; lasset uns ingesamt solchem hochbelobtem Ort zu Ehren ein SchäferLiedlein anstimmen / und uns unser dankbares Gemüth eröffnen / sintemal wir

---

[1] Beschreibung des Orts und hohen Schul zu Altdorff.

[2] VIA PHILOSOPHICA daselbst.

[3] J. C. Oelhafen. J. C. IN OR. PROM. PRIV. UNIVERSIT. HUJUS LOCI.

zu dem mehrern Theil alda hoher Wolthaten werden genossen haben /
derer grössten Schuldner einen ich mich zuförderst erkenne. [p.176:Z4ᵛ]

DIeser Pierinnen Stadt ihren Preiß mit Recht erhaltet /
dann des Allerhöchsten Wortt da in reiner Klarheit schaltet;
   Gottes Brünnlein reichlich fliessen / Gottes Feur und Heerd hier glimmt /
   Gott ist Herr in seiner Wohne. Str. Themis dieses Orts auch kümmt /
theilt ihre Gaben aus / lässet sonder Raht nicht gehen /
die beängstet in der Noht sie um ihre Hülf' anflehen.
   der Natur und Reichsgesetze / auch gemeines VölkerRecht
   sie getreulich ieden lehret / Reichen / Armen / Herrn und Knecht /
Wais= und WitbenSchutz und Schirm / Pflicht / und was zu thun ist / zeiget.
Mont. Ebner Gstalt Hygeja Lieb diesem Ort mit Nutz gezweiget;
   Chloris satten Lust hier heget. Alc. Pallas wil nicht letzte seyn /
   sondern auch zum Ehrenpreise stekkt auf schöne Cräntzelein.
Kla. Hier / hier der Calliope süsse Lieder oft erklingen.
Ler. Suada sich geschäfftig macht. Per. Clio lehrt Geschichte bringen
   zu den grauen Ewigkeiten. Str. Solchen Ort und solche Stadt /
   die Gott und das kluge Wissen / so reichlich begnadet hat /
Hoher Potentaten Gunst wolbedacht und freyes regen
wolt mit vieler Freyheit / schaut / allergnädigst auch belegen /
   und beschenken. Mont. Hier zugegend Noris hat den Grund gelegt /[1]
   zu den Aufnam dieses Platzes Rudolfs milde Güt bewegt;[2]
endlich Kaiser Ferdinand hat mit reicher Gnad bezieret /[3]
und den wolbestellten Bau folgends aus zum End geführet /   [p.177:Aa1ʳ]
   Ihm zum unerstorbnen Lobe. Hel. Ja / der wolerlangte Ruhm
   auf dem breitbeplanten Runde noch erschallet um und um /
daß der Iber / Wahl / Frantzoß / und der Flämming drob erstaunet /
Reuß= Lif= Pol= und Ungerland / Griech und Araber erbraunet /
   auch sich nebenst dem Britanner des der Schwed und Däne freut.
   und die Gegend drüber jauchtzen. Alc. Es wird ja zu ieder Zeit
manche schöne JugendPflantz hier den Musen anvertrauet /
auf der oft das Vatterland einig ihre Hoffnung bauet.
   Kla. Demnach bis des Phöbus Fakel diese Welt nicht mehr beleucht /
   und sich vor dem frommen Schafe förcht der Wolff / von dannen fleucht /
wird auch dieses Helicons Nam in steten Würden schweben.

---

[1] Im Jahr Chr. 1571.

[2] 1578.

[3] 1622.

Ler. Meine Leyr und meine Flöt soll solang mit Dank erheben
dieser Pierinnen Halle / bis der stoltze Forst und Hayn
dieses Orts der hohen Tannen gäntzlich wird beraubet seyn /
und der Immen junge Brut nicht am gelben Klee mehr saugen.
Per. Es müsse je das weisse schwartz / schwartz hingegen meinen Augen
weiß vorkommen / meine Sinne der Vernunfft seyn gar entsetzt /
wann nicht dieser Musenstätte Namgedächtniß mich ergetzt.

Freylich / freylich / sagte Montano / ist dieses Nordgauische Delphos ein von dem gütigen Himmel / der milden Natur / und Kaiserlicher Gnade hochbegnadeter und beseeligter Ort; dann über das / was wir itzund mit kurtzen erwähnet / so ist auch son= [p.178:Aa1ᵛ] ders alda zu beobachten die schöne *a* Pierinnische Rüstkammer oder Bibliothec /¹ der *b* Flora beheglicher Lustgarten /² der Uranie klugerfundene *c* Himmelsleiter /³ imgleichen des Vulcans Feuerdämpfende Wohne *d* an einem Hügel /⁴ nicht unfern NordOstwerts / und der Proserpine wunderliche mit mineralischen Gebeinen angefüllte Grotte oder Höle / bey einem lustigen Gehöltze / im Thal / *e* gegen Sud zu ligend.⁵ Worauf Alcidor anhube zu sprechen / wie er von dieser Höle öffters gehöret hätte / daß man unterschiedliche Gebeine von dannen hervorbrächte / die in der Artzney anstatt des Einhorns genutzet würden / und dem Gifft wiederstehen solten. Wie sie aber dahin gekommen / oder was Beschaffenheit es mit ihnen habe / möchte er wol eine klärliche Beschreibung darüber anhören! deme der Periander die Antwort gabe / daß man insgemein darfür halte / wie diese noch durch die Sündflut ersäuffter und verschwemmter Thiere Gebeine wären / und zum Andenken dessen der Nachwelt / durch sonderliche Schikkung / bis zu dieser Zeit erhalten. Lautet lächerlich / sagte Klajus / mit lächlendem Munde. Und sowenig als es mit dem einigen und in der Sündflut ersäufften Einhorn von verständigen Naturkündigern beglaubet wird / sowenig scheinet auch diese von denen gedachten Beinen gemeine Sage der Warheit

---

¹ Die Bibliothec zu Altdorff.

² Der HORTUS MEDICUS.

³ OBSERVATORIUM ASTROLOGICUM.

⁴ Heydenberg.

⁵ auf Grünsperg zu.

ähnlich seyn.¹ Dann solte nur ein einiges Einhorn oder Monocerot in der Welt seyn gewesen / so würde dardurch die H. Schrifft einer Unwarheit bezüchtiget / und wir mit sehenden Augen blind gemachet. Massen in H. Schrifft ausdrüklich stehet /² daß Gott an allerley Thieren ein Männlein und Fräulein erschaffen habe; desgleichen von allerley Thieren auf Erden ein par / wiederum Männlein und Fräulein in des Noe neuerbauten Kasten / vor der Sündflut / gehen lassen / ohne Zweiffel / die Erhaltung seiner Geschöpffe in allerley Arten / darmit zu verstehen gebend. So ist es auch augenscheinlich klar / daß an unterschiedlichen Orten unterschiedliche Hörner / fast alle einer Gestalt und Tugend ange= [p.179:Aa2ʳ] troffen werden / wie sehr artlich hiervon ein Frantzos geschrieben hat.³ Ja / begegnete dem Klajus der Strephon / wiewol sonsten * fünferley Thiere seyn sollen /⁴ die nur ein einiges Horn / und zwar an der Stirne tragen / so wird doch solches einig für das waare Monocerot und Einhorn gehalten / dessen Horn etliche Schuhe lang / und der Farbe und Wesen nach dem Helffenbein gleichet / wessen gleichen unzergäntzte Stükker zu Rom / Venedig / Pariß / auch in Dännemark / und anderer hoher Potentaten Schatzkammer zu sehen seyn. Damit wir aber von unsern vorgedachten Gebeinen nicht zu weit abweichen / sprache anderwerts Helianthus / so ist es meine Meinung / daß diese etwan von langen Jahren her dieses Orts vergrabene Thiergebeine sind / die durch den in der Erden alda verborgenen Kalch gleichsam durchkrochen / und in gleichmässige Art und Wesen verwandelt werden / wie zu Bezeugniß dieses zu beobachten / indeme solche Gebeine man in ein kaltes Wasser stekket / daß Wasser Bläßlein aufwirffet / und gleichsam mit tunkbaren Gebräussel siedet. Hierzu nun ferners der Montano folgenden Bericht hinzusetzen wollen; daß diese solcher Orten vergrabner Thiere Gebeine seyn / sagte er / vermeine ich nicht / bevoraus / wie fast überal gebräuchlich / dergleichen Schindgebeine in die Vorhöltzer / oder auf die Ranger der Wälder geworffen werden / die nun nach und nach theils durch Flössung des Regens / oder allerley Schütt tieffer sinken / bis sie endlich an eine solche Stelle verfallen / da sie

---

[1] JOSEPHUS ANTIQUIT. JUD. L. 1. C. 1.

[2] 1. Buch Mosis am 6.

[3] Laur. Catelan in einem sondern Büchlein vom Einhorn.

[4] * Diese 5 Thiere sollen nur ein Horn haben. 1. ein Indianischer Ochs. 2. ein Naßhorn / oder Rhinocerot. 3. ein Indianischer Waldesel. 4. ein wilde Geiß / Oryx genant / und 5. das Einhorn / oder Monocerot.

durch Verwandlung / zu Annemung einer andern Art und Wesens fähig gemacht seyn. Wie auch die obbemeldte Höle in dergleichen Vorhöltzlein lieget. Und glaube ich / daß solcher Orten entweder ein sonderbarer und zu solcher Verwandlung tüglicher Mergel von der Natur verstekket sey (wie dann der Mergel unterschiedlicher Arten in diesem Nordgau hin und wieder gegraben werden)[1] welcher nachmals / wann er von steinartigtem Wasser unter der Erden zerflösset [p.180:Aa2ᵛ] und aufgelöset ist / einer Milch gleich / durch die holen Erdadern kreuchet / da der subtilste und lauterste Theil desselben entwedes folgends durchschleichet / oder von der Erde angezogen wird / der dikeste aber die besagte hole Adern anfüllet / und gehemmet bleibet / auch noch gäntzlichen verzährter oder ausgedämpfter Feuchte einem Stein / Horn oder Gebein / auch wol wiederum blosen Mergel gleichet / nachdem das obberührte Wasser der Steinart viel oder wenig ihme angehänget hat. Dahero erachte ich / sprache Strephon / habe Scaliger solche Gebeine für warhaffte Steine gehalten.[2] Lerian hingegen wendete diese Frage ein. Wie es dann käme / daß man gemeiniglich in solchen Hölen so wolformirte Gebeine / als gantze Beinröhren / Kiefer / Zähne / und dergleichen fände? Das ist eben / antwortete Montano / was ich noch ferners vorbringen wollen. Wiewol die wirkende Natur nicht so eigentlich daran gebunden / daß sie einem ieden Dinge seine äusserliche insgemein bekannte Form und Gestalt zutheilen muß / und demnach zum öffteren mit schertzenden Wandel / sich der ihr von dem Höchsten Gott und Schöpfer mildest verliehener Freyheit gebrauchet / also auch in Ausgestaltung der vorgedachter Mergelsart keines Weges sich hindern lässet / wie sie dann gar wol mit ihrem wundersamen Lusttrieb solchen auch über die gemeine Form / in Beine / Hörner / und anders ausgestalten kan / so ist doch benebenst dieses zu wissen / daß nachdem obgedachter zerflösster Mergel / oder vielmehr Steinsafft die Erdenhölen durchwandert / er auch unterweiln solche verfallene Thiergebeine / die nunmehr ob Länge der Zeit ihrer natürlichen Feuchte entsetzet / ausgedürret / schwindend / lukkicht werden / antriffet / in derer lukkichte Oerter er sich eintringet / sie mit der Zeit in sein gleichmässiges Wesen verwandlet / und um desselben willen diese Gebeine von vielen für eine Kalchart gehalten werden / sie auch eine zusammenziehende und troknende Krafft in sich haben / und zu Blutstellungen / Leibstopffungen / und Geschwürreinigungen ge= [p.181:Aa3ʳ] brauchet werden. Aus was Ursachen

---

[1] BOËT. DE LAP. L. 2. C. 242.

[2] IN EXERCIT. CONTRA CARDANUM, EX. 137.

aber / fragte Alcidor / wird ihnen zugeeignet die Tugend dem Gifft zu wiederstehen / und das Hertz zu stärken? Dieweil solche Gebeine / sagte Montano / meistentheil (dann sie nicht alle in einer Maß und Weise geartet / sondern unterschiedlich / und zumtheil noch nicht vollkommen / und noch taub seyn) eine sonderliche ihrer gewiesen Maß noch verborgene Wärme in sich haben / die von einem vermengten natürlichen Schwefel herrühret / und sich etwan mit unsers Leibs natürlichen LebensBalsam vergleichen mag. Wie dann solches die Prob derer Gebeine Güte ist / daß sie ein kaltes Wasser gleichsam brütlend machen / und im lekken an der Zunge mit etwas süsser Fette behangen bleiben / auch sich leichtlich zumalmen lassen; welches ja nichts anders / dann klare Merkzeichen eines verborgenen Schwefels / und / der Folge nach / für einen Wiedergifft zu halten. Uber das / so müssen die in obbemeldten Hölen befundene Dinge eben nicht lautre Gebeine seyn / massen man auch wol Stüklein Höltzer / besonders von Nuß= oder Eschernbäumen / wie aus dem Geruche erkenntlich / findet / in welche sich gleichmässiger / und mit Schwebel vermengter Steinsafft eingesenket / die ohne das ihrer eingepflantzten Art nach / auch dem Gifft zu wieder stehen. Dannenhero etliche des Wahns gewesen / daß diese Krafft derer oberwähnter Gebeine von einem fetten / hitzigen Erdendampf herrühre / der / nachdem er durch die schliessende Härte der Erden nicht ausdämpfen kan / in der Erdenhöle erstikke / verfaule / und sich mit denen halb vermoderten Gebeinen vermische / und solcher Weise etwas dritte aus ihnen beeden entstehen solle. Behalte ich diesem nach / fuhre Montano mit reden fort / diese Meinung / als eine durch vernünftige Beweißthumer wolgegründete / für die beste / welche bejahet / daß solche Gebeine entweder ein von der spielenden Natur gestalter Mergel / oder selbständige / und von einem mit Schwebel vermischten Steinsafft in höher oder minderer Maß / durchstrichene oder angeetzte Ge= [p.182:Aa3ᵛ] beine seyn / und wieder Gifft / starkes Bluten / unnatürlicher Leibsöffnung / und scharffen Geschwüren / innerlich und äusserlich / den Menschen dienstlich / auch solche wol und sicherlich / in Mangel des waaren Einhorns / mögen gebraucht werden; wie dieses gleicher Weise aus glaubwürdigen Zeugnissen der verständigen Naturkündiger erhellet.[1] In welchem allen die andere anwesende Schäfer dem Montano endlichen Beyfall gegeben / doch benebenst den Aufbruch gemacht / um den Weg / bey nun herzunahendem Abend / wiederum auf ihre Hütten zu unter die Füsse zu nemen. Demnach sie aber in gesammter Gesellschafft etliche Aekkerlänge fortgewandert gegen Westen zu / und

---

[1] BOËT. DE LAP. L. 2. C. 243.

auf der Seiten in der Weite nicht unfern vor dem Gehöltze eines schönen Flekkens gewar worden / forschete Alcidor von denen andern / weme doch solcher Ort zuständig wäre?[1] Dieser Ort / berichtet ihn der Schäfer Strephon / der an ihme selber / wie vor Augen ist / sehr lustig lieget / dieser Seits beynahe an den Forst reichend / jener Seits aber nicht unfern von der gemeiner Landstrasse / hat sein eigenes Pfarrecht / etliche Schenkstätte / Badstube / Bekenhauß / und dergleichen / und deswegen wol für einen Markflekken zu halten wäre. Wiewol aber die Unterthanen der Bottmässigkeit in etwas unterschieden und gemenget seyn / so hat doch ein sehr altes Adeliches Geschlecht /[2] von Gechen herstammend / die meiste Hintersässen / und das Gemeinrecht darauf / wie auch den Wildbahn / das Recht zum Fischwasser / nebenst andern Unterthanen / in etlichen nahe anliegenden Dörffern. Die Kirche daselbsten (welche nunmehr über die 300 Jahr stehet / und der Aelte und derer darinnen aufgerichter Gedächtnisse wegen wol zu sehen) ist von ebenmässigem Geschlecht aus sonderer Andacht gestifftet / und mit einem wolerbauten Gemäuer fest gemacht worden. An einer Seiten des Flekkens ist weiland ein schönes wolerbautes Schlößlein gestanden / nach dem Vorbilde des gedachten Ge= [p.183:Aa4ʳ] schlechtes uralten Stammhauses in der Marcomanner Land / der Krzessenstain benamst / daran einer Seits in der Nähe andere bequemliche Wohnunge und Stallunge für das Gesind und Viehe / anderwerts ein zimlich breiter und Fischreicher Weyher / worinnen auch ein lustiges Wasserhaus; über dem Weyhere in grosser herrlicher Nutz / oder Baum= und Feldbau / hinter dem oberwähnten Schlößlein / welches ebner Massen in dem Wasser stehet / ein kleiner Lust= und BlumenGarte. Bey guten Zeiten / sprach Montano / und vor diesem verderblichen Kriegswesen / habe ich mir sagen lassen / daß in dem weiten Saal des Wasserhauses / so aussen mit Lustbeheglichen hohen Weinreben umzogen gewest / nebenst denen schönen Tapereyen / sollen etliche gemahlte Bildnissen derer von gedachtem Geschlechte gestanden seyn / welcher Unterschrifften / so viel ich mich zu erinnern weiß / also gelautet:

---

[1] Kraftshof.

[2] Der Kressen Ankunft aus Böhmen.

1.¹
DEr Marcomanner Fürst Hostwitz mir war gewogen /
dieweil zerbrochen ich des Bilintzk Pfeil' und Bogen /
   des zum Gedächtniß nun mich seine Gnad ergetzt /
   daß ich am Egerfluß mein * Stammhauß angesetzt.²

2.³
IN dieser Landsart hier * hab ich zu erst geführet
diß schöne Schloßgebäu /⁴ und gleichsam mit berühret
   das uralte Gemerk meins Stamms / gestifftet auch
   † den Tempel Gott zu Lob / und seines Diensts Gebrauch.⁵
[p.184:Aa4ᵛ]

3.⁶
WAs kluger Sinnverstand vermag / klärlich bezeuget /
indem der höchst Monarch mir gnädigst war geneiget /
   sich meines Rahts gebraucht / diß nun zum Vorbild schwebt
   der Nachwelt / daß sie auch nach Tugendehren strebt.

4.⁷
WEr Gott vor Augen stellt / das seine hält zu rathe /
der kömmet iederzeit wol aus / drum mit der Thate
   der Nam mir ist gesetzt / daß man mich hat genennt
   den reichsten Burgersmann / den Neronsburg gekennt.

---

¹ Der 1. Kreß / dessen Hageccius gedenket in der Böhm. Chronik / um das Jahr Chr. 883.

² * Der Kressen oder Krzessenstain

³ Friderich Kreß.

⁴ * im Jahr Chr. 1291. das Schloß zu Kraftshof.

⁵ † im Jahr 1305. die S. Georgen Kirch.

⁶ Otto Kreß / Kais. Raht / um das Jahr 1339.

⁷ Friderich Kreß um das Jahr 1406. gestorben.

5.¹
DAs arme Jungfervolk ich mildiglich bedachte /
und einen guten Theil zur Aussteur stifftend brachte /
   Lienharts und Augustins Capell ich hab erbaut /
   und meinen edlen Gschlecht zur Ruhstel anvertraut.

6.²
WEr gutes Wandels sich und Erbarkeit befleisset /
sein wolgestammten Stamm mit Unehr nicht beschmeisset /
   der findet überal ein bleibend Vatterland /
   zu Nürmberg drum ich auch erhebt wurd zum Rahtsstand.

7.³
ES hat gemeiniglich bey kluggesinntem Witze
die wolerworben' Ehr auch ihren werthen Sitze /   [p.185:Bb1ʳ]
   drum hat mir das Geschik die Rahtsstell wol vergünnt
   am Kaiserlichen Hof / als solches ich verdient.

8.⁴
DEn tapfern Rittersmuht das Glük oftmals begleitet;
dann in des Kaisers Dienst' ich diese Gnad erbeutet /
   daß mein ererbtes Gut Neunhof mir ward befreit
   mit sonderm freyen Recht / wie es noch stehet heut.

---

¹ Hilpold Kreß / um das Jahr 1427. das Jungfrau Almosen gestifftet.

² Conrad Kreß der erste im Raht zu Nürmberg / um das Jahr 1418. gestorben 1430.

³ Sebald Kreß / Kais. Raht um das Jahr 1436. gestorben 1477.

⁴ Hanns Kreß Kais. Friderichs Felbhaubtmann um das Jahr 1469. gestorben 1500.

9.[1]
WIe meinen treuen Raht und frommes Tugendleben
das liebe Vatterland geliebt / diß Zeugniß geben
   die offentliche Mahl' / als man mir in Metall
   gestellt; auch nach dem Tod erhallt der Frommen Schall.

10.[2]
WAs bey verlobtem Par vermag die HimmelsMilde /
erhellet und bezeugt mein eigenes Vorbilde /
   mein edler Stamm sich mehrt' an Leuten / Dorf / und Land /
   weil ich gesegnet wurd durch treuer Liebe Pfand.

11.[3]
DEr Schwaben Bund mich hat im Beyraht abgenutzet /
das theure Vatterland auf meinen Dienst getrutzet /
   der Grosse Carl mich und meinen Stamm begab' /
   bey schwerer Glaubenssach standhafft erzeigt mich hab.

[p.186:Bb1ᵛ]

12.[4]
DEr Franken Craiß / wie auch das Vatterland mich sandte
wieder den grossen Gog / in diesem Dienst' und Stande
   mein Leben ich verließ / doch hiervon hab den Preiß /
   daß ich der Reichspfleg und dem Raht gedient mit Fleiß.

---

[1] Antoni Kreß / Probst bey S. Lorentzen zu Nürmberg worden / im J. 1505. starb 1513.

[2] Caspar Kreß erheiratet das Retzeldorf um das J. 1490. starb 1521.

[3] Christoff Kreß Schwäbischer Bundsraht und Oberster Haubtmann der St. Nürmberg / hat im J. 1530. Verbesserung des Wappens erlanget / und bey den Protestirenden zu Augspurg gestanden / starb 1537.

[4] Hieronymus Kreß / Fränkischer Kriegsraht und Pfennigmeister in Ungarn / auch Pfleger der ReichsVesten zu Nürmberg / starb 1596.

Das muß ja vor Jahren / sagte Klajus / ein schönes und herrliches Gebäu gewest seyn. Ach ja! rufte Periander / ist es nicht sonder ängstigen Prast und heissen Zähren zu beklagen / daß / so wol dieses / als mehr andere schöne und uralte Gebäu / bey diesen Hertzschmirtzenden und Bluttrieffenden Zeiten / eingeäschert / verheeret / und ihre selbsteigene Grabstätte worden; und wo uns nicht sonderlich wiederum der guldene Fried anblikkete / würden wir alle selberselbst in solchem Sturmrauche aufgegangen / und nächst Zerstreuung unserer Todenaschen / auch die übrige Gedächtniß mitausgetilget seyn. Lob und Dank sey aber dem gütigen Himmel / dessen Gnadenschein uns ingesamt nunmehr erquikket / und uns eine feste Hoffnung machet / dermaleins von den mordthrönenden Waffen erlöset / des Hertznagenden Jammers befreiet / und der schweren Sorgenbürde entlediget zu werden! GOtt gebe / sprach hierauf der Klajus / daß wir tumme Erdwürmer diese Zeit unserer Heimsuchung wol erkennen lernen / des lieben Friedens nicht mißbrauchen / und nicht wiederum neue Ruthen uns auf den Nakken binden.

Woraus Montano ferners Anlaß genommen / die [p.187:Bb2ʳ] sämtlichen Schäfer freundlich zu ermahnen / daß / weil aller Orten ob solcher frölichen Friedensbottschafft grosse Freud sich erreget / sie sich dankschuldig erweisen / und zu einem sondern Warzeichen dessen in gesamter Hülfe / auf eine Vorstellung eines kunstartigen Friedensgedächtniß ihre Gespräche und Gedanken anwenden solten / bis sie folgents zu ihren Hürden gelangeten. Zu welchem nun / auf Einwilligung der andern aller / Periander den Anfang gemacht. Das Gebäu / gabe er vor / müsste von weissen Marmor / in zimlicher Breite / iedoch grösserer Höhe aufgeführet / und mit Romanischem Seulenwerk / künstlichen Fußgestellen / Simswerk und Haubtstukken ausgezieret seyn / anzuzeigen / daß der liebe Fried ein aufrichtiges / unbeflektes und Jungfraureines Wesen. In dieses Gebäus Mittel / setzte Alcidor hinzu / solte eine hohe und enge Pforte oder Durchgang seyn / wodurch zu verstehen / daß man einig und allein auf der Mittelstraß der Tugend zu solcher edler Gaab gelangen könne / und keine eigenwillige Nebenwege suche. Zwischen denen vier Seulen / sagte Montano / derer zwo zu ieder Seiten der Pforte / solte zu der Rechten ausgebildet unter einem Indianischen Palmenbaum die Amalthea / mit dem Horn des Uberfluß / ruhen / darbey unten zu schreiben:

        Bey guldner Friedenszeit
        der Uberfluß erfreut.

zur Linken aber die zornige Bellona unter einer zerstümleten Aiche angefeßlet / bey zerbrochner Wehr und Waffen / sitzen / darbey:

        Wer noch im Hass entbrannt /
        des Wolfahrt sey verbannt.   [p.188:Bb2ʳ]

Uber das Thor stellete ich / meiner Meinung nach / auf ein zugespitztes oder ablänglichtes Gesims ein bewaffnetes Brustbild eines Helden / mit der Unterschrifft:

        Nun Ferdinand der Dritt
        aus Milde Frieden gibt /

und der Jahrzahl: 1648. An der Seite sollen schweben zween Engel / derer ieder mit einer Hand eine Trompete nahend zu dem Mund hält / mit der andern Hand aber zween Cräntze / einen von Oelzweigen / den andern von Aichenlaub umwunden / ineinander schlingen / und dem Brustbild über das Haubt halten / anzudeuten / daß durch Höchstgedachten Helden gnädigster Milde der liebe Fried gewäret / und inheimisches Blut vergiessen in unsrem Vatterland nunmehr aufgehebet sey. Wie nun ein iedes Gebäu / sprache anderseits Strephon / in drey Theile getheilet wird / als das untere / mittlere / und obere Theil / so wil ich demnach / weil Montano das untere beschrieben / die mittlere Stellung vor mich nemen / und zur Rechten und Linken in Rundirungen diese zwey Sinnbilder setzen: erstlich etliches Gewehr und Waffen / mit einem Spinnengewebe überzogen / darüber das Wortt: Wo nun der Trutz? das andere / ein Rittershelm / an welchem die Immen aus= und einfliegen / mit der Obschrifft: Zu bessren Nutz. Ferners liesse ich in die Mitte zwischen die gedachte Sinnbilder / mit guldener Uberschrifft auf schwartzen Marmor / diese Reymen einhauen:

DIß / diß gewidmet sey zuförderst Gott zum Preiß /
nachmals dem / der den Fried durch klugen SorgenSchweiß
    dem lieben Vatterland aus treuer Lieb gebracht
    und bey sothaner Sach sich selbsten nicht groß macht.
                                     [p.189:Bb3ʳ]

So erlaubet mir das Obergestelle auszufertigen / bate Lerian / dasselbe folgender Massen ausrüstend: in die Mitte wolte ich einen erhöheten Thron stellen / auf welchem zwo Nymphen sitzen / und sich aneinander lieblich umfangen; durch eine wird die aufrichtige Treue / mit eröffneter Brust und herfürschimmerendem Hertzen; durch die andere / die liebe Einigkeit / mit einem par Turteltauben auf der Schoß vorgebildet. Oben über dem Thron schwebte auf einer Flammseulen eine gelbe Fahne / mit einem schwartzen zwyköpfichten und gekrönten Adler. Zu beeden Enden aber des Gebäues stunden wiederum zwo Flammseulen; auf derer zur Rechten eine blaue Fahne / mit gelben Lilien / worbey nicht ohnfern das Bild der Gottesforcht oder Göttlichen Wandels mit einem Kelch und Gebetbuch; auf der linken Flammseulen eine blaue und gelbgestreimte Fahne / mit einem gelben Löwen / danebenst nicht unweit das Bild der Gerechtigkeit / mit einer Waag und Schwert versehen / zu erinnern / daß unter dreyer durch die Fahnen angedeuteter Potentaten wolvermittelsten Friedenschluß nunmehr auf dem Erdcraiß sich Lieb und Treu wiederum aneinander küssen werden / und Gottesforcht und Gerechtigkeit im vollem Schwange gehen. Worauf Helianthus diesen Einwurff gethan. So dann / sagte er / dieses Ehrengebäu nun solle in seinem Vollstand stehen / so habt ihr / meine geehrte Wiesengesellen bishero nur die vordere Stellung des gantzen Gebäues sehen lassen / wil mich also des Frefels unterstehen / und die hintere Stellung folgends ausbilden darzu / wo es die Nohtdurfft erheischet / der woldichtende Klajus mir die Uber= und Unterschrifften leihen wird / und werden wir uns ingesamt also / keiner ausgeschlossen / dieser Ausfertigung zu rühmen haben. Lasse ich demnach zuförderst / von oben her den Anfang machend / die obgeregte drey Flammseulen mit ihren abgetheilten Fahnen in ihren Würden stehen; an der Bilder Stelle aber in den Thron dieser Seits unter der mittlern Flammseule setze ich die Siegs= [p.190:Bb3ᵛ] und FriedensGöttin aneinander umarmend / jene in Waffen gerüst / mit einem Lorbeercrantz auf dem Haubt / in der Hand einen Palmzweig haltend; diese mit Oelzweigen um das Haubt / in der Hand einen aufgesprungenen Granatapfel. Zur Rechten aber das Bild der Demuht / mit einem Schäfersstab und Tasche / einen Strausen an der Seite habend; zur Linken / nebenst einem Lämmlein / das Bild der Gedult / mit einem Zügel und Zaum / zu bezeugen / wo sich der Sieger des Siegs nicht überhebt / man leichtlich wiederum den lieben Fried und Eintracht pflantzen könne / und solche in des einen Gedult / und des andern Demuht bestehe. In den mittlern Theil des Gebäues liesse ich diese Sinnbilder einarbeiten / erstlich ein blosses Schwert / mit einem Oelzweige umwunden / die Obschrifft: Die Milde ziert. und dann eine kurtze Gewehr oder Helleparte / in einem Pflug eingezogen / darüber: So wol geführt. Darzwischen schriebe er / gabe Klajus zu verstehen / diese Reymzeilen:

> WIe Siegespalmen schmukt der Demuht niedrer Stand /
> so den Verlust ergentzt Gedult bey Friedensband;
> diß ist der beste Krieg / der sein End wiedrum findt /
> des Siegers grösste Pracht / wann er sich überwindt.

Nun wollen wir auch das unterste Stük auszieren / fuhre Helianthus im reden fort / und zwar das Thor oder die Pforte in obengedachter Gestalt geschmukket seyn lassen / doch daß an des bewaffneten Stelle ein Brustbild in einer Kaiserlicher Cron und Kleidung stünde / über welches Haubt die Engel einen Lorbeer= und OelzweigCrantze hielte. Die Unterschrifft wäre: Drum Ferdinand der Dritt wird nun gelobt / geliebt. und die Jahrzahl: 1649. Auf einer Seite aber derselben zwischen zweyen Seulen stellte ich den König Alexander / den Grossen / wie er mit einem Indianischen Brachmann Gespräche häl= [p.191:Bb4^r] tet; zur andern Seiten den Kaiser Augustus / der junge Oelbäume in einem Garten einsetzet. Worzu Klajus vermeinete / und sonderlich zum ersten diese wenige Wortte nicht unfüglich seyn:

> Sein Selbsterkenntniß lehrt /
> was stoltzen Sinn zerstört.

zum andern:

> Der Nachwelt Nutz bedenkt /
> wer solche Zweig' einsenkt.

weiln Helianthus / gabe der edle Strephon den Einwurf / bey den Bildern der Gedult und Demuht das Lamm und den Strausen gestellet / so ist nicht unartig dem Bild des Göttlichen Wandels der Elephant / und der Gerechtigkeit der Löw um mehrer Zier willen zuzuordnen / als derer sich weiland die Egyptier zu Abbildung der gedachten Tugenden in ihren Bilderschrifften gebrauchet haben. Und ich / sagte anderseits Montano / staffirte den inneren Raum der Pforten / am Bogen oben mit vielen Engelein oder Naturgeisterlein aus / die gleichsam begehrten allerley schöne Blumen auf die Durchgehende zu streuen. Dann an einer Seiten herab müste ein Schäfer unter den Erlen / auf seiner Flöte dudlend / ruhen / nebenst dem die grosse Schaafrüden schlaffend liegen / die Wölffe und Schaafe aber untereinander sich friedlich aus dem nahligenden Bächlein tränken; hergegenüber sollen in einer Schmidten die Schmidtsknechte / aus Schwertern / Spiesen und Waffen Sensen / Sichel / Pflugschaar / und andern zum Feldbau dienlichen Gezeug schmieden / zu bemerken hiermit die behegliche Glükseeligkeit der Friedliebenden und Ruhgenossen. Ja / begunte indessen der holdklingende Klajus folgendes ReyenLied anzustimmen / deme die andere alle zur Beyhülffe nachgefolget seyn. [p.192:Bb4ᵛ]

1.
DU guldnes Himmelskind! du langgewünschtes Gut!
Du ofterseuftzter Fried! du Liebentflammte Gluth!
 du Nährerin der Welt! Glükseelig ist / der find
 dich / und umarmet helt / du guldnes Himmelskind!

2.
Du hochgepriessnes Kind! deiner sich alls erfreut /
was du mit deinem Fuß berührst / sich bald erneut.
 Du Jammerstörerin! getröstet ist / der find
 dich / und umarmet hält / du hochgepriessnes Kind!

3.
Du hochgestammtes Kind! dir ist man billich hold /
dir / dir soll ein Altar gesetzt stehen vom Gold.
 Du krafftquillende Quell! erquikket ist / der find
 dich / und umarmet hält / du hochgestammtes Kind!

4.
Du angenemes Kind! die Schäfer insgesamt
in rechter Schäfersfeyr' ob dir nun sind entflammt.
　　Du Muthserwekkerin! recht muthig ist / der find
　　dich / und umarmet hält / du angenemes Kind!

5.
Du holdseeliges Kind! dir binden einen Krantz
der Schäfrin zarte Händ' am AbendreyenTantz.
　　Du Freudenbringerin! recht freudig ist / der find
　　dich / und umarmet hält / du holdseeliges Kind!

6.
Du Honigsüsses Kind! bey deiner süssen Ruh
die Lämmer sonder Furcht sich waiden / nemen zu. [p.193:Cc1ʳ]
　　Du Nutzbehagte Lust! vergnüget ist / der find
　　dich / und umarmet hält / du Honigsüsses Kind!

7.
DU schönes Götterkind! Ach komm' / ach komme bald /
laß völlig schauen dich in deiner schön Gestalt.
　　Du Wolstandsstifferin! Friedseelig ist / der find
　　dich / und umarmet hält / du schönes Götterkind!

Als nun / nach vollendetem obgedachtem Reyhenlied / unter besagten Schäfern ein ieder sich absonderlich übete / dem lieben Fried zu Ehren / ein Schäferstüklein auf seiner Flöte oder Leyre / nebenst eingemengter Stimme / aufzuspielen / ist auch Periander nicht der geringste geblieben / sondern hat zu guter Abendletze noch dieses wenige hören lassen.

1.
IHr Nordgaus Dryaden / ihr Nymphen / und Feen /
ihr PegnitzNajaden / ihr RegnitzNapeen /
   kommt / kommet zusammen
   mit brünstigen Flammen /
   umarmet / umhertzet /
   jauchtzt / springet / und schertzet /
   verehret die Namen
   derjenen / die bringen
den guldenen Frieden / die Waffen bezwingen.

2.
DEr Regnitz herrauschendes Flutengewispel /
der Pegnitz goldsandiges Ufergelispel /
   der springenden Quelle
   Crystalline Helle
   bestaunet sich hämmet /
   und bleibet gestämmet   [p.194:Cc1ᵛ]
   ob Freudengeschelle
   derjenen / die bringen
den guldenen Frieden / die Waffen bezwingen.

3.
GEsichert zur Waide die Heerden nun rukken /
am Ranger die Schaafe zu ruhen sich schmukken /
   die Ziegen sich lekken /
   die Lämmerlein blekken
   im bräunlichten Schatten /
   benagen die Matten /
   bestreifen die Hekken /
   weil jene uns bringen
den guldenen Frieden / die Waffen bezwingen.

4.
DEr Vögel Geschlierfe sich artig vermählet
der Flöte / die Lieder der Hirten beseelet /
   der Nachtigall Stimme
   in künstlicher Krümme
   auf Erlen erhallet /
   die Büsche durchschallet.
   dann solcher Lust ziemme /
   weil jene uns bringen
den guldenen Frieden / die Waffen bezwingen.

5.
DIe Schäfer und Schäferin höchlich sich freuen /
mit Rosen / Violen und Myrten bestreuen
   die Trieften und Pfade
   des Pegnitzgestade /   [p.195:Cc2ʳ]
   wo Lämmer sich weiden;
   in Rinden einschneiden /
   den Bäumen ohn Schade /
   diejene / die bringen
den guldenen Frieden / die Waffen bezwingen.

Auf dieses haben oftbemeldte sieben Schäfer an dem nächsten Scheidwege / im freundlichen Abschied sich voneinander zertrennet / und ein jeder den Fußsteig auf seine Hürden oder Hütten zugenommen / darob die Sonne auch gleichsam in ihrer Abendröte sich beschämet befande / daß sie mit ihrer bestimten Reise / zu Unterbrechung solcher lustbeheglichen Schäfersgesprächen solte Anlaß geben. Montano aber einem und dem andern / besonders dem Friedensgerüchte weiters nachsinnend / fassete diese Gedanken in nachgesetzte Reymen / damit er folgends den Weg und die Zeit bis anheims gewonnen hat.

ANfangs aus blossem Nichts ward dieses Rund gestaltet
   durch Gottes Mund und Geist /
   die Schrifft es klärlich weisst /
des Höchsten höchste Macht ob solchen heut noch schaltet.

Des Menschen Ankunft ist hinwidrum aus dem Runde /
      das anfangs nicht gewesst;
      wann Gott die Hand ablesst /
der Mensch und dieses Rund schnell senken hin zu Grunde.

So unbeständig ist des Menschen eigenes Wessen /
      der steht / und doch vergeht /
      fällt / eh' er recht anfäht /
wie kan begründtes Stands sein Wandel sich vermessen?

                                        [p.196:Cc2ᵛ]

Ein eingehauchter Luft dem Menschen gibt das Leben /
      ein aufgeglimter Dampf
      mit Luftbeseeltem Kampf
des Menschen Will' und Werk' ans helle Tagliecht geben.

Wie unstet diese Luft in ihrem Ort verbleibet /
      sich wandlet fort und fort /
      bald Sudwerts / bald nach Nord /
der Luftbenöhtet Mensch so seinen Handel treibet.

Demnach was Menschenwitz erklüglet und ersinnet
      in Freundschafft oder Streit /
      sich richtet nach der Zeit /
gantz unverhofft es offt ein wiedrigs End gewinnet.

Der beste Fried auf Erd' ist die Gewissensraste
      die sonder Lasterschuld
      erwirbet Gunst und Huld;
dem Menschen ist die Sünd ein unberuhter Gaste.

Wer das Gewissen nun in solcher Ruhe findet /
   des Geist sich aufwerts schwingt /
   ein Lobgesang erklingt
zu Ehren dem / der sich mit ihm in Lieb verbindet.

Ist nun der höchste Gott in Lieb mit uns verbunden /
   wer solt uns schaden dann?
   so haben wir die Bahn
in rechtbelobter Weiß zum waaren Fried gefunden.

[p.197:Cc3ʳ]

Der Fried bey Gott erhebt / und unsrem eignen Gwissen
   ernähret und erhelt /
   uns an die Stelle stellt /
wo sonder Zeit der Zeit wir Friedens Freud geniessen.

 Dieses war der Schluß des Schäfers Montano / da er sich zugleich an der Thürgeschwell seiner Hütte befunden / in seinem Sinn wolbefriediget / daß er diese Tagszeit in so annemlicher Gesellschafft hinbracht hätte. Also sich in der Abendluft abkühlend / hat er nachmals sich so wol um seiner eigener Nohtdurft begnüglicher Kost / als seiner weichen Lämmer bedienlichen Futter umgesehen / und Sorge getragen / da indessen das helle Tagsliecht sich seiner Wacht entlediget seyn erfreuete / die fernere Hut über dieses Erdenrund seiner Schwester / der düstern Nacht anbefehlend / und solcher Massen eilete zu seines Laufes

ENDE.

[Cc3ᵛ]

ἈΠΟΛΟΓΗΤΙΚΌΝ.

HIs Patriæ cecinit MONTANUS pascua, rura,
 flumina, Res gestas, Martis & Artis opes.
Mnemosynen voluit gratam sic condere gratus,
 postgeniti genitis quam celebrentque suis.
Intereâ patriis dum cessit Pastor ab oris,
 consultò Invidiam sic fugit ille trucem.
Schemata mutantur Scenæ, mutantur in illis
 sæpè vices rerum. Sors sua quemque trahit.
Æqua petens, Pietatem exoptans pectore, gestit
 innocuus curam Nominis atque sui.
Ast Patria est, ubicunque benè est, tu Marcule, dicis;
 quídve mali timeat conscius ipse boni?
Te sine si posset florescere, Marcule, Virtus,
 arvaque spinosis sentibus absque forent.
Undique dum scateat similis tibi Terra, valeto:
 Cœlestis Patriæ mansio tuta manet.

Gunstgewogner Leser.

WAnn nun die Natur nach ihren von dem Allerhöchsten in der Schöpffung reichlich verliehenen Mächten und Kräfften zwar alles vollkömlichen wirken und hervorbringen solle / iedoch zufälliger Weise zuzeiten irret / und aus dem Glaise schreittet / wie solte dann der Mensch / dessen Wesen und Wandel gegen der besagten Natur weitschweiffigen Wirkungen kaum für ein Pünctlein zu achten / und deme seiner Ersten Eltern Sündenfall nach / ein merkliches an Weißheit und Verständniß abgegangen / in allen so richtigen Steig treffen / und nicht abirren mögen / massen nicht einer unter den Erdenkindern sich keines Irrsals rühmen kan. So wird demnach auch so wol der Urheber / als der Verleger und Setzer dieses Werkleins / nicht so groß zu beschelten seyn / da diese um gewiser Ursachen willen geeilet / jener aber an der Stelle zu solcher Zeit nicht seyn können / wann einer und der ander Drukfehler hierinnen mituntergelauffen / welche / in dem sie möglichst auf nachmals beschehenes Uberlesen bemerket / und zu

Ende beygezeichnet stehen / und was sich etwan noch findet / ein ieder selbsten zu ändern ihme wollen belieben lassen / und sich ja nicht zu erst vergreiffen / des Junkherr Dünkelwitz scharfschiellendes Gesicht zurecht zu bringen / aldieweil keine Hoffnung hiermit einige Ehr und Dank zu erlangen. Die vordere Zahl deutet an das Blat / die folgende die Zeil / wo einer und der ander Drukfehler wird zu ändern seyn. [Cc4ʳ]

Blat. 14. Zeil 10. Sotg: ließ: Sorg. 16.30. au Seitenspiel: auf Seitenspiel. 18.8. wird aber: wird er aber. 21.6. die befiederten: der befied. 23.20. eines: ein. 24.2. die andern: die andre. 13. in: an. 22. in solcher seltzamer: in solcher dieser seltzamen. 23. Begängnuß *[sic; c Begengnuß]*: Begängniß. 29.11. ungerad: ungrad. 30.32. befohlen: befohln. 32.5. herrlich mich erbaut: herrlich hat erbaut. 37.6. Tugenhuld: Tugendhuld. 38.18. und ihren: unter ihren. 39.30. leichtlich kan: leichtlich könte. Am Rand: Marggräfische Kreeg: Marggr. Krieg. 40. und 41. solten die Wappen und Geschichte in dieser Ordnung stehen. 1. Der Nützel Wappen. 2. Die Bibliothek. 3. Der Pfintzing Wappen. 4. Das Marggräfische Gestech. 5. Der Pömer Wappen. 43.25. erhobenen Seulen: erhob. Stülen. 46.2. gemeiner: gmeiner. 7. bewahr: bewahre. 48.20. der forder: der vorder. 53.26. und in Brünlein *[sic; c Brünnlein]*: und Brünl. *[sic]*. 57.16. hin her: hin und her. 19. dem zwey: in dem zwey. 59.7. führt ein: führt einen. 62. am Rand: Altorf oder Altorf *[sic; c Altdorf]*: Adolphsdorf oder Altdorf. 63.15. fornen: vornen. 65.35. *[sic; c 34.]* Teutschhergestannter: Teutschhergestamter. Am Rand: Hertzog J.: Hertzog H.J. 67. am Rand: Ascanien *[sic]*: Ascanien. 72. lesche aus die 3. letzten / wie auch im folgenden Blat die 2. 3. und 4. Zeilen. 76.2. ich dem Orden: ich in dem Orden. 81.3. zuentgegt: zuentgegen. 82.34. Pauspfeife: Panspfeife. 88. solte die Pfeife oder Schalmey etwas förmlicher gesetzt seyn. 90.10. Bund: Rund. 104.6. um Gefild: im Gefild. 21. seines: seins. 107.2. nicht denn: nichts dann. 108.6. allerlei: allerley. 7. andersetis: anderseits. 109.8. noch: nach. 110.33. Ich? Echo: Ich? 114.8. mißgethane: mißgethan. 115.25. Also: also. 116.26. ungleichen: imgleichen. 119.19. die trägt: die träge. 24. sättiget: sättigt. 122.26. zuw: zum. 127.23. trag das: trag ich das. Am Rand: Köler: Koler. 129.5. ausgeflammter: aufgeflammter. 132.10. blenken: blinken. 136.31. sondere: sonder. 143.5. waren: wahren. 145.4. verstekket: versterket. 22. feste: fest. 152.26. Zwiracht: Zwitracht. 158.31. auf eine: setze hinzu: scheutzliche. 166.4. ungestalt: ungstalt. 20. verjünget: verjünge. 168.3. in den: in dem.

[Cc4ᵛ:bl.]

Running Corrections and Emendations to the Text

BECAUSE THERE ARE very few emendations of substance in this single-printing work, they have been grouped together with alterations of accidentals. Substantive emendations are marked with an asterisk (*) and receive discussion in the Textual Notes (Appendix 1). The accidentals consist of those noted by both author (in his "Gunstgewogener Leser") and editor. Certain errata emended silently by the editor — such as inverted u/v and m/w — are included only if they were noted by Hellwig. Practice is as follows: edition page and line number with the corrected form (lemmatic reading) are given on the left side of an open bracket, with the original reading on the right. Where reference must be made to the original printing, it is given in italics (e.g. *35*). A swung dash (~) indicates that the word or words in the lemmatic reading coincide(s) with the original; an inferior caret (ˏ) indicates where the original reading lacked punctuation; where material was omitted in the original reading, *om.* is used. Abbreviations: cw = catchword; hl = headline; *om.* = omitted; *hy. om.* = hyphen omitted; superscripted number = footnoted lemma (12⁴). Examples: 153,11 Zwitracht] Zwiracht; 89,29 finden.] ~ˏ; 62,10 in] *om.*

5,3	anmuthige] anmuhige	30²	unvorgreifliches] unvorgreif | liches *(hy. om.)*
6,24	ΚΑΘΙΈΡΩΣΙΣ] ΚΑΤΑΘΙΈΡΩΣΙΣ	31,15	ungrad] ungerad
*10,25f.	Strom be= | schaue] Strom | beschaue	31,15	läuffet] laüffet
		34,14	befohln] befohlen
*12⁴	Nürmberg] Nürnberg	36,2	hat] mich
13¹	Sprichwort] Sprich | wort *(hy. om.)*	36,6	vorderm] forderm
		37,4	vordern] fordern
19,8	Sorg] Sotg	38¹	unter] un | ter *(hy. om.)*
21,14	auf] au	39 (*35*)hl	Nymphe] Nymphen
22,12	er] *om.*		
22²	hinter] hin | ter *(hy. om.)*	39²	unter] un | ter *(hy. om.)*
24,26	der] die	41,17	Tugendhuld] Tugenhuld
26,29	ein] eines	42¹	Burggräfliche] Burggräfli | che *(hy. om.)*
27,5	andre] andern		
27,16	an] in	43,2	unter] und
27,24	dieser seltzamen] *om.* seltzamer	44,9	könte] kan
		44¹	Marggräfische] Marggräfsche
27,24	Begängniß] Begengnuß		
30¹	Geschlechten] Geschlech | ten *(hy. om.)*	44¹	Krieg] Kreeg

44–45	Nützel; Bibliothek; Pfintzing; Marggräfisches Gestech; Pömer] *incorrect order*	79,11–13	und betrübte…Threnenguß] *repeated from strophe 2*
45²	Marggraf] Marg ǀ graf *(hy. om.)*	79,14–16	Dieses Ufer…SchattenBahn] *repeated in strophe 3; but NB: as "Schattenbahn"*
46		80,7	Was] was
(42)hl	Nymphe] Nymphen	82,1	in] *om.*
48,13	Stülen] Seulen	84	
48²	Gespräche] Gesprä ǀ che *(hy. om.)*	(79)hl	Nymphe] Nymphen
48²	zwischen] zwischen.	86,10	Nordgauischen] Norkgauischen
48²	Geistlich.] ~̂	86,15f.	zuentgegen] zuentgegt
48²	Reformation] Reeformation	88,2	Panspfeife] Pauspfeife
50,14f.	vordern] fordern	88,28	den] dem
51,3	gmeiner] gemeiner	89,29	finden.] ~̂
51,6	bewahre] bewahr	89	
53,21	vorder] forder	(84)cw	Helian=] Helian
53²	Wallnsteinische] Walln ǀ steinische *(hy. om.)*	90	
57,26	vorbildend] vorbidend	(85)cw	Darmit] Damit
59,9	Brünnlein] in ~	92¹	Orgelwerk.] ~̂
61		94	
(57)cw	Nymphe] Nymphen	(90)hl	Nymphe] Nymphen
62,8	und] *om.*	95,8	Rund] Bund
62,10	in] *om.*	97	
62¹	Geschlechte] Geschlech ǀ te *(hy. om.)*	(92)cw	Da] *om.*
		100,9	letztere] letzere
65,12	einen] ein	102	
*66,6	schwarze] schwarz	(98)hl	Nymphe] Nymphen
68,5	wird] wird'	104,14	uns] ins
69,13	vornen] fornen	107¹	Stimme] Stim ǀ me *(hy. om.)*
69²	unterworffener] unterworf ǀ fener *(hy. om.)*	107,24	im] um
		108,11	seins] seines
69³	Adolphsdorf] Altorf	110,7	nichts dann] nicht denn
70,20	gel=] gell	111,6	allerley] allerlei
71,5	vornen] fornen	111,7	anderseits] andersetis
71,14	vornen] fornen	112,1	nach] noch
71,22	ferners] fernes	112	
72³	J.] *om.*	(109)cw	Mont. Echo!] M. ~
73,2f.	Teutschhergestamter] Teutschhergestannter	112	
73		(110)hl	Nymphe] Nymphen
(67)hl	Nymphe] Nymphen	113,14	E.] *om.*
73		113,18	Echo:] *om.*
(66)cw	Kl. Es] .Kl Es	114³	endlich] end ǀ lich *(hy. om.)*
76		114⁴	Nürmbergischen] Nürm ǀ bergischen *(hy. om.)*
(69)cw	2. SEyn] II. Seyn		
78,22	ICh] ICb	*116,4	SchmeichelGlük] schmeichelGlük

Corrections and Emendations

116,8	mißgethan] mißgethane	164,2	ungstalt] ungestalt
116		164,6	(welcher] ~~
(*115*)hl	Nymphe] Nymphen	164,14	verjünge] verjünget
117,17	also] Also	165,15	dem] den
118,1	Wissenschafft in] Wissenschaff/tin	*166,5	Silberwellen] silberwellen
118,7	imgleichen] ungleichen	169	
120,10	träge] trägt	(*173*)hl	Andere] Erste
120,15	sättigt] sättiget	169,34	werde.] ~~
*120,17	Die] die	172,8	anflehen.] ~'
121¹	zustendig] zusten | dig (*hy. om.*)	176¹	2.] ~~
		177,20	andere] andede
124²	Baumgartner] Baum | gartner (*hy. om.*)	180⁴	Pfennigmeister] Pfen | nigmeister (*hy. om.*)
124,9	hundertfünfunddreissig] hundertfünfund | dreissig	184,20	vordere] fordere
		187,13	Lämmer] Lammer
126⁵	1529] 2529	187	
127¹	Wilibald] Wilbald	(*192*)cw	du nutz=] Du Nutz=
128,10	ich] *om.*	187,14	Du Nutzbehagte] du nutzbehagte
128²	Koler] Köler		
129,11	Sinnreiche.] ~~	187,19	Du] du
129,14	aufgeflammter] ausgeflammter	188,13	der] Er
		188,17	p.194:Cc1ᵛ] 192
131,7	Gericht /] ~.	189,15	p.195:Cc2ʳ] 193
131³	1589] 1389	192,1	ἈΠΟΛΟΓΗΤΙΚΌΝ] ἈΠΟΛΟΓΗΤΙΚΟΝ
132			
(*131*)cw	Der] *om.*	193,10	Begängnuß] *sic: in original as Begengnuß*
132,18	blinken] blenken		
134²	Johann] Johannn	193,19	Brünlein] *sic: in original as Brünnlein*
*135,5	Witwen=] ~~		
137,8	sonder] sondere	193,21	oder Altorf] *sic: in original as Altdorf*
144,2	wahren] waren		
146,12	versterket] verstekket	193,22	65.34] 65.35
147,8	fest] feste		
150			
(*149*)hl	Andere] Erste		
152,4	bezeugen] bezeuge■n		
152,38	mögen.] ~~		
153,11	ZWitracht] ZWiracht		
153²	PYRONARCHÂ] ~~		
154,34	Grafschafft] Grafschfft		
156,18	vordersten] fordersten		
157,35	Periander] Perianter		
157,37	scheutzliche] *om.*		
*158,21	ist. Obsieget] *paragraph after "ist".*		
162,4	4.] 3.		
163,28	Egyptern] Egytern		

Appendix 1: Textual Notes

THE FOLLOWING NOTES treat the few substantive emendations announced above in Running Corrections and Emendations to the Text.

10,25f. in deinem Strom be=] In order to keep metrical consistency with the first two strophes, this line must have a weak ending (*be*=), and the following only two syllables. Dümler sacrificed consistency either as an oversight or to maintain his margins. The double-hyphen employed in the emendation is in keeping with normal practice.

12[4] Nürmberg] While original *Nürnberg* is by no means incorrect in itself, there is no other occurrence of it — amid dozens of occurrences of *Nürmberg* — in this work, and it is therefore normalized.

66,6 demnach schwartze Farb hier stehet] Original *schwartz* breaks the meter.

116,4 SchmeichelGlük] Compound nouns whose initial component begins with a lower-case letter are not uncommon in seventeenth-century German. With this one exception, however, Hellwig/Dümler consistently capitalizes the first word, and the emendation accordingly reflects presumed intent.

120,17 Die] In his verse, Hellwig/Dümler occasionally begins the sentence following a full stop with lower case. Where no overriding evidence exists for changing it, it is retained in that form. Here, however, two factors combine to justify emendation: consistency (in all other strophes) and catchword (*Die*).

135,5 in Witwen= / WaisenMund] The hyphen is added for the sake of remaining consistent with Hellwig/Dümler's handling of double-compounds.

158,21 ist. Obsieget] The apparent paragraph break after *ist.* at the bottom of the page in the original is justified neither by the position of the following word on the next page (unindented) nor by the content (no change in thought or speaker).

166,5 Silberwellen] Capitalized consistent with the practice related to pre-positive genitives (s. Introduction: Editorial Practice, fn. 6).

Appendix 2: Obscure Words, Phrases, and Usages

THE PURPOSE OF this alphabetized glossary is to clarify individual words that are either obsolete or otherwise deemed not readily understandable, by virtue of form, usage, or orthography, to readers somewhat less accustomed to seventeenth-century German. Not every unusual form is registered if its meaning is otherwise obvious. Specialized lists of words, such as flora, fauna, or minerals, also do not appear. Modern equivalents and definitions are given in German. Only the first textual reference regularly accompanies the entry; if a word has more than one denotation in the text the editor has attempted to make note of them. A word is entered, in italics, in the form in which it appears in the text, followed by its modern equivalent or definition in single quotation marks.

Short list of frequently encountered, and potentially misleading, dialectical forms or spellings that are, as a rule, passed over in the glossary (examples stand for multiple occurrences; *DNN* = *Die Nymphe Noris*):

Vowels:

-aa- statt -a(h)- :	*Haabe, waar*
-e- statt -a- :	*beheglich*
-e- statt -ö- :	*Phenix, ergetzte*
-ee- statt -ei- :	*beede*
-eu- statt -ie- :	*geneusst*
-i- statt -ü- :	*der Giltige*
-ie statt -i- :	*Rieß, begrieffen*
-ie- statt -ü- :	*Geschlierfe, betriegen*
-o- statt: -u- :	*Forcht*
-u- statt -a- :	*Anfuhrt, stunden*
-u- statt -o- :	*kunte, hube*
-ü- statt -i- :	*Beyhülfe*
-ü- statt -ö- :	*Gewülk, müglich*

Consonants:

-b/bb- statt p(p) :	*grabbelt*
-ch- statt -g- :	*entzeucht*
-s- statt -ss- :	*niesen* ('geniessen')
-ss- statt -s- :	*gewesst* ('gewesen')
t(h) statt d :	*Tuft, kunth machen*
-tz- statt -ss-/-ß- :	*gefretzt* ('gefressen')

Less frequently encountered forms:

Vowels:

-i- statt -e- :	*Hertzschmirtzenden*
-i- statt -ö- :	*auslischet*
-ö- statt -ü- :	*Mißgönstige*
-u- statt -e- :	*Bedunken*

Consonants:

-b- statt -w- :	*verwittbet*
-g- statt -ch- :	*trägtig*

Short list of dialectical rhyming regularly encountered. The list ignores the commonly rhymed short and long vowels (e.g. her : Meer; soll : wol; um : Ruhm)

-äu-: -ei-	*läuffet : schweiffet*
-ei-: -eu-	*Leiden : bedeuten*
-i- : -ie-	*gestifft : vertiefft*
-ie-: -u-	*bezieren : fuhren*
-ie-: -ü-	*geliebt : geübt*
-ö- : -ä-	*hörn : Aern*
-ö- : -e-	*Störche : Lerche*
-ü- : -i-	*erkündet : erfindet*

Further abbreviations employed in the glossary:

ae.	altenglisch
böhm.	böhmisch
eig.	eigentlich
eng.	englisch
freq.	frequentativ
g.	germanisch
jäg.	jägersprache
konj.	konjunktiv
lat.	latein
meteor.	meteorologisch
mhd.	mittelhochdeutsch
obd.	oberdeutsch
P.	präteritum
pl.	plural
poet.	poetisch
slov.	slovenisch
s.o.	siehe oben
spr.	sprachlich
Stieler	*Der teutschen Sprache Stammbaum*
s.v.	starkes Verb
sw.	schwach
trans.	transitiv
ursp.	ursprünglich
vgl.	vergleich

*abgebrunnen*e (42,10)] 'abgebrannte'
Ableiben (20,15)] 'Ableben'
abzuleinen (87,15)] 'abzulehnen' (mhd. *-leinen*)
anfäht (190,7)] 'anfängt' (mhd. *anvāhen*)
anreinenden (72,18)] 'angrenzenden'
Anwurffs (20,17)] hier: 'Vorschlags'

baitzen (18,33)] 'beizen', 'mit Raubvögeln jagen'
begunte (186,13)] 'begann' (ahd. sw. Form des P.)
bekleibe (27,21)] 'beklebe' (mhd. *kleiben* 'haften')
beküssen (73,34)] 'erproben', 'wählen' (mhd. *kiesen*; vgl. 94,30: *erkiest*)
belache (91,22)] hier: 'gnädig zulächele'
beschaben (163,13)] 'schaben' im Sinne von 'beschädigen', 'entstellen'
beschehen (23,9)] 'geschehen'; vgl. *beschehung* (102,9), *vorbeschehener* (121,8)
beschwängern (168,33)] 'schwängern', 'erfüllen'
bezüngen (11,15)] 'erschallen'
Bürgel (100,16)] '(Borg)Schwein' (lat. *porcus*)

däuchtete (108,30)] konj. 'dünkte', 'deuchte'
dichten (151,16)] 'schweren', 'feisten'
dorft (123,15)] 'durfte'
dunkbaren (150,19)] 'denkbaren'; vgl. *tunkbaren* (174,25)
durchstänkere (4,23)] (eig. 'Gestank machen') 'durchsuche', '-grüble'

eingebörteltem (42,12)] 'mit Besatz ausgerichtetem' [vgl. Stieler I,214:'lemniscis & institis ornare']
einzuantworten (111,35f.)] 'zu überantworten'
Eisenschmilben (114,26)] s. *-schmilben*
Engelsmann (73,24)] 'Engländer'
erküß (91,9)] 'wähl(e)' (s. *beküssen*)

feiste (23,2)] hier: 'rundliche', 'wohlgenäherte'; 75,9] (jäg.) 'fett'; 115,5] (meteor.) 'feucht', 'dick', 'schwer'
Fluß (100,21)] hier: 'Vlies' (mhd. *vlius*)
fodert (23,26)] 'fordert'
fürwitziger (75,30)] 'neugieriger'

gefretzt (83,19)] 'abgefressen'
gehabter (118,1)] 'habhaft', 'besitzend'
Gelegenheit (111,25)] hier: 'Beschaffenheit', 'Lage' (mhd. *gelegenheit* 'Art, wie etwas liegt')
geletzt (83,8)] 'Abschied genommen werden'; daher weiter: 'Abschied gefeiert werden' (mhd. *letzen* 'Schluß mit etwas machen')
Gemper (100,16)] 'Brustbein der Gans'
Gesträusicht (27,21)] 'Gesträuch'
-gestreimte (184,12)] '-gestreifte'
Getresche (69,9)] hier: 'Pochen und Trommeln'
getrutzet (180,13)] 'getrotzt', 'Widerstand geleistet'
gewer (100,10)] 'gewahr', 'wachsam'
Gleid (50,18)] 'Geleit'

Häge (74,22)] 'Gehege' (mhd. *hac* 'Umzäunung')
Hatze (18,30)] obd. für 'Hetze', 'Hetzjagd mit Hunden'
heimgestellet (5,16)] 'anheimgestellt'
heischer (84,11)] d.h. 'heiser'
Hifft (85,11)] 'Hifthorn' (ursp. nur der vom Hifthorn erzeugte Ton)
Hut (138,14)] 'Obhut'

irrsamen (16,1)] hier: 'verlockenden'

Karst (49,5)] 'Hacke' (mhd. *karst*)
kartt (148,1)] 'kehrt', 'wendet'
kliberichte (16,4)] 'kliprichte'; 'zerbrechliche' (Stieler I,989)
knappt (51,11)] 'einknickt'

langehosstes (157,21) 'seit langem vernachlässigtes' (*hosen*: 'vernachlässigen', Stieler I,863)
lautmährig (165,9)] 'bekannt' (s. *-mährig*)
Legpfennig (96,2)] unnachweisbar; vermutliche Nachbildung auf *Leggeld*: 'als Sicherheit hinterlegtes Geld' (Fischer IV,1102)

-mährig] (165,9)] < g. **maerja-*, 'berühmt'

nährlich: (43,27)] 'durch Nahrung'; 155,29] 'in unmittelbarer Nähe'
sich nieten (52,10)] 'sich befleissen', 'eifrig und tätig sein' (ahd. *niot wesan* 'begierig sein')

Obstat (17,26)] 'Widerrede'
Obwort (31,21)] 'Überschrift'; vgl. *Obschrifft* (55,16f.)
ohngefährer (7,25)] 'zufälliger', 'unerwarteter'

Petschierringen (101,11)] 'Siegelringen' (slov. *pečát* 'Siegel')
plainiertem (139,25)] 'plan gemachtem'
Porkirchen (155,32)] 'der empor ragende stul der prediger...oder auch der chor' (Grimm II,243: *borkirche*)
Prast (181,2)] 'Schmerz', 'Kummer'

Ranger (23,26)] pl. von *Range* 'Berghang', 'Rain'
risch (26,2)] 'rasch', 'flüchtig'

satsamen (74,26)] 'ausführlichen'
Schikke (80,13)] 'Geschick', 'Schicksal'
schlims (147,17)] 'kreisförmig gewickelt', 'geschlungen' (mhd. *schlim[p]* 'schief', 'schräg')
schlürpfet (92,31)] 'schreitet geräuschvoll fort' (Stieler II,1851); vgl. *Geschlürffe* (9,10f.)
schmaltzichte (169,31)] 'schmalzige'; hier: 'fruchtbare', 'fette'
-schmilben (114,26: *Eisen*~)] in dieser Form unnachweisbar
schmug (100,2)] 'schmiege' (vgl. ae. *smugan* mit langem *u*)
schmutzmaulen (157,24)] 'schmunzeln' (Neubildung nach mhd. *smutzelachen*)
schürpfet (92,31)] 'zirpt', 'piepst' (Stieler II,1726)
Soth (113,6)] 'Sieden', 'Brühe'
stakke (33,15)] 'steckte' (hier: Form des s.v. *stechen*)
Stauden (23,26)] 'Gesträuch', 'Gebüsch' (mhd. *stude*)
subtil (150,38)] 'verdünnt'; *Subtile* (151,5)] 'Feinheit'

tetschlet (12,21)] 'schmeichelt'
Trükne (150,3)] 'Trockenheit' (mhd. neben *trocken* auch *trucken*)
Tugend (176,1)] hier: 'Wirksamkeit', 'Eigenschaft'

überek (45,21)] 'von Ecke zu Ecke'
übersich (42,3)] adv. 'oben'; vgl. *untersich* (141,10)] 'unten'
überzwerg (45,5)] 'überquer'

unberuhter (190,24)] 'unruhiger'
unenthalten (92,6)] 'gewährt', 'nicht versagt'
unvorgreiflich (62¹)] 'nicht vorgreiflich', 'ohne Rücksicht auf' (Adelung IV,946-47, erklärt es als Ausdruck bescheidener Höflichkeit in den obd. Kanzleien)
unzergäntzte (174,16)] 'unzerstückelte' (Stieler I,601), 'vollständige'

vergesellschaftet (150,25)] 'vereinigt'
verhört (91,12)] d.h. 'verheert'
Vernaschte (100,27)] 'Gefrässige[n]'
verschiedet (137,19)] 'geschickt' (trans. Bildung auf *verscheiden*: 'auf Reise schicken')
verschlieffen (149,23)] 'fortbegeben'
verstübet (105,14)] d.h. 'verstäubt' (Stieler II,2124), 'verschwindet'

Waasens (23,10)] 'Rasenstücks' (mhd. *wase* 'Rasen')
Wäre (48,21)] d.h. *Währe* 'Besitz', 'Besitztitel'
Wäscher (56,6)] 'Schwätzer' (Stieler II,2447)
Wedel (23,10)] 'belaubte Zweige' (mhd. *wadel, wedel* im Sinne von 'das Wehende')
Wek (37,2)] d.h. *Weck* 'Keil' (eng. *wedge*)
Wudel- (85,16)] < *wudeln* 'sich hin und her bewegen'

zergäntzte (53,5)] 'zerteilte'
zerlechtzen (34,20)] freq. zu *zerlechen* 'durch Trockenheit Risse bekommen'
zwier (95,26); auch: *zwir* (122,9)] 'zweimal'

Index 1: Categorical Index to *Die Nymphe Noris*

AS A HELP to the reader in controlling the mass of historical, artifactual, and other details in *Die Nymphe Noris*, this index organizes names, places, events, and certain other major thematic categories alphabetically. Adages are entered under the most important word. Spellings are those of Hellwig, except when impractical. A page number in parentheses means that the subject item is implied on that page. Superscripted numbers refer to footnotes. The index is organized under the following categories:

    ADAGES
    AUTHORS & WORKS
    EPITHETS
    EVENTS & DATES
    FAMILY NAMES
    FAUNA (REAL, LEGENDARY)
    FIGURE POEMS
    FLORA
    MINERALS, ELEMENTS, FABRICS, & PRECIOUS STONES
    PERSONS (HISTORICAL, OFFICIAL) & GROUPS
    PERSONS (LEGENDARY, BIBLICAL, FICTITIOUS) & ANIMALS
    PERSONS (PSEUDONYMOUS)
    PLACES (HISTORICAL)
    PLACES (LEGENDARY)
    SONGS & HYMNS
    VIRTUES (CATALOGUES)

ADAGES:

Brod: 'man [soll] B~ im Schweiß essen' 156,22
Fleiß: 'daß wolgemeinter F~ selten ohne Neider sey' 6,14f.
Gott/Teufel: 'wo G~ eine Kirche hinbauet / der T~ gemeiniglich auch eine Capelle hinstelle' 115,19f.
Handel: 'im H~ und Wandel sich derer zu gebrauchen' 72,32f.
Heller: 'daß er allbereit die H~ zusammen gezehlet' 9,19
Hoffen: 'H~ und Harren bringet feiste Farren' 75,9
Gold: [s. Wort]
Hut: 'WEm Gott Gutt und Ehr bescheret / dessen trag er guten H~' 64,16
Homo: 'Homo proponit; Deus disponit' 75[1]
Juppiter: '[daß] auch J~ nicht habe allen gefallen können' 6,15f.
Markt: 'Lang bedacht / wol zu M~ gebracht' 96,35f.
Mensch: 'Des Menschen Sinn zwar viel erdenkt; Gott aber dessen Ausgang lenkt' 75,19f.
Mund: 'stiller M~ nie Schaden bracht' 64,12
Poëtæ: 'Et prodesse solent & delectare P~' 87[1]
Schuhe: 'WEr viel weiß / viel S~ zureisst' 38,16
Teufel [s. Gott/Teufel]
Wort: 'EIn W~ zu seiner Zeit / wie Gold in silbern Schalen' 130,7

AUTHORS & WORKS (titles in brackets are implied, not explicit, in the text; for full bibliographical data of abbreviated titles, s. Works Consulted):

Bellajus, Joachim [s. Du Bellay]
Birken, Sigmund von
'An die fürtreffliche sämtliche Hirten an der Pegnitz' 165
'Antwortt auf der Pegnitz Abschied-Lied' 83
'Danklied an die PegnitzSchäfer' 79
'Denen Edlen und Lobwürdigen sämtlichen Mitgenossen' 168
Fortsetzung 5, 11, 86
Boetius, Anselmus Boetius de Boodt
Gemmarum et lapidum historia 151[1], 175[1], 176[1]
Catelan, Laurentius
Histoire de la nature 174[3]
Celtis, Conrad 75
[Norimberga]
Chytraeus, Nathan 6
[e.g. Quenstedt de patriis]
Dresserus, Matthaeus 6
[e.g. Neues Stamm- und Wappen-Buch]
Du Bellay, Joachim 100
['Épitaphe d'un petit chien']
F.L. [s. Lochner]
G.P.H. [s. Harsdörffer]
Hageccius [s. Hagek]
Hagek, Wenzel
Böhmische Chronik 178[1]
Harsdörffer, Georg Philipp
Frauenzimmer Gesprächspiele III 158; V 72
'Floridan / beliebter Hirt' 76
Poetischer Trichter 5
Harsdörffer, G.P. and Johann Klaj
Pegnesisches Schäfergedicht 5, 10f., 86
Hellwig, Johann
Die Nymphe Noris 5
['Lobgedicht an den Spielenden'] 72
'Seyn dann künftig unser' Auen' 77
Hess [s. Hessus]
Hessus, Eobanus 75
[Noriberga Illustrata]
Hiob I 153
Horace 87[1]
[Ars poetica]
J.H. [s. Hellwig]
J.K. [s. Klaj]
Josephus, Flavius
Antiquitates Judaicae 174[1]

J.S. [s. Sechst]
Klaj, Johann
  'Heulet / weint / ihr PegnitzHirten' 77
  Pegnesisches Schäfergedicht [s. Harsdörffer and Klaj]
Licetus, Fortunius
  Pyronarcha 153
Lochner, Friedrich
  'Ich bin und bleib betrübt' 78
Meliss [s. Melissus-Schede]
Melissus-Schede, Paul 75
Mosis I.6 174²
Nützel, Carl 6
  [e.g. *Epigrammata et Insignia*]
Pegnitz=Schäferey, zweiter Theil (s. Birken: *Fortsetzung*)
PegnitzSchäferey, erster Theil (=*Pegnesisches Schäfergedicht* (s. Harsdörffer and Klaj)
Oelhafen, J. C.
  or. prom. priv. universit. 171³
Peucerus, Caspar 6
  [e.g. *Idyllium Patriae*]
Piccart, Michael 6
  [e.g. *Insignia gentilitia*]
Pierius, Joannis Valerianus Bolzanius
  Hieroglyphica 163³
Plato 88
Rhodius, Simias 88
Rhumelius, Johann Pharamund
  Thermarum et Acidularum Descriptio 114⁴
Scaliger, Julius Caesar 175
  Exotericarum exercitationum 175²
Sechst, Johann
  'Floridan wil weiters wandern' 78
Sleidanus, Johann 6
  [e.g. *Compendium de imperiis*]
Theocritus 88
[Συριγξ]

EPITHETS:

der

Andächtige (Marquard Mendel) 123
Angeneme (Caspar Nützel) 126
Anordnende (Ulrich Grundherr) 125
Ansehliche (Sebastian Groß) 129
Aufrichtige (Lucas Friderich Böheim) 135
Bedachtsame 122
Begnadete (Ruprecht Haller) 124
Bemühete (Johann Harsdörffer) 125
Beredsame (Philipp Geuder) 130
Dankbare (Sebald Welser) 131
Daurende (Jobst Tetzel) 129
Demühtige (Christoff Kreß) 128
Dienstliche (Sebald Pfintzing) 123
Edele (Johann Rieter) 130
Ernsthafte (Berthold Volkamer) 124
Eximius Astronomus (Martin Böhaim) 125³
Eyferige (Christoff Koler) 128
Fähige (Bartholm Pömer) 131
Fleissige (Leonhard Groland) 126
Freygebige (Conrad Groß) 122
Fridericus Sapiens (Friedrich, Elector of Saxony) 126⁴
Fromme (Andreas Im Hof) 133
Gedultige (Hieronymus Baumgartner) 129
Gelehrte (Wilibald Pirckheimer) 127
Geliebte (Hieronymus Holtzschuher) 128
Gepreisseste (Martin Böhaim) 125
Gesuchte (Hieronymus Kreß) 131
Getreue (Ulrich Stromer) 122
Gezierte (Gabriel Muffel) 124
Giltige (Andreas Im Hof) 130
Glükseelige (Conrad Baumgartner) 124
Häußliche (Wilibald Schlüsselfelder) 131
Inbrünstige (Paulus Harsdörffer) 132
Kluge (Johann Jacob Tetzel) 134
Löbliche (Hieronymus Ebner) 127
Milde (Andreas Im Hof) 132
Nutzliche (Peter Stromer) 123
Pflantzende (Johann Friderich Löffelholtz) 133
Rüstige (Jacob Füterer) 130
Sanfftmüthige (Georg Volkamer) 133
Sieghaffte (Andreas Tucher) 127
Sinnreiche (Johannes Stark) 129
Tapfere (Martin Geuder) 127

Unverdrossene (Wilhelm Schlüsselfelder) 128
Unverschuldte (Wilhelm Dörrer) 126
Verhütende (Sigmund Gabriel Holtzschuer) 134
Verständige (Wilhelm Haller) 125
Versuchte (Christoff Führer) 132
Vielwissende (Christoff Löffelholtz) 133
Vorsichtige (Ulrich Stromer der Junger) 122
Wachsame (Hieronymus Baumgartner) 132
Weisse (Anton Tucher) 126

EVENTS & DATES (refs. all Nuremberg unless otherwise indicated):

10 B.C., camp of Drusus Nero 31
883, *Böhmische Chronik* 178
912, city's beginning 31
1105, destruction of city 33
1140, city rebuilt 35
1198, Imperial tournament 36
1274, St. Lorenz Kirche 35
1284, Rudolph I, wedding 38
1291, Kraftshof 178
1305, St. Georgen Kirch 178
1313, transfer of castle to city 34
1339, Spital zum Heiligen Geist 37
1347, transfer [s. 1313] formalized 34
1355,
    Jewish pogrom 38f.
    Frauenkirche 38
1355–56, Reichstag 39
1356, bulla aurea 39
1362, Schöner Brunn 40
1422, coining privilege 123
1424, imperial relics 41
1427,
    Burggraf, sale of residence 42
    forestry privilege 42
    Jungfrau Almosen 179
1429, city library 44f.
1450, 1st Margrave War 44
1454 settlement with Albrecht [foll. tournament in 1446] 45
1496, sacristy (St. Lorenz) 41
1499, Jewish pogrom 47
1502, armory destroyed 46
1519, Tomb of St. Sebald 43
1525, Reformation introduced 48
1552, 2nd Margrave War 50
1571, Nuremberg academy 172
1578, college at Altdorf 172
1588, armory rebuilt 46
1597, Fleischbrücke renovated 47
1612, Emperor Matthias' triumph 51
1616, courthouse restored 49
1618–48, Thirty Years' War 181–83
1620, Roßmülle 50
1622, university at Altdorf 172
1628, city theater 52
1632, Wallenstein's siege 53
1633, storm in Avignon 154–56
1646, well at Zabelshof 114
1648, Westphalian Peace 181–84
1649, peace celebrations 185f.

FAMILY NAMES (derived from the names in the four major compilations: 'Wappen der Adelichen Rathsfähigen Geschlechten'; 'Wappen der Adelichen, doch unrathsfehigen Geschlechten'; 'Wolverdiente und lobwürdige Personen des obersten Standes'; 'Wappen der abgestorbenen Rathsfähigen Geschlechten', also noting their occurrences in other places. If no date of death is given, the individual was still alive at time of composition):

Ammon 141[1]
Baumgartner 30[3]
    Conrad (†1464) 124[2]
    Hieronymus (†1565) 129[2]
    Hieronymus (†1602) 132[2]
Böhaim (Beheim) 31[2]
    Lucas Friderich (†1648) 135[1]
    Martin (†1506) 125[3]
Brünsterer 141[2]
Camerarius 121[1]
Cämmerer 62[2]
Dietherr 62[3]
Dilherr 121[1]
Dörrer (Derrer) 33[1]

Categorical Index

Wilhelm (†1524) 126²
Ebner 34¹
   Hieronymus (†1532) 127³
Eyßvogel 141³
Faltzner 142¹
Flechsdörffer 142²
Führer (Fürer) 34³
   Christoff (†1610) 132³
Füterer 142³
   Jacob (†1586) 130⁵
Geuder
   Martin (†1532) 127⁴
   Philipp (†1581) 130²
Grabner 142⁴
Graser 143¹
Groland 35²
   Leonhard (†1521) 126¹
Groß 143²
   Conrad (†1356) 37², 122¹
   Sebastian (†1558) 129¹
Grundherr 36¹
   Ulrich (†1500) 125¹
Gugel 64¹
Hagelsheimer [s. Held]
Haller 36³
   Ruprecht (†1489) 124³
   Wilhelm (†1504) 125²
Harsdörfer 37³, (89)
   Johann (†1511) 125⁴
   Paulus (†1613) 132⁴
Häyden 143³
Held (also: Hagelsheimer) 64²
Hirschvogel 144¹
Holtzschuer 38²
   Sigmund Gabriel (†1642) 134¹
   Hieronymus (†1551) 128⁴
Im Hof (Imhof) 39¹, 41³, 121¹
   Andreas (†1579) 130¹
   Andreas (†1597) 132¹
   Andreas (†1637) 133³
   Jacob 110²
Koler 40¹
   Christoff (†1536) 128²
Kötzler 64³
Krauter 144²
Kreß von Krzessenstain 40³, 177², 178²
   Antoni (†1513) 180¹
   Caspar (†1521) 180²

   Christoff (†1537) 128¹, 180³
   Conrad (†1430) 179²
   der Erste 178¹
   Friderich (fl. 1300) 178³
   Friderich (†1406) 178⁷
   Hanns (†1500) 179⁴
   Hilpold (†1427) 179¹
   Hieronymus (†1596) 131⁵, 180⁴
   Jobst Christoff 109²
   Otto (fl. 1340) 178⁶
   Sebald (†1477) 179³
Langmann 144³
Löffelholtz 41²
   Christoff (†1619) 133¹
   Johann Friderich (†1640) 133⁴
Mendel 145¹
   Marquard (†1388) 123²
Muffel 43²
   Gabriel (†1498) 124⁴
Nützel 44²
   Carl (fl. 1610) 6
   Caspar (†1529) 126⁵
Oelhafen 65²
   Johann Christoph 171³
Oertel 65¹
Ortlieb 145²
Peller 72²
Pfintzing 45¹
   Sebald (†1431) 123⁴
Pir(c)kheimer 145³
   Wilibald (†1530) 127¹
Pömer 45³
   Bartholme (†1590) 131⁴
Pucher 65³
Puck 146¹
Riether 46³
   Johann (†1584) 130⁴
Roggenbach 66¹
Sachs 146²
Schedel 66²
Scheurl 66³
Schlaudersbach 67¹
Schleicher 67²
Schlüsselfelder 47²
   Wilhelm (†1549) 128³
   Wilibald (†1589) 131³
Schmidmaier 67³
Schmuggenhofer 146³

Schopper 147[1]
Schürstab 48[1]
Seubold 147[2]
Stark 49[1]
    Johannes (†1572) 129[3]
Stokhamer 68[1]
Stromer 49[3]
    Peter (†1387) 123[1]
    Ulrich (†1387) 122[4]
    Ulrich d. J. (†1385) 122[3]
Tetzel 50[2]
    Jobst (†1575) 129[4]
    Johann Jacob (†1646) 12[2], 12[3], 134[2]
Teuffel 147[3]
von Thill (Dill) 68[2]
Toppler 51[1]
Tucher 52[1]
    Andreas (†1531) 127[2]
    Antoni (†1524) 126[3]
    Berthold (†1379) 122[2]
Volkamer 53[1]
    Berthold (†1452) 124[1]
    Georg (†1633) 133[2]
Vorchtel 148[1]
Voyt 68[3]
Wagner 148[2]
Waldstromer 69[1]
Welser 53[3]
    Sebald (†1589) 131[1]
Zenner 148[3]
Zingel 149[1]

Andrecht 25
Eul(e) 25, 42
Eyßvogel 141
Falke (Stoßfalk) 18, 56
Fink 25
Ganß 100, 102
Hahn (Gokel-) 25, 100, 102, 161
Hehr 25
Henne 25, 55, 161
Ibis 163[3]
Kapaun 100
Krahe 55
Kranich 56, 164
Lerche 25
Nachtigal(l) 24f., 171, 189
Osis [s. Trappe]
Otis 164[1]
Papagey 30
Pfau 164
Piphan 25
Raben 25
Reiger 56
Schwalbe 55
Schwan 164
Sperling 25, 54
Stiglitz 25
Storch 25, 54f., 163
Taube(r) (-erin) 12, 25, 56, 163–65, 184
Trappe 164
Turteltaube [s. Taube]
Wachtel 25
Widhopf 56
Zeißlein 25

FAUNA (REAL, LEGENDARY):

Fish:

Barbe 109
Delphin 56
Hecht 109
Karpf 109
Orf 109
Persicht 109

Fowl:

Adler 29f., 44, 47, 51, 67, 69, 71, 164, 184

Insects:

Biene (Bienlein) 55f., 119, 171
Hummel 56
Imme 173, 183
Omeis 54
Schnacke 97, 101
Seidenwurm 56
Spinne 183
Wespe 55

Categorical Index

Mammals:

Aff 54
Bok 55, 65
Bürgel [s. Schwein]
Einhorn (Monocerot) 55, 173f., 174[4]
Elephant (Helephant) 54–56, 185
Geiß [s. Oryx]
Hengst 18
Hifft 95
Hirsch (Dam-) 18, 54, 56, 70
Hund (-in) 18, 54, 56, 100, 102, 119
Jagrüde [s. Rüde]
Katz 50
Lam(m) (Lämlein) 18f., 28, 41, 55, 59, 100, 167, 184–89, 191
Löw(e) 12, 29, 36f., 39, 42f., 54f., 59, 65, 69f., 99f., 141, 184f.
Lux 54
Meerkalb 151
Minotaurus 144
Monocerot [s. Einhorn]
Naßhorn [s. Rhinocerot]
Ochs (Indianischer) 71, 174[4]
Oryx 174[4]
Panter 66
Pferd 162
Reh 56, 112
Rhinocerot 174[4]
Roß 51
Rüde (Schaf-, Jag-) 55, 112, 186
Schafe (Schaafe, Schäflein) 78, 80, 100, 102, 119, 172, 186, 188
Schafrüede [s. Rüde]
Schwein (Bürgel) 100, 102
Stier 70, 148
Vieh 53, 78, 81, 114
Waldesel, Indianischer 174[4]
Widder 55
Wolf(f) 55, 62, 99f., 172, 186
Ziege 168, 188

Reptiles:

Crocodil 55
Drache 56
Natter [s. Schlange]
Schlange (Natter) 13, 28, 54, 56, 134

FIGURE POEMS:

Ehrenseule 96
Hertz 13
Laute 93
Monument [s. Ehrenseule]
Nußbaum 90
Orgelwerk 92
Parnassus 88
Pfeife [s. Schalmei]
Pyramis 14
Reichsapfel 91
Röhrbrunnen 94
Sanduhr 95
Schalmei 93
Turn 89

FLORA (because of the bewildering variety of forms in the original, which makes normalization impossible, spellings and number are generally retained here):

Affodillen 15
Agley 16
Aiche (Ayche; -nbaum, -nlaub) 18, 71, 86, 160, 183
Aloes 15
Amaranth 15
Apfel 95, 97
Artischokken 22
Birke 145f.
Birnbaum 160
Bisemblumen 16
Bittersüß [s. Hinschkraut]
Bohnen (-blüe) 16, 71
Borragen 22
Bünde, Türkische 16
Bux 16
Camillen 16
Cartheuserlein 15
Ceder(n)baum (-holtz) 16, 28, 134, 137
Citronen 16
Coriander 22
Cucumer 22, 71
Cypressen 139
Dosten 15

Endivi 22
Erbesen 71
Erdbeeren 71
Erle 71, 186, 189
Eschernbaum 176
Farrenkraut 69
Feigenbaum (Indianischer) 15f.
Fenchel 22
Fichte 71, 79
Fingerhüet 16
Gammanderle 72
Garamant 167
Ginst (Spanische) 15, 69
Goldblumen 15
Granatapfel [s. Granaten]
Granaten (Granatapfel) 16, 184
Haselbüsche 168
Heydel (-beer) 23, 71
Heyden 76
Hinschkraut (Bittersüß) 159
Hirsch 23
Hopfen 71
Jasminen 15
Jerusalemsblum 15
Juken 15
Käßkohl 22
Klee 157, 168, 171, 173
Knoblauch 22, 146
Korn (-blumen) 16, 135
Kräen, Böhmische 22
KrauserMüntz 22
Kraut (Kräutlein) 22, 159, 161
Kümmich 22
Kürbissen 16
Lactukken 22
Lavendel 16
Liebstöckel 16
Lilie 16, 26, 30, 34, 44, 46, 49f., 53, 64, 142, 184
Linde 17, 22, 97, 102, 143, 145
Löffelkraut 16
Lorbeer (-baum, -krantz) 16, 28, 30, 33, 42, 57, 117, 151, 154, 184f.
Löwenmäuler 16
Mahenköpfe 135
Majen (-laub, -blümlein) 18, 68, 72, 135f.
Majoren 22, 136

Maßliebe 72
Melaunen 22
Melissen 16, 72
Myrthe 12, 71, 77, 96, 165f., 189
Myrtilleten 16
Nelken 15
Nußbaum 90, 176
Oelbaum (-zweig) 56, 183–85
Oleander 16
Oliven (-baum) 28
Palm (-enbaum, -zweig; Indianischer) 43, 57, 61, 71, 139, 148, 181, 184f.
Papageyfedern 15
Pappeln 16
Passionblum 15
Petersilgen (Welsche) 22, 71
Poley 22, 71
Pomerantzen 16
Quendel 71
Reben (-laub, -stokk; Wein-) 16, 71, 86, 101f., 166, 177
Rettich, Holländischer 22
Ried (-graß) 71
Ringelblumen 15
Rittersporn 16
Ros(e) (von Jericho) 13, 16, 26, 35, 67, 70, 143, 146, 159, 189
Rosmarin 16
Rube (Rüblein; Bairische) 22, 71
Safran 136
Salbey 16
Sammetblumen 16
Satiron 16
Schmaltzblumen 72
Schnittling 22
Schwertel 15f.
Seeblumen 71
Sinngrün 16, 71
Sonnenblum 52, 86
Spargen 22
Spick 16
Thimian 136
Traube 86, 101, 135, 165
Veil 15
Vergiß mein nicht 86
Violen 189
WasserMüntz 71
Wegwartten 22

Categorical Index 215

Weiden 71
Weinraut 15, 71
Weinreben [s. Reben]
Weitzenkörnlein 54
Wiedertod 71
Wikken 23
Winden 16
Zwibel 22

MINERALS, ELEMENTS, FABRICS,
  & PRECIOUS STONES:

Achatstein 57
Alabaster 30, 33, 35f., 38, 41, 45, 47, 50, 52
Atlas, roter 71
Balsam 176
Corallen 15
Crystall (-in) 29, 58, 109, 121, 152, 188
Damascener Rok 155
Diamanten 30, 71
Donnerstein (-keil) 151f.
Eisen 114, 152
Ertz (-stein; Corinthischer; Eisen-) 15, 28, 60, 62, 115, 139
Fett 151
Gebein 174–77
Gold 12, 18, 26, 28f., 42, 57, 71, 121, 139, 147, 149, 158, 186
Helffenbein 26, 174
Kalch 174f.
Lassur 121
Marmor 12, 26, 28–30, 42, 57, 62, 101f., 110, 121, 129, 139, 181, 183
Mergel 175
Milchy 175
Miltz 157
Oel 137
Opal 136
Perle (-nmutter) 15, 26, 71
Porphir 30
Saltz (-stein) 15, 67
Sand 95, 156
Saphi(e)r 29, 58, 120
Schneckenmuschel 15
Schwebel 176
Schwef(f)el 11, 46, 151, 154, 156, 176

Seide 42, 71f.
Silber 57
Steinsaltz 115
Zendel 135

PERSONS (HISTORICAL, OFFICIAL) &
  GROUPS (other than "Authors &
  Works" and "Family Names", q.v.):

Albrecht, Markgraf 45[2]
Alexander der Große 185
Araber 172
Ascanien, Haus der 74[1]
Athenienser 117
Augustus, Kaiser 185
Banner (Beschwerer) 56
Brachmann, Indianischer 185
Britanner 172
Burgundische Ordensritter 100
Carl der Große 73
Carl IV, Kaiser 34[2], 39[2]
Carl V, Kaiser 128, 180
Conrad, Kaiser 31[3]
Conrad III, Kaiser 35[1]
Däne 172
Drusus, Nero 31[1]
Dümler, Jeremia [t.p.], (192)
Egypter (Egyptier) 186
Engelsmann 73
Erster im Raht 179
Feldhauptmann 179
Ferdinand II, Kaiser 172
Ferdinand III, Kaiser 183, 185
Flämming 172
Franken 27
Franken Craiß 180
Frantzman [s. Frantzos]
Frantzos (Frantzman) 73, 100, 172, 174
Fridericus Sapiens 126[4]
Friderich, Kaiser 179[4]
Fridrich von der Marck 127
Fruchtbringende Gesellschaft 74[1]
Fürst aus Preussenland 126
Grieche 73, 87, 153, 172
Hauptmann, Oberster 180
Heinrich IV, Kaiser 33[2]
Heinrich VI, Kaiser 36[2]

Heinrich VII, Kaiser 34[2]
Hertzog H. J. von S. K. 72[3]
H. H. = [Hellwig, Helene] 13[2]
Hostwitz, Fürst 178
Iber 73, 172
Indianer 158
Jud(e; Jüde) 39, 47, 73, 98–100, 122
Kaiserlicher Raht 179
Kriegsraht, Fränkischer 180
Ladislaus, König 125
Lorenz, Sankt 36
Marci, Cornelius 12[4]
Marcomanner 177f.
Matthias, Kaiser 51[2]
Maximilian I, Kaiser 47[1], 125
Maximilian II, Kaiser 129
Mohr 52, 66
Opitz, Martin 20f.
PegnitzSchäfergesellschaft (auch: PegnitzSchäfer Gesellschaft, Pegnitz-Genoßschafft, Pegnitzgenossenschaft, Pegnitzgesellschafft, PegnitzHirten; Gesellschafft; Glaitsleute; Hirten an der Pegnitz; Hirtenbrüder; Hirtengenossenschaft; Lieblöbliche Genossenschaft; Lieblöbliche Hirtengesellschafft; löbliche Gesellschaft; Schäfergemeinde, Schäfergesellschaft; Schäfersgemein'; Schäfer(s)stand, Schäferzunft; Triftgenossen; Trifft- und Waidgesellschafft; Waidgenossen; Wiesenfreunde; Wiesengesellen; Wiesengesellschaft) 6, 9f., 14, 17, 77f., 85f., 95f., 163–65, 168–70
Pfennigmeister 180[4]
Probst 180
Pythagoras 154
Rudolph (Rudolff) I, Kaiser 38[1], 73
Schwaben Bund 128
Schwed 172
Sebald, Sankt 43
Sieben Alte Herren 58
Sigmund, Kaiser 41[1]
Slowaken (Sclowaken) 14, 72
Spartaner 117
Spruchsprecher 5
Stadtrat (Senatus) 6
Teutsche 72f.

Wahl 172
Welsch 73
Wilhelm, Fürst, Landgraf von Hessen 130[3]

PERSONS (LEGENDARY, BIBLICAL, FICTITIOUS) & ANIMALS:

Adam und Eva (die Ersten Eltern) 192
Adelsbursch 98
Aetates 138[2]
Alithea und Dorila 26–29, 58–62, 72, 121, 149
Amalthea 181
Amarylle (-is) 18
Apollo 57
Argus 26
Ars 192
Aufrichtigkeit 12
Bacchus 100
Baumenhalterinne [s. Hamadryaden]
Beherscher und Inwohner der Luft [s. Hexen]
Bellona 183
Bergbewohnerinne [s. Oreaden]
Betrachtung 138
Beurtheilung 138
Bromius 6
Calliope 172
Castor and Pollux 26
Ceres 6, 79, 88, 165
Charon 9
Chloris 6, 172
Christus 13
Clarien 166
Clio 93, 172
Consideratio 138[4]
Cupido (ein Knabe) 159
Demut(h) 61, 184f.
Donner 153f., 153[4]
Dorfmann 114
Dorila [s. Alithea & Dorila]
Druyden 22, 39, 41, 188
Dryaden (Waldbesitzerinne) 71, 188
Echo 112f., 112[1]
Edomiter 153
Ehre 42

Categorical Index

Einhorn 173–76
Einigkeit 184
Engel (-lein) [s. Naturgeisterlein]
Europa 29
Fama (Fligendes Gerücht; geflügelte Weibsperson; das Gerüchte; Sors) 12, 86, 134, 138[6], 139, 192
Faunen (wilde Bauern) 71
Feen 188
Fligendes Gerücht [s. Fama]
Flora 68, 80, 83, 110, 165, 173
Flußwohnerinne [s. Najaden]
Friede (Friedensgöttin) 181–84, 186
Friedensgöttin [s. Friede]
Gedult 184f.
Geflügelte Weibsperson [s. Fama]
Geister, böse [s. Hexen]
Genii 138[3]
Gerechtigkeit 71, 184f.
Gerüchte [s. Fama]
Geyßgefüsste Waldmänner [s. Satyri]
Got(t) (der Höchste, Aller-; Schöpfer; Zebaoth) 5–9, 13f., 16f., 21, 27, 30f., 35–39, 44, 47–54, 57, 64, 75, 89, 91f., 103–08, 111f., 115, 117–19, 122, 128, 133, 138f., 142f., 147, 152f., 161–63, 172, 174f., 178, 181, 183f., 189–92
Gottesforcht 184
Hamadryaden (Baumenhalterinne) 71
Hercules 57
Hexen (Beschwerer und Bewohner der Luft; böse Geister; Tausendkünstler) 149, 152
Hofman(n) (-bursch) 18f., 98
Holtzhauer 150
Hygeja 172
Hymniden (Wiesenwohnerinne) 71
Jägersmann 18
Judicium 138[5]
Junkherr Dünkelwitz 193
Juppiter 6, 153
Klugheit 28
Lieb 184
Lisette 159
Lothes Weib 13
Marcus (Marcule) 192
Mars 46, 73, 192
Meerfräulein [s. Sirene]

Menschenfresser [s. Tod]
Midas 93
Minotaurus 144
Mnemosyne 192
Musen (Pierinnen) 44f., 88, 93, 131, 171–73
Nacht 191
Najaden 71, 110, 168, 188
Napeen (Quellenwohnerinne) 71, 188
Naturgeisterlein (Engelein) 183, 185f.
Neid 14
Neptunus 84
Noe 174
Noris, die Nymphe 28f., 58–61, 71f., 75, 121, 137f., 172
Nymphen 72f., 80, 134, 138, 149, 166–68, 184, 188
Oceanus 102
Oreaden (Bergbewohnerinne) 71
Pallas 27, 42, 121, 172
Pan 88, 167, 169
Pegnitz 71, 76, 80, 83–85
Pegnitzinnen 168f.
Pharao 156
Phoebus 83, 88, 156, 172
Phenix 43
Pierinnen [s. Musen]
Pomona 23, 165
Proserpine 173
Regent 139
Quellenwohnerinne [s. Napeen]
Regnitz 71
Satyri (Geyßgefüsste Waldmänner) 69
Schmidt 186
Siegesgöttin 184f.
Sirene (Meerfräulein) 46
Stella 14
Suada 172
Sylvane 167
Tageslicht 191
Tausendkünstler [s. Hexen]
Tempus 138[1]
Themis 172
Tod (Menschenfresser) 12, 14, 116, 139, 149
Treue 184
Uranie 173
Vertumnus 23

Vulcan(us) 153, 173
Weltweiser 157f.
Waldbesitzerinne [s. Dryaden]
Wiesenwohnerinne [s. Hymniden]
Wilde Bauern [s. Faunen]
Witdoden 22, 95
Zebaoth [s. Gott]
Zeuxes 30
Zwitracht 153
Zeitlauf 138

PERSONS (PSEUDONYMOUS):

Alcidor (Johann Sechst) 21f., 75f., 85, 95, 97, 100f., 103, 116f., 156–60, 165, 172f., 176f., 181, 186f.
Aminthas (Georg Conrad Osthof) 86, 92, 99, 117, 164, 184
Floridan (Sigmund Betulius = Sigmund von Birken) 11, 76–85, 93, 99, 164–70
Helianthus (Johann Georg Volkamer) 14, 17–20, 22–29, 59–61, 72, 74f., 85f., 90, 92, 96, 98, 101, 103, 109–21, 134–39, 149–59, 161, 164, 168, 171f., 174, 184–87
Lerian (Christoph Arnold) 22, 86, 95, 98, 104, 116f., 156, 159f., 164, 168, 171–73, 175, 184, 186f.
Klajus (Johann Klaj) 10f., 72–75, 86f., 93, 97f., 101, 103, 157, 159f., 163, 168, 170, 172–75, 181, 184–87
Montano (Montanus; Johann Hellwig) 6f., 9–12, 14–20, 22–29, 58–61, 72, 74f., 77–88, 93, 95, 97, 99–101, 103–06, 108–19, 134–39, 149–54, 156–59, 162, 164, 168, 172–83, 186f., 189–92
Myrtillus (Samuel Hund) 86, 91, 99f., 117, 164
Periander (Friedrich Lochner) 9, 11, 14–17, 20–23, 75f., 85, 93, 97–100, 104, 149, 151f., 154, 156–59, 161, 168, 171–73, 181, 186–89
Philanthos (Anton Burmeister) 170
Spielende, der (Georg Philipp Harsdörffer) 5, 89[1], 158[1]
Strephon (Georg Philipp Harsdörffer) 10f., 22, 72–75, 79, 84–89, 91, 93f., 97, 99–102, 156–58, 163, 165, 168, 170, 172, 174f., 177, 183, 185–87

PLACES (HISTORICAL):

Adolphsdorf [s. Altdorf]
Africe 153
Aller 169
Altdorf (Adolphsdorf; Pierinnen Halle, Pierinnen Stadt) 22[1], 69[3], 117[1], 131, 133, 171–73
Bibliothec 173[1]
Collegium Welserianum 131[2]
founding 172
grants:
  of Rudolf I 172
  of Ferdinand II 172
Heydenberg 173
Hortus Medicus (Kräutergarten) 133, 173[2]
Kräutergarten [s. Hortus Medicus]
landscape 171
Observatorium Astrologicum 173[3]
Pierinnische Rüstkammer [= library] 173
Via Philosophica 171[2]
Aue 169
Augsburg 180[3]
Augustins Capell 179
Avignon 154
Bildenreuth, Closter 69[4]
Böhmen (Gechen) 177[2]
Burggräfliche Wohnung 42
Capell zu unserer Lieben Frauen 38
Capitolium (at Rome) 100
Carthaus 123[3]
Dännemark 174
Drahtmühle 11
Draus 169
Duinau 110[1]
Dutzetteuch 114, 114[3]
Eger 14, 178
Egypten 132
Eisenbergwerke, Pfältzische 114
Elb(e) 77, 152, 165, 168f.
Engelthal, Closter 69[5]
Fleischbrücke 47

Categorical Index

Franken 27, 180
Frankreich 154
Gechen [s. Böhmen]
Gleißhammer 110², 112¹
Grävenberg 69⁶
Griechenland 127
Grünsperg 173⁵
Hallerwiesen 10
Hassia (Hessen) 138³
Haußek, Schloß 70¹
Herspruk (Hirschbruk) 70²
Hessen [s. Hassia]
Hilpoldtstein, Schloß und Markflekken 70³
Hirschbruk [s. Herspruk]
Hohenstein, Schloß 70⁴
Italien (Welschland) 130, 132
Jetze 168
Johannisfelder 12–17, 14¹
Jungfrau Almosen 179
Klein- und Großreuth 22²
Knoblauchland 22²
Kraftshof 177–81
KreuselLoch 115
Lauf 70⁵
Libyen 153
Liechtenau, Vestung und Markflekken 70⁶
Lifland 172
Ligurien 99, 101
Mögeldorf 121¹
Neunhof 179
Niederland 130
Niedersachsen 168f.
Nordgau 22, 86, 116, 169, 171, 173, 175, 188
Nürnberg 12², 12⁴, 27¹, 29¹, 30², 31³, 33², 35¹, 36², 41¹, 45², 47¹, 51², 58¹, 69², 114⁴, 139¹, 179², 180¹, 180³, 180⁴
O(k)ker 77, 165–68
Palestin 132
Papyrmühle 11
Pariß 174
Pegnitz 6, 10, 71, 76–82, 96, 109, 165–70, 188f.
Petzenstein 70⁷
Pfaltz 114, 125, 127
Poland 172
Portugal 125
Preussenland 126
Rechenberg 121¹
Regnitz 71, 188
Reichenek, Schloß 70⁸
Retzel(s)dorf (109), 180²
Reußland 172
Rhein 77
Rom 99f., 127, 146, 174
Roßmühle 50
Saal 165–67
St. Georgen Kirch 177f.
St. Johannis Kirchhof 11³, 12¹
St. Lorenzer Pfarrkirche 35f., 180
St. Sebalds Grab 43
St. Sebaldus Pfarrkirche 43
Schießplatz 11³
Schloß [zu Nürnberg] (Veste, Vestung) 34², 38, 184⁴
Schöner Brun 40
Schoppershof 72
Schubelsberg 121¹
Schwaben 128
Spanien 5, 152
Spital zum Heiligen Geist 37
Stadtbibliothek 44
Stadtmauer 31, 50, 71
Stadttheater (Theatrum) 52
Stierberg 70⁹
Teutschland (teutsches Reich; teutche Welt) 27, 33, 39, 87, 91, 96, 130, 152
Thummenberg 121¹
Ungarn (Ungerland) 125, 131f., 172, 180⁴
Ungerland [s. Ungarn]
Velden 70¹⁰
Velnstein 114
Venedig 174
Vestung (Veste) 34, 37, 53
Warnau 169
Welschland [s. Italien]
Wildbad 114, 114⁴
Wildenfelß, Schloß 70¹¹
Wöhrdt 70¹², 109¹
Wöhrdterwiesen 109
Zabel- oder Zagelshof 114¹
Zeughauß 46

Ziegelhütten 156¹
Zi(e)gelstein 23, 121¹

PLACES (LEGENDARY):

Delphos 22, 97, 116, 159, 171, 173
Garten in Eden 171
Helicon 172
Himmelsburg [s. Parnassus]
Neronsburg 27, 58f., 114, 149, 178
Parnassus (-berg; Himmelsburg) 88, 89, 93
Pierinnen Halle (Pierinnen Stadt) [s. "Places Historical: Altdorf")
Tempel der Nymphe Noris 28–69, 121–49

SONGS & HYMNS:

'Dein Lob / ô Gott / vermehre' [= 'Herr Christ der einig Gottes Sohn'] 8f.
'O Höchster Gott! / was ist des Menschen Leben?' [= 'O Höchster Gott / O unser lieber HErre'] 104–06
'Wachet auf / ihr meine Sinne!' [= 'Wachet auf / rufet die Stimme'] 107f.

VIRTUES (CATALOGUES):

Naturbuch 119
Virtutes politicæ 54–56
Wappen der abgestorbenen Rathsfähigen Geschlechten 139–49
Wappen der Adelichen Rathsfähigen Geschlechten 30–54
Wappen der Adelichen, doch unrathsfehigen Geschlechten 62–69
Wolverdiente und lobwürdige Personen des obersten Standes 121–35

Index 2: First-Line Index of Poems

NOT INCLUDED IN this index are the many four-line, and occasional two-line, verse inserts, most of which belong to a laudatory series (e.g. *Wappen der Adelichen Rathsfähigen Geschlechten*, pp. 30–54). The flower poem on p. 86 is the notable exception. In the case of figure poems, more than one line of text may be given.

1. 'SIc Pegnesiacas modulatus Pastor ad undas'   6
   10 ll.

2. 'ES war die Schattendek der finstern Nacht verschwunden'   7
   11½ ll.

3. 'DEin Lob / ô Gott / vermehre'   8
   28 ll.

4. 'Schöne Matten!'   10
   15 ll.

5. 'Es klatschet und platschet der Schiessenden Schaar'   11
   14 ll.

6. 'Schertz: Schmertz!'   13
   17 ll. (figure poem: *Hertz*)

7. 'Hier | beacht:'   14
   13 ll. (figure poem: *Flammseule*)

8. 'ES hat die HimmelsGnad die Schäfer so begabt'   18
   64 ll.

9. 'OBwol der Tod dem Opitz Gwalt gethan'   20
   39 ll.

10. 'DAs freye Luftkind hier / ach! klippert und zwitzert in völliger Freud"   23
   24 ll.

11. 'Es klappern / und plappern / und pappern' 25
    48 ll.

12. 'Neronsburg heisst und ist der Francken Cron' 27
    12 ll.

13. 'WEr diesen Wunderbau beschaut / bey sich betrachte' 57
    8 ll.

14. 'WEr der Sonnen Glantz beachtet' 60
    38 ll.

15. 'Der Teutschen Teutscher Sprach sich nirgend andre gleichet' 73
    32 ll. + 4 ll.

16. 'FLoridan / beliebter Hirt' 76
    12 ll.

17. 'SEyn dann künftig unser' Auen' 77
    9 ll.

18. 'HEulet / weint / ihr PegnitzHirten' 77
    18 ll.

19. 'FLoridan / wil weiters wandern' 78
    18 ll.

20. 'ICh bin und bleib betrübt' 78
    11 ll.

21. 'AN der Pegnitz Blumenrande' 79
    108 ll.

22. 'PEgnitz / ja es ist beschlossen' 83
    84 ll.

23. 'WIe die guldne Sonnenblum sich wend / wo die Sonne stralet' 86
    4 ll.

24. 'SOlang das schön Gestirn an blauem Himmel pranget' 86
    6 ll.

25. 'Hohe Berge | welcher Weide' 88
    10 ll. (figure poem: *Parnassus*)

26. 'O | so | leb' | und schweb" 89
    27 ll. (figure poem: *Thürnlein*)

27. 'Ach! | ohn Schuld'   90
     26 ll. (figure poem: *Nußbaum*)

28. 'O | wie süß / | aber süß'   91
     26 ll. (figure poem: *Reichsapfel*)

29. 'Was des Menschen Sinn vermag / ist und kan man nicht ergründen'   92
     34 ll. (figure poem: *Oergelein*)

30. 'Nun wolan! | höret an'   93
     26 ll. (figure poem: *Schalmei*)

31. 'Auf! singet und springt!'   93
     17 ll. (figure poem: *Laute*)

32. 'Das | Runde | zur Stunde'   94
     46 ll. (figure poem: *Quell*)

33. 'O Menschenkind beacht doch diese Warnung hier'   95
     24 ll. (figure poem: *Sanduhr*)

34. 'Hier | am Rand | des Pegnitzstrand'   96
     29 ll. (figure poem: *Ehrenseule*)

35. 'SChauet / wann der Sonnen Liecht'   102
     42 ll.

36. 'O höchster Gott! was ist des Menschen Leben?'   104
     32 ll.

37. 'WAchet auf / ihr meine Sinne!'   107
     48 ll.

38. 'O Menschenkind betracht / was Frevel / sicher Leben'   111
     8 ll.

39. 'Echo! Deine Wohnungsöde mir gefället'   112
     28 ll.

40. 'Ermahne mich der Sterbligkeit'   113
     16 ll.

41. 'NIcht satt / doch voll des Trunks der Trunkne hier ertrinket'   116
     8 ll.

42. 'WIe ein rauer Ostwind öfters / ach! die schöne Blüe verheert'   116
     6 ll.

43. 'LAsset uns / lasset uns lieben die Künsten' 119
    40 ll.

44. 'SO / so / so / Nachsinnen üben' 135
    32 ll.

45. 'ZWitracht hat mit Vulcan ein Feuerkind erzeuget' 153
    8 ll.

46. 'WEr etwas liebs erwehlt' 161
    12 ll.

47. 'WEr Gott zum Beystand hat' 162
    8 ll.

48. 'TRau wol riet weg das Pferd' 162
    10 ll.

49. 'Es sind lauter Gottes Gaben / was wir hier auf Erden haben' 163
    6 ll.

50. 'MEiner Liebsten grösster Ruhm soll in diesem Wunsche stehen:' 164
    8 ll.

51. 'FUr Leid und lauter Schmertzen' 165
    160 ll.

52. 'ACh! daß meines Leibs Vermögen' 170
    13 ll.

53. 'DIeser Pierinnen Stadt ihren Preiß mit Recht erhaltet' 172
    40 ll.

54. 'DU guldnes Himmelskind! du langgewünschtes Gut!' 186
    28 ll.

55. 'IHr Nordgaus Dryaden / ihr Nymphen / und Feen' 188
    45 ll.

56. 'ANfangs aus blossem Nichts ward dieses Rund gestaltet' 189
    40 ll.

57. 'HIs Patriæ cecinit MONTANUS pascua, rura' 192
    16 ll.

Works Consulted

THE FOLLOWING BIBLIOGRAPHY must of necessity be selective, for it cannot possibly include each of the hundreds of books and other documents consulted at various stages of the research. It does include all works mentioned in the apparatus, as well as others of particular usefulness in the preparation of the edition in all of its aspects.

1. Works to 1805.

Adelung, Johann Christoph. *Grammatisch-kritisches Wörterbuch der Hochdeutschen Mundart.* 2nd ed. 4 vols. Leipzig 1793–1801. Rpt. Hildesheim and New York: Olms, 1970.

Biedermann, Johann Gottfried. *Geschlechtsregister des Hochadelichen Patriciats zu Nürnberg.* 1748. Rpt. Neustadt a.d.A.: Schmidt, 1982.

Birken, Sigmund von. *Dannebergische Helden-Beut / in den Jetzischen Blum-Feldern beglorwürdigt.* Hamburg: Rebenlein, 1648.

———. *Fortsetzung der Pegnitz-Schäferey.* Nuremberg: Endter, 1645.

———. *Die Friederfreute Teutonie. Eine Geschichtsschrifft von dem Teutschen Friedensvergleich.* Nuremberg: Dümler, 1652.

Boccaccio, Giovanni. *L'Ameto.* 1341. Tr. Judith Serafini-Sauli. New York: Garland, 1985.

Boethius, Anicium Manlius Severinus. *De consolatione philosophiae.* A.D. 524. Ed. Rudolf Peiper. Leipzig: Teubner, 1871.

Boetius, Anselmus de Boodt. *Gemmarum et lapidum historia.* Hannover: Marnius, 1609.

Capella, Martianus. *De nuptiis Philologiae et Mercurii.* 1499. Ed. James Willis. Leipzig: Teubner, 1983.

Catelan, Laurentius. *Histoire de la nature, chasse, vertus, propriétés et usage de la licorne.* German as: *Ein schöner newer Historischer Diskurs / Von der Natur / Tugenden / Eigenschafften / und Gebrauch des Einhorns.* Tr. Georg Faber. Frankfurt a.M.: Jennis, 1625.

Celtis, Conrad. *Norimberga.* Nuremberg 1495 (1502).

Chytraeus, Nathan. *Quenstedt de patriis virorum illustrorum.* [n.p.] ca. 1590.

Dante, Alighieri. *La vita nuova.* 1292. Ed. and tr. Mark Musa. New York: Oxford University Press, 1992.

Dresserus, Matthaeus. *Neues Stamm- und Wappen-Buch.* [n.p.] ca. 1600.

Du Bellay, Joachim. "Épitaphe d'un petit chien." 1558. Rpt. in *Divers Jeux Rustiques.* Ed. V. L. Saulnier. 2nd ed. Geneva: Droz, 1965: 99–103.

Eloy, N. F. J. *Dictionnaire Historique de la Médecine Ancienne et Moderne.* Vol. 2. 1778. Rpt. Brussels: Editions Culture et Civilisation, 1973.
Freher, Paul. *Theatrum virorum eruditione clarorum.* 4 parts. Nuremberg: Hofmann, 1688.
Gottsched, Johann Christoph. "Severini Boethii Christlich vernünftiges Bedenken." *Beyträge zur Critischen Historie der Deutschen Sprache, Poesie und Beredsamkeit* 7 (1741). Rpt. Hildesheim: Olms, 1970: 491–501.
Hagek, Wenzel. *Böhmische Chronik vom Ursprung der Böhmen / von Ihrer Herzogen und Könige / Graben / Adels und Geschlechter Ankunft.* Tr. Johann Sandel. Nuremberg: Endter, 1597.
Harsdörffer, Georg Philipp. *Frauenzimmer Gesprächspiele.* 8 vols. 1641–48. Rpt. Irmgard Böttcher, ed. Deutsche Neudrucke: Barock, 13–20. Tübingen: Niemeyer, 1968–69.
———. Letter to Sigmund von Birken, 6 June 1647. Archives of P.Bl.O., sig. C.127.7.
———. "Nohtwendiger Vorbericht." In *Diana, Von H. J. De Monte-Major... Mit reinteutschen Red- wie auch neuüblichen Reimarten ausgezieret Durch G. P. H.* Nuremberg: Endter, 1661:)(iiii^r–)()(vi^v.
———. *Poetischer Trichter: Die Teutsche Dicht- und Reimkunst / ohne Behuf der Lateinischen Sprache / in VI. Stunden einzugiessen.* 3 vols. 2nd ed. 1650. Rpt. Darmstadt: Wissenschaftliche Buchgesellschaft, 1975.
Harsdörffer, Georg Philipp, and Johann Klaj. *Pegnesisches Schäfergedicht.* 1644. Rpt. Klaus Garber, ed. [q.v.].
Hellwig, Johann. Letter to Sigmund von Birken, 18 June 1650. Archives of P.Bl.O., sig. C.135.
———. "Lobgedicht an den Spielenden." In Harsdörffer: *Frauenzimmer Gesprächspiele.* Vol. 5. Nuremberg: Endter, 1645: 46–52.
———. *Severini Boethii Christlich vernünftiges Bedenken...In fünf Bucher verfasset.* Nuremberg: Gerhard, 1660.
Herdegen, Johann. *Historische Nachricht von deß löblichen Hirten- und Blumen-Ordens an der Pegnitz Anfang und Fortgang.* Nuremberg: Riegel, 1744.
Hessus, Eobanus. *Urbs Noriberga carmine heroica Illustrata.* 1532. Rpt. in Wagenseil: *De Sacri Rom.* [q.v.], 393–432.
Jöcher, Christian Gottlieb. *Compendiöses Gelehrten-Lexicon.* 4 vols. Leipzig: Gleditsch, 1715.
Josephus, Flavius. *Antiquitatum Iudaicarum.* A.D. 93–94. Ed. Benedict Niese. 4 vols. Berlin: Weidmann, 1955.
Kestner, Christian Wilhelm. *Medicinisches Gelehrten-Lexicon: Darinnen Die Leben der berühmtesten Aerzte, samt deren wichtigsten Schrifften.* Jena: Meyer, 1740.
Klaj, Johann. *Lobrede der Teutschen Poeterey.* 1645. Rpt. in Wiedemann: *Johann Klaj und seine Redeoratorien* [q.v.], 377–416.
Kress, Johann Wilhelm Kress. Inscriptions in personal copy of *Die Nymphe Noris.* 1655. Germanisches National Museum, sig. G.7877^r.
Licetus, Fortunius. *Pyronarcha sive de fulminum natura deque febrium origine libri duo.* Passau: Criuellarium, 1634.
Linden, Johann Antonida. *De scriptis medicis libri duo.* Continuation by Georg Abraham Mercklin. Nuremberg: Endter, 1686.
Montemayor, Jorge de. *Los siete libros de la Diana.* 1559. Ed. Francisco López Estrada. 4th ed. Madrid: Espasa-Calpe, 1967.

Nützel, Carl, ed. *Michaeli Piccarti insignia gentilitia familiarum patritiarum urbis imperialis Norimbergensis*. Nuremberg 1614.
Omeis, Magnus Daniel. *De Claris Quibusdam in Orbe Literato Norimbergensibus*. Altdorf and Nuremberg: Meyer, 1708.
———. "Von der Feld- und Hirten-Gedichten." *Gründliche Anleitung zur Teutschen accuraten Reim- und Dicht-Kunst*. Nuremberg 1704: 220–23.
Opitz, Martin. *Schäfferey von der Nimfen Hercinie*. 1630. Ed. Peter Rusterholz. Universal-Bibliothek, 8594. Stuttgart: Reclam, 1969.
Panzer, Georg Wolfgang. *Verzeichnis von Nürnbergischen Portraiten aus allen Staenden*. Nuremberg 1790.
Peucerus, Caspar. *Idyllium patriae*. [n.p.] 1594.
Piccart, Michael. *Insignia gentilitia familiarum patritiarum urbis imperialis Norimbergensis*. Ed. Carl Nützel. Nuremberg 1614.
Pierius, Joannis Valerianus Bolzanius. *Hieroglyphica, sive de sacris aegyptiorum, aliarumque gentium literis commentarii*. Basel: Guarinus, 1567.
Rhetorica ad Herennium: De Ratione Dicendi. Ed. Harry Caplan. Loeb Classical Library, 403. Cambridge: Harvard University Press, 1977.
Rhumelius, Johann Pharamund. *Themarum et Acidularum Descriptio, Das ist: Wild-Bads Beschreibung*. Nuremberg 1634.
Roth, Johann Ferdinand. *Verzeichniß aller Genannten deß größern Raths von den ältesten bis auf die neuesten Zeiten mit historischen Nachrichten*. Nuremberg: Milbradt, 1802.
Sannazaro, Jacopo. *Arcadia*. 1502–04. Ed. and tr. Ralph Nash. Detroit: Wayne State University Press, 1966.
Scaliger, Julius Caeser. *Exotericarum exercitationum liber quintus decimus, de subtilitate, ad Hieronymum Cardanum*. Paris: Vascasanus, 1557.
Schottelius, Justus Georg. *Ausführliche Arbeit Von der Teutschen HaubtSprache 1663*. 2 vols. Deutsche Neudrucke: Barock, 12. Tübingen: Niemeyer, 1967.
Sidney, Philip. *The Countess of Pembroke's Arcadia (The Old Arcadia)*. 1590. Ed. Jean Robertson. Oxford and New York: Oxford University Press, 1973.
Siebmacher, Johann. *Wappenbuch*. Nuremberg: [Siebmacher] 1605.
Sleidanus, Johann. *Compendium de quattuor summis imperiis*. [n.p.] ca. 1550.
Smith, William. "'A Description of the Cittie of Noremberg 1594'." *MVGN* 48 (1958): 194–245.
Spangenberg, Cyriacus. *AdelsSpiegel. Historischer Ausführlicher Bericht*. 2 vols. 1591. Schmalkalden 1591–94.
Stieler, Kaspar. *Teutsche SekretariatKunst / Was sie sey? Wovon sie handele? was darzu gehöre?* Nuremberg 1681.
———. *Der teutschen Sprache Stammbaum und Fortwachs; oder, Teutscher Sprachschatz*. 3 vols. 1691. Rpt. Hildesheim: Olms, 1968.
Tiraquellus, Andreas. *De nobilitate et iure primigeniorum*. 1549. 3rd ed. Leiden 1549.
Vergil (Publius Vergilius Maro). *The Eclogues*. B.C. 37. Ed. Robert Coleman. Cambridge: Cambridge University Press, 1977.
Wagenseil, Johann Christoph. *De Noribergae Rebus Notabilibus*. Book 1 of *De Sacri Rom. Imperii Libera Civitate Noribergensi Commentatio*. Altdorf and Nuremberg: Kohles, 1597: 7–286.

Will, Georg Andreas. *Bibliotheca Norica Williana: Kritisches Verzeichniß aller Schriften, welche die Stadt Nürnberg angehen*. 7 vols. Altdorf: Meyer, 1772.
———. *Der Nürnbergischen Münz-Belustigungen*. 4 vols. Altdorf: Monath, 1764–67.
———. *Nürnbergisches Gelehrten-Lexicon oder Beschreibung aller Nürnbergischen Gelehrten*. Part 2. Nuremberg and Altdorf: Schüpfel, 1756.
Will, Georg Andreas, and Christian Conrad Nopitsch. *Nürnbergisches Gelehrten-Lexicon*. Ed. C. C. Nopitsch. Altdorf: Nopitsch, 1805.
Zedler, Johann Heinrich. *Grosses Vollständiges Universal-Lexikon*. 64 vols. 1732–1750. Rpt. Graz: Akademische Druck- und Verlagsanstalt, 1961–64.

2. Works of the Nineteenth and Twentieth Centuries.

Adler, Jeremy. "Pastoral Typography: Sigmund von Birken and the 'Picture-Rhymes' of Johann Helwig." *Visible Language* 20.1 (1986): 121–35.
Adler, Jeremy, and Ulrich Ernst, comps. and eds. *Text als Figur: Visuelle Poesie von der Antike bis zur Moderne*. 2nd ed. Ausstellungskataloge der Herzog August Bibliothek, 56. Weinheim: VCH, 1988.
Alewyn, Richard. *Vorbarocker Klassizismus und Griechische Tragödie: Analyse der 'Antigone'-Übersetzung des Martin Opitz*. 1926. Rpt. Darmstadt: Wissenschaftliche Buchgesellschaft, 1962.
Bircher, Martin, comp. *Deutsche Drucke des Barock 1600–1720 in der Herzog August Bibliothek Wolfenbüttel*. Parts A–D + Register. Munich, New York, London, and Paris: Saur, 1977–89.
Bischoff, Theodor. *Georg Philipp Harsdörfer: Ein Zeitbild aus dem 17. Jahrhundert. Festschrift zur 250jährigen Jubelfeier des Pegnesischen Blumenordens*. Nuremberg: Schrag, 1894.
Bleeck, Klaus, and Jörn Garber. "Nobilitas: Standes- und Privilegienlegitimation in deutschen Adelstheorien des 16. und 17. Jahrhunderts." In *Hof, Staat und Gesellschaft in der Literatur des 17. Jahrhunderts*. Eds. Elger Blühm, Jörn Garber, and Klaus Garber. Amsterdam: Rodopi, 1982: 49–114.
Bock, Friedrich. "Nürnberger Spitznamen von 1200 bis 1800: Ein Verzeichnis mit Einführung." *MVGN* 45 (1954): 1–147; 49 (1959): 1–33.
Boeckh, Joachim G., et al., eds. *Geschichte der deutschen Literatur 1600 bis 1700*. Vol. 5 of *Geschichte der deutschen Literatur von den Anfängen bis zur Gegenwart*. Berlin: Volk und Wissen Volkseigener Verlag, 1962.
Böschenstein-Schäfer, Renate. *Idylle*. Sammlung Metzler, 63. Stuttgart: Metzler, 1967.
Bosl, Karl, comp. *Bosls Bayerische Biographie: 8000 Persönlichkeiten aus 15 Jahrhunderten*. Regensburg: Pustet, 1983.
Bowers, Fredson. *Principles of Bibliographical Description*. Princeton: Princeton University Press, 1949.
Carnap, Ernst Günter. "Das Schäferwesen in der deutschen Literatur des 17. Jahrhunderts und die Hirtendichtung Europas." Diss. Frankfurt a.M. 1939.
Conermann, Klaus. "Der Poet und die Maschine: Zum Verhältnis von Literatur und Technik in der Renaissance und im Barock." In *Teilnahme und Spiegelung: Festschrift für Horst Rüdiger*. Eds. Beda Allemann and Erwin Koppen. Berlin and New York: De Gruyter, 1975: 173–92.

Cysarz, Herbert. *Deutsche Barockdichtung: Renaissance, Barock, Rokoko.* Leipzig: Haessel, 1924.
Daly, Peter M. *Literature in the Light of the Emblem: Structural Parallels between the Emblem and Literature in the Sixteenth and Seventeenth Centuries.* Toronto: University of Toronto Press, 1979.
Dannenbauer, Heinz. *Die Entstehung des Territoriums der Reichsstadt Nürnberg.* Stuttgart: Kohlhammer, 1928.
Dencker, Klaus-Peter, ed. *Text Bilder: Visuelle Poesie international: Von der Antike bis zur Gegenwart.* Cologne: Schaubert, 1972.
Donaubauer, Stefan. "Nürnberg in der Mitte des 30jährigen Krieges." *MVGN* 10 (1893): 69–240.
D'Ors, Miguel. *El caligramma, de Simmias a Apollinaire.* Pamplona: Ediciones Universidad de Navarra, 1977.
Dülmen, Richard van. "Orthodoxie und Kirchenreform — Der Nürnberger Prediger Johannes Saubert (1592–1646)." *Zeitschrift für bayerische Landesgeschichte* 33/2 (1970): 636–786.
———. "Sozietätsbildungen in Nürnberg im 17. Jahrhundert." In *Gesellschaft und Herrschaft: Forschungen zu sozial- und landesgeschichtlichen Problemen vornehmlich in Bayern.* Ed. R. v. Dülmen. Munich: Beck, 1969: 153–90.
Dünnhaupt, Gerhard. *Personalbibliographien zu den Drucken des Barock.* Stuttgart: Hiersemann, 1990 ff.
Ellinger, Georg, and Brigitta Ristow. "Neulateinische Dichtung." In *Reallexikon der deutschen Literaturgeschichte.* 2nd ed. Berlin: De Gruyter, 1964.
Elsener, Ferdinand. "Die Doktorwürde in einem Consilium der Tübinger Juristenfakultät des 18. Jahrhunderts." In *Mélanges Philippe Meylan: Recueil de travaux publiés par la Faculté de droit.* Vol. 2. Lausanne: Imprimerie Centrale, 1963: 25–40.
Empson, William. *Some Versions of Pastoral: A Study of the Pastoral Form in Literature.* 1935. Rpt. New York: New Directions, 1974.
Engelhardt, Adolf. *Die Reformation in Nürnberg.* 3 vols. *MVGN* 33 (1936): 1–258; 34 (1937): 1–402; 36 (1939): 1–184.
Ernst, Ulrich. "Europäische Figurengedichte in Pyramidenform aus dem 16. und 17. Jahrhundert." *Euphorion* 76 (1982): 247–328.
Ersch, Johann Samuel, and Johann Georg Gruber. *Allgemeine Encyclopädie der Wissenschaften und Künste.* 1829. Rpt. Graz: Akademische Druck- und Verlagsanstalt, 1978.
Faber du Faur, Curt von. *German Baroque Literature: A Catalogue of the Collection in the Yale University Library.* 2 vols. New Haven: Yale University Library, 1958 and 1969.
Fischer, Hermann von. *Schwäbisches Wörterbuch.* 6 vols. + Nachträge-Band. Tübingen: Laupp, 1904–36.
Fischer, Ludwig. *Gebundene Rede: Dichtung und Rhetorik in der deutschen literarischen Theorie des Barock in Deutschland.* Tübingen: Niemeyer, 1968.
Fletcher, John E. "Georg Philipp Harsdörffer, Nürnberg, und Athanasius Kircher." *MVGN* 59 (1972): 203–10.
Frank zu Döfering, Karl Friedrich von. *Die Kressen: eine Familiengeschichte.* Vienna: Gistel, 1936.

Franz, Albin. *Johann Klaj: Ein Beitrag zur deutschen Literaturgeschichte des 17. Jahrhunderts.* Beiträge zur deutschen Literaturwissenschaft, 6. 1908. Rpt. New York: Johnson, 1968.

Freitag-Stadler, Renate. "Herrensitze im Bereich der Reichsstadt Nürnberg: unter Berücksichtigung des Problems der Weiherhäuser." Diss. Universität Erlangen-Nürnberg 1972.

———. "Neunhof bei Kraftshof, ein Nürnberger Patriziersitz." *MVGN* 61 (1974): 129–60.

Fritz, Wolfgang D., ed. *Die Goldene Bulle Kaiser Karls IV. vom Jahre 1356.* Weimar: Böhlau, 1972.

Garber, Klaus. "Forschungen zur deutschen Schäfer- und Landlebendichtung des 17. und 18. Jahrhunderts." *Jahrbuch für Internationale Germanistik* 3 (1971): 226–42.

———. "Der Hirten- und Blumenorden an der Pegnitz." Chapter 1 of the typescript, "Arkadien und Gesellschaft: Ein Beitrag zur Sozial- und Mentalitätsgeschichte bürgerlich-gelehrter Dichtung in der Frühen Neuzeit." (Forthcoming in Metzler: Stuttgart).

———. *Der locus amoenus und der locus terribilis: Bild und Funktion der Natur in der deutschen Schäfer- und Landlebendichtung des 17. Jahrhunderts.* Literatur und Leben, 16. Cologne and Vienna: Böhlau, 1974.

———. "Martin Opitz' *Schäferei von der Nymfe Hercinie*: Ursprung der Prosaekloge und des Schäferromans in Deutschland." *Daphnis* 11 (1982): 547–603.

———. "Nachwort." *Pegnesisches Schäfergedicht 1644–1645.* Deutsche Neudrucke. Reihe Barock, 8. Tübingen: Niemeyer, 1966: 3*–27*.

———. "Vergil und das *Pegnesische Schäfergedicht*: Zum historischen Gehalt pastoraler Dichtung." In *Deutsche Barockliteratur und europäische Kultur.* Eds. Martin Bircher and Eberhard Mannack. Hamburg: Hauswedell, 1977: 168–203.

———. "Vorwort." *Europäische Bukolik und Georgik.* Ed. K. Garber. Wege der Forschung, 355. Darmstadt: Wissenschaftliche Buchgesellschaft, 1976: vii–xxii.

Gervinus, Georg Gottfried. *Geschichte der Deutschen Dichtung.* 4th ed. Vol. 3. Leipzig: Engelmann, 1853.

Goedeke, Karl. *Grundriß zur Geschichte der deutschen Dichtung (1859–1881).* Vol. 3: *Vom dreißigjährigen bis zum siebenjährigen Krieg.* 2nd ed. Dresden: Ehlermann, 1887.

Goethe, Johann Wolfgang von. *Die Wanderjahre, oder Die Entsagenden.* 1829 (Ausgabe letzter Hand). Hamburger Ausgabe. 10th ed. Vol. 8. Ed. Erich Trunz. Munich: Beck, 1981.

Goldmann, Karlheinz. *Nürnberger und Altdorfer Stammbücher aus vier Jahrhunderten: Ein Katalog.* Beiträge zur Geschichte und Kultur der Stadt Nürnberg, 22. Nürnberg: Selbstverlag des Stadtrats Nürnberg, 1981.

Gran, Ulf. "Studier i manierism." MA Thesis. Lund University. Lund 1981.

Grant, William Leonard. *Neo-Latin Literature and the Pastoral.* Chapel Hill: University of North Carolina Press, 1965.

Grimm, Jacob, and Wilhelm Grimm. *Deutsches Wörterbuch.* 16 vols. Leipzig: Hirzel, 1854 ff.

Grimm, Reinhold R. "Arcadia und Utopia: Interferenzen im neuzeitlichen Hirtenroman." In *Utopieforschung: Interdisziplinäre Studien zur neuzeitlichen Utopie.* Ed. Wilhelm Voßkamp. Vol. 2. Stuttgart: Metzler, 1982: 82–100.

Haller von Hallerstein, Helmut Frhr. "Nürnberger Geschlechterbüchcr." *MVGN* 65 (1978): 212–35.
Hamm, Berndt. "Humanistische Ethik und Reichsstädtische Ehrbarkeit in Nürnberg." *MVGN* 76 (1989): 65–147.
Hammer, William. *Latin and German Encomia of Cities.* Diss. Chicago University 1937. Chicago: University of Chicago Libraries, 1937.
Hankamer, Paul. *Deutsche Gegenreformation und deutsches Barock: Die deutsche Literatur im Zeitraum des 17. Jahrhunderts.* Vol. 2/1 of *Epochen der deutschen Literatur: Geschichtliche Darstellungen.* 1935. Rpt. Stuttgart: Metzler, 1947.
Hansel, Paul. "Die Auseinandersetzung des Schwäbischen Bundes mit Nürnberg vor dem Hintergrund der 'Packschen Händel' 1528/29." *MVGN* 66 (1979): 172–91.
Hansmann, Wilfried. *Gartenkunst der Renaissance und des Barock.* Cologne: Du Mont, 1983.
Hardison, O. B., Jr. *The Enduring Monument: A Study of the Idea of Praise in Renaissance Literary Theory and Practice.* Chapel Hill: University of North Carolina Press, 1962.
Harms. Wolfgang, ed. *Peter Iselburg und Georg Rem: Emblemata Politica: In aula magna Curiae Noribergensis depicta.* Neudrucke deutscher Literatur des 17. Jahrhunderts, 35. Bern: Lang, 1982.
Harper, Anthony. "In the Nürnberg Manner? Reflections on a Seventeenth Century Parody." *Neophilologus* 58 (1974): 52–65.
Heermann, Max. *Die Reception der Humanisten in Nürnberg.* Berlin: Weidmann, 1898.
Herkommer, Herbert. "Heilsgeschichtliches Programm und Tugendlehre: Ein Beitrag zur Kultur und Geistesgeschichte der Stadt Nürnberg am Beispiel des Schönen Brunnens und Tugendbrunnens." *MVGN* 63 (1976): 192–216.
Heyse, Karl W. Ludwig. *Bücherschatz der deutschen National-Literatur des XVI. und XVII. Jahrhunderts.* Berlin: Stargardt, 1854.
Higgins, Dick. *Pattern Poetry: Guide to an Unknown Literature.* Albany: State University of New York Press, 1987.
Hildebrandt, Reinhart. "Rat contra Bürgerschaft: Die Verfassungskonflikte in den Reichsstädten des 17. und 18. Jahrhunderts." *Zeitschrift für Stadtgeschichte* 2 (1974): 221–41.
Hirsch, Arnold. *Bürgertum und Barock im deutschen Roman: Ein Beitrag zur Entstehungsgeschichte des bürgerlichen Weltbildes.* 2nd ed. Ed. Herbert Singer. Cologne and Graz: Böhlau, 1957.
Hirsch, August. *Biographisches Lexikon der hervorragenden Ärtze aller Zeiten und Völker.* 3 vols. 3rd ed. Munich: Urban & Schwarzenberg, 1962.
Hoffmeister, Gerhart. *Die spanische Diana in Deutschland: Vergleichende Untersuchungen zu Stilwandel und Weltbild des Schäferromans im 17. Jahrhundert.* Berlin: Schmidt, 1972.
Hofmann, Hanns Hubert. "Nobiles Norimbergenses: Beobachtungen zur Struktur der reichsstädtischen Oberschicht." In *Untersuchungen zur gesellschaftlichen Struktur der mittelalterlichen Städte in Europa.* Vorträge und Forschungen, 11. Konstanz and Stuttgart: Thorbecke, 1966: 114–50.
Horn, Franz. *Die Poesie und Beredsamkeit der Deutschen, von Luthers Zeit bis zur Gegenwart.* Vol. 1. Berlin: Enslin, 1822.

Huebner, Alfred. *Das erste deutsche Schäferidyll und seine Quellen*. Diss. Königsberg 1910.
Jantz, Harold, comp. *German Baroque Literature: A Descriptive Catalogue of the Collection of Harold Jantz and a Guide to the Collection on Microfilm*. 2 vols. New Haven: Research Publications, Inc., 1974.
Jegel, August. "Altnürnberger Hochzeitsbrauch und Eherecht, besonders bis zum Ausgang des 16. Jahrhundert." *MVGN* 44 (1953): 238–74.
Jöns, Dietrich. "Literaten in Nürnberg und ihr Verhältnis zum Stadtregiment in den Jahren 1643–1650 nach den Zeugnissen der Ratsverlässe." In *Stadt - Schule - Universität - Buchwesen und die deutsche Literatur im 17. Jahrhundert*. Ed. Albrecht Schöne. Munich: Beck, 1976: 84–98.
Kaathoven, Cornelius Wilhelm Hendrik von, comp. *Portraits de médicins et gravures ayant rapport à l'histoire de la médicine*. National Library of Medicine, Bethesda, Maryland. Described in *Catalogue of the Library of the Surgeon General's Office, United States Army*. Vol. 3. Washington: Government Printing Office, 1882.
Kaczerowsky, Klaus. *Bürgerliche Romankunst im Zeitalter des Barock: Philip von Zesens "Adriatische Rosemund"*. Munich: Fink, 1969.
Kayser, Wolfgang. *Die Klangmalerei bei Harsdörffer: Ein Beitrag zur Geschichte der Literatur, Poetik und Sprachgeschichte der Barockzeit*. Palaestra, 179. 2nd ed. Göttingen: Vandenhoeck & Ruprecht, 1962.
Kennedy, William J. *Jacopo Sannazaro and the Uses of Pastoral*. Hanover: University Press of New England, 1983.
Kircher, Albrecht. *Deutsche Kaiser in Nürnberg: Eine Studie zur Geschichte des öffentlichen Lebens der Reichsstadt Nürnberg von 1500–1612*. Nürnberg: Kommissionsverlag Die Egge, 1955.
Klemm, Christian, and Hermann Harrassowitz. "Das Nürnberger Friedensmahl am 25. September 1649." *MVGN* 75 (1988): 77–90.
Kluge, Friedrich. *Etymologisches Wörterbuch der deutschen Sprache*. 22nd ed. Ed. Elmar Seebold. Berlin and New York: De Gruyter, 1989.
Knefelkamp, Ulrich. *Das Heilig-Geist-Spital in Nürnberg vom 14.–17. Jahrhundert*. Nuremberg: Verein für Geschichte der Stadt Nürnberg, 1988.
Koberstein, August. *Geschichte der deutschen Nationalliteratur vom Anfang des siebzehnten bis zum zweiten Viertel des achtzehnten Jahrhunderts*. Vol. 2. 5th ed. Ed. Karl Bartsch. 1872. Rpt. Nendeln: Kraus, 1974.
Kölbel, Richard. "Der erste Markgrafenkrieg 1449–1453." *MVGN* 65 (1979): 91–123.
Körte, Wilhelm, comp. *Die Sprichwörter und sprichwörtlichen Redensarten der Deutschen*. 1837. Rpt. Volkskundliche Quellen, VII. Ed. Mathilde Hain. Hildesheim and New York: Olms, 1974.
Kosch, Wilhelm. *Deutsches Literatur-Lexikon (1927–1930)*. 3rd ed. Ed. Heinz Rupp and Carl Ludwig Lang. Bern and Munich: Francke, 1979.
Krauss, Werner. "Über die Stellung der Bukolik in der ästhetischen Theorie des Humanismus." 1938. Rpt. in Garber, *Europäische Bukolik und Georgik* [q.v.], 140–64.
Kühlmann, Wilhelm. *Gelehrtenrepublik und Fürstenstaat: Entwicklung und Kritik des deutschen Späthumanismus in der Literatur des Barockzeitalters*. Studien und Texte zur Sozialgeschichte der Literatur, 3. Tübingen: Niemeyer, 1972.
———. "Kunst als Spiel: Das Technopaegnium in der Poetik des 17. Jahrhunderts." *Daphnis* 20/3–4 (1991): 505–29.

Lederer, Gerda. "Studien zum Stoff- und Motivgeschichte der Schäferdichtung des Barockzeitalters." Diss. Freie Universität Berlin 1969.
Liermann, Hans. "Die goldene Bulle und Nürnberg." *MVGN* 47 (1956): 107–23.
Lohmeier, Anke-Marie. *Beatus ille: Studien zum Lob des Landlebens in der Literatur des absolutistischen Zeitalters*. Hermaea, N.F. 44. Tübingen: Niemeyer, 1981.
Maché, Ulrich. "Opitz' *Schäfferey von der Nimfen Hercinie* in Seventeenth-Century German Literature." In Michael S. Batts, et al., eds. *Essays on German Literature in Honour of G. Joyce Hallamore*. Toronto: University of Toronto Press, 1968: 34–40.
Maltzahn, Wendelin von. *Deutscher Bücherschatz des sechzehnten, siebenzehnten und achtzehnten bis um die Mitte des neunzehnten Jahrhunderts*. 1875–82. Rpt. Hildesheim: Olms, 1966.
[Manheimer]. *Sammlung Victor Manheimer: deutsche Barockliteratur von Opitz bis Brockes*. Introduction and notes by Karl Wolfskehl. 1927. Rtp. Hildesheim: Olms, 1966.
Mannack, Eberhard, ed. *Die Pegnitz-Schäfer: Nürnberger Barockdichtung*. Universal-Bibliothek, 8545. 2nd ed. Stuttgart: Reclam, 1988.
———. "'Realistische' und metaphorische Darstellung im *Pegnesischen Schäfergedicht*." *Jahrbuch der Deutschen Schillergesellschaft* 17 (1973): 154–65.
Martino, Alberto. "Barockpoesie, Publikum und Verbürgerlichung der literarischen Intelligenz." *Internationales Archiv für Sozialgeschichte der deutschen Literatur* 1 (1976): 107–44.
Maurer, Friedrich, and Friedrich Stroh. *Deutsche Wortgeschichte*. 2nd ed. Grundriß der germanischen Philologie, Neue Bearbeitung 17. Berlin: De Gruyter, 1959.
Menzel, Wolfgang. *Geschichte der Deutschen Dichtung von der ältesten bis auf die neueste Zeit*. Vol. 2. 2nd ed. Leipzig: Zander, 1875.
Meyer, Heinrich. *Der deutsche Schäferroman des 17. Jahrhunderts*. Diss. Freiburg 1927. Dorpat 1928.
Meyer, Julie. "Die Entstehung des Patriziats in Nürnberg." *MVGN* 27 (1928): 1–96.
Müller, Arnd. *Geschichte der Juden in Nürnberg 1146—1945*. Beiträge zur Geschichte und Kultur der Stadt Nürnberg, 12. Nuremberg: Stadtrat und Stadtbibliothek, 1968.
———. "Zensurpolitik der Reichsstadt Nürnberg: Von der Einführung der Buchdruckerkunst bis zum Ende der Reichsstadtzeit." *MVGN* 49 (1959): 66–169.
Müllner, Johannes. *Die Annalen der Reichsstadt Nürnberg von 1623*. Part I: *Von den Anfängen bis 1350*. Part II: *Von 1351—1469*. Ed. Gerhard Hirschmann. Quellen zur Geschichte und Kultur der Stadt Nürnberg, 8. Nuremberg: Selbstverlag des Stadtrats, 1972 and 1984.
Mulzer, Erich. *Vor den Mauern Nürnbergs: Kunst und Geschichte der Vorstädte*. Nuremberg: Spindler, 1961.
Nadler, Josef. *Die Neustämme von 1300, die Altstämme von 1600–1780*. Vol. 2 of *Literaturgeschichte der deutschen Stämme und Landschaften*. Regensburg: Habbel, 1913.
Nagel, Leo. "Zum Problem der Idyllendichtung." *Weimarer Beiträge* 16/7 (1970): 87–111.
Neubecker, Ottfried. *Großes Wappen-Bilder-Lexikon der bürgerlichen Geschlechter Deutschlands, Österreichs und der Schweiz*. Munich: Battenberg, 1985.

Neumann, Friedrich. *Geschichte des neuhochdeutschen Reimes von Opitz bis Wieland: Studien zur Lautgeschichte der neuhochdeutschen Gemeinsprache.* Berlin: Weidmann, 1970.

Newman, Jane Ogden. "Institutions in the Pastoral: The Nuremberg Pegnesischer Blumenorden (1644)." Diss. Princeton University 1983.

―――. *Pastoral Conventions: Poetry, Language, and Thought in Seventeenth-Century Nuremberg.* Baltimore and London: Johns Hopkins University Press, 1990.

Ninger, Karl. "Deutsche Schäferspiele des 17. Jahrhunderts." Diss. Vienna 1923.

Otto, Karl F. *Sprachgesellschaften des 17. Jahrhunderts.* Sammlung Metzler, 109. Stuttgart: Metzler, 1972.

Paas, John Roger. *Effigies et Poesis: An Illustrated Catalogue of Printed Portraits with Laudatory Verses by German Baroque Poets.* 2 vols. Wiesbaden: Harrassowitz, 1988.

[Pauly]. *Der Kleine Pauly: Lexikon der Antike in fünf Bänden.* dtv, 5963. Munich: Deutscher Taschenbuch Verlag, 1979.

Peignot, Jerome. *Du caligramme.* Paris: Chêne, 1978.

Petit, Marc, tr. and ed. *Poètes baroques allemands.* Paris: Maspero, 1977.

Pfeiffer, Gerhard. "Nürnbergs Selbstverwaltung 1256–1956." *MVGN 48 (1958):* 1–25.

―――, ed. (with assistance of Wilhelm Schwemmer). *Geschichte Nürnbergs in Bilddokumenten.* Munich: Beck, 1970.

―――, ed. *Nürnberg — Geschichte einer europäischen Stadt.* 1971. Rpt. Munich: Beck, 1982.

Pitz, Ernst. *Die Entstehung der Ratsherrschaft in Nürnberg.* Bayerische Landesgeschichte, 55. Munich: Beck, 1955.

Pöhlmann, Heinrich. *Der Schutz- und Trutzbau der ältesten Nürnberger Herrensitze.* Erlangen: Palm und Enke, 1933.

Possaner, Gertrud. "Die deutsche Idyllendichtung des 18. Jahrhunderts: Allgemeine, soziale und politische Voraussetzungen." Diss. Vienna 1938.

Recktenwald, Horst Claus. *Die fränkische Universität Altdorf.* 2nd ed. Nuremberg: Spindler, 1990.

Reicke, Emil. *Geschichte der Reichsstadt Nürnberg von dem ersten urkundlichen Nachweis ihres Bestehens bis zu ihrem Uebergang an das Königreich Bayern (1806).* 1896. Rpt. Neustadt a.d.A.: Schmidt, 1983.

Reinhart, Max. "*De Consolatione Philosophiae* in Seventeenth-Century Germany: Translation and Reception." *Daphnis* 21/1 (1992): 65–94.

―――. "Historical, Poetic and Ideal Representation in Hellwig's Prose Eclogue *Die Nymphe Noris.*" *Daphnis* 19/1 (1990): 41–66.

―――. "Poets and Politics: The Transgressive Turn of History in Seventeenth-Century Nürnberg." *Daphnis* 20/1 (1991): 199–229.

―――. "The Privileging of the Poet in Johann Hellwig's *Die Nymphe Noris.*" *Daphnis* 17/3 (1988): 229–43.

―――, comp. and ed. *Johann Hellwig: A Descriptive Bibliography.* Columbia: Camden House, 1993.

Rössler, Hellmuth, and Günther Franz, eds. *Universität und Gelehrtenstand 1400–1800: Büdinger Vorträge 1966.* Deutsche Führungsschlechten in der Neuzeit, 4. Limburg/Lahn: Starke, 1970.

Roth, Friedrich. *Die Einführung der Reformation in Nürnberg 1517–1528.* Würzburg: Stuber, 1885.

Rusterholz, Peter. "Nachwort." In *Schäfferey von der Nimfen Hercinie*. Universal-Bibliothek, 8594. Stuttgart: Reclam, 1969: 71–79.

———. "Schäferdichtung — Lob des Landlebens." In *Zwischen Gegenreformation und Frühaufklärung: Späthumanismus, Barock 1572–1740*. Ed. Harald Steinhagen. Vol. 3 of *Deutsche Literatur: Eine Sozialgeschichte*. rororo, 6252. Hamburg: Rowohlt, 1985: 356–66.

Rypson, Piotr. "La Tradición de la poesia visual." *Arquitecto* 18 (1980): 53–58.

Sammons, Christa, comp. Exhibit: "German Baroque Literature"; exhibit 8 of "Pattern Poetry." New Haven: Beinecke Rare Book & Manuscript Library, 8 November – 21 December 1988.

Schall, Kurt. *Die Genannten in Nürnberg*. Nürnberger Werkstücke zur Stadt- und Landesgeschichte, 6. Nuremberg: Schriftenreihe des Stadtarchivs Nürnberg, 1971.

Schneider, Helmut J. *Deutsche Idyllentheorien im 18. Jahrhundert*. Deutsche Text-Bibliothek, 1. Tübingen: Narr, 1988.

Schnelbögl, Julia. "Die Reichskleinodien in Nürnberg 1424–1523." *MVGN* (1962) 51: 78–159.

Scholte, Jan Hendrik. "Nürnberger Dichterschule." In *Reallexikon der deutschen Literaturgeschichte*. Vol. 2. 2nd ed. Berlin: De Gruyter, 1965: 705–08.

Schöne, Albrecht, and Arthur Henkel. *Emblemata: Handbuch zur Sinnbildkunst des XVI. und XVII. Jahrhunderts*. Stuttgart: Metzler, 1967.

Schrey, Karl Heinz, ed. *Die Sinnbilder im Nürnberger Rathaussaal: Faksimiledruck des Emblembuches "Emblemata Politica" von 1640*. Nuremberg: Carl, 1980.

Schultheiß, Werner. "Kaiser Karl IV. und die Reichsstadt Nürnberg: Streiflichter und Funde zur Territorialpolitik in Ostfranken im Jahr 1358." *MVGN* (1963/64): 440–57.

———. "Woher stammt die Bezeichnung 'Noris'?" *MVGN* 52 (1963/64): 551–53.

Schulz-Behrend, George. "Opitz' Zlatna." *Modern Language Notes* 77 (1962): 398–410.

Schwemmer, Wilhelm, and Gustav Voit. *Historischer Atlas von Bayern: Teil Franken*. Heft 14. Munich 1967.

Segebrecht, Wulf. *Das Gelegenheitsgedicht: Ein Beitrag zur Geschichte und Poetik der deutschen Lyrik*. Stuttgart: Metzler, 1977.

Severin, Karl. *Fünfundzwanzig Figurengedichte des Barock*. Munich: Basse & Lechner, 1983.

Simon, Matthias. *Nürnbergisches Pfarrerbuch: Die evangelisch-lutherische Geistlichkeit der Reichsstadt Nürnberg und ihres Gebietes 1524–1806*. Einzelarbeiten aus der Kirchengeschichte Bayerns, 41. Nuremberg: Selbstverlag des Vereins für Bayerische Kirchengeschichte, 1965.

Simrock, Karl, comp. *Die deutschen Sprichwörter*. 3rd ed. Frankfurt a.M.: Winter, [n.d.].

Sinemus, Volker. *Poetik und Rhetorik im frühmodernen deutschen Staat: Sozialgeschichtliche Bedingungen des Normenwandels im 17. Jahrhundert*. Palaestra, 269. Göttingen: Vandenhoeck & Ruprecht, 1978.

Smith, Jeffrey Chips, ed. *Nuremberg: A Renaissance City, 1500–1618*. Austin: University of Texas Press, 1983.

Snell, Bruno. "Arkadien: Die Entstehung einer geistigen Landschaft." 1945. Rpt. in Garber, *Europäische Bukolik und Georgik* [q.v.], 14–43.

Spahr, Blake Lee. *The Archives of the Pegnesischer Blumenorden: A Survey and Reference Guide*. University of California Publications in Modern Philology, 57. Berkeley: University of California Press, 1960.

———. "Nürnbergs Stellung im literarischen Leben des 17. Jahrhunderts." 1976. Rpt. in *Problems and Perspectives: A Collection of Essays on German Baroque Literature*. Europäische Hochschulschriften, Reihe 1, 423. Frankfurt a.M.: Lang, 1981: 271–84.

———. "The Pastoral Works of Sigmund von Birken." Diss. Yale University 1951.

Spindler, Max, ed. *Handbuch der bayerischen Geschichte*. Vol. 3/1. Munich: Beck, 1971.

Steinbach, Franz. "Geburtsstand, Berufsstand und Leistungsstand: Studien zur Geschichte des Bürgertums II." *Rheinische Vierteljahrsblätter* 14 (1949): 35 ff.

Stockinger, Ludwig. "Entwicklungsprobleme der Schäferpoesie vom 17. zum 18. Jahrhundert im Lichte zeitgenössischer poetologischer Äußerungen." In Voßkamp, *Schäferdichtung* [q.v.], 141–60.

Strauss, Gerald. *Nuremberg In the Sixteenth Century*. New Dimensions in History: Historical Cities. New York: Wiley, 1966.

Stromer, Wolfgang von. "Reichtum und Ratswürde: Die wirtschaftliche Führungsschicht der Reichsstadt Nürnberg 1348–1648." In *Führungskräfte der Wirtschaft in Mittelalter und Neuzeit 1350–1850. Büdinger Vorträge 1968–1969*. Ed. Herbert Helbig. Deutsche Führungsschichten in der Neuzeit, 6. Limburg/Lahn: Starke, 1973: 1–50.

Tillmann, Curt. *Lexikon der deutschen Burgen und Schlösser*. 4 vols. Stuttgart: Hiersemann, 1958–61.

Tittmann, Julius. *Die Nürnberger Dichterschule: Harsdörffer, Klaj, Birken*. 1847. Rpt. Wiesbaden: Sändig, 1965.

Verweyen, Theodor. "Daphnes Metamorphosen: Zur Problematik der Tradition mittelalterlicher Denkformen im 17. Jahrhundert am Beispiel des 'Programma Poeticum' Sigmund von Birkens." In *Rezeption und Produktion zwischen 1570 und 1630: Festschrift für Günther Weydt*. Eds. Wolfdietrich Rasch, Hans Geulen, and Klaus Haberkamm. Bern and Munich: Francke, 1972: 319–79.

———. "Dichterkrönung: Rechts- und sozialgeschichtliche Aspekte literarischen Lebens in Deutschland." In *Literatur und Gesellschaft im deutschen Barock*. Ed. Conrad Wiedemann. *Germanisch-Romanische Monatsschrift*, Beiheft 1. Heidelberg: Winter, 1979: 7–29.

———. "Konkrete Poesie und barocke Bildgedichte — Probleme einer historischen Parallelisierung." In *buchstäblich Nürnberger wörtliche Tage*. Eds. Michael Glasmeier and Lucius Grisebach. Nuremberg: Verlag für moderne Kunst, 1990: 46–55.

Vocke, Heinrich. *Das bürggräfliche Schloß zu Nürnberg: die fränkische Stammburg der Zollern*. Nuremberg: Heerdegen-Barbeck, 1882.

Voßkamp, Wilhelm. "Modifikationen des Schäferromans und ihre theoretischen Begründungen." *Romantheorie in Deutschland: Von Martin Opitz bis Friedrich von Blanckenburg*. Stuttgart: Metzler, 1973: 45–52.

———, ed. *Schäferdichtung*. Dokumente des Internationalen Arbeitskreises für Barockforschung, 4. Hamburg: Hauswedell, 1977.

Vredeveld, Harry. "Zur Herkunft des Wortes 'Noris'." *MVGN* 71 (1984): 208–11.

Wagman, Frederick Herbert. *Magic and Natural Science in German Baroque Literature: A Study in the Prose Forms of the Later Seventeenth Century.* 1942. Rpt. New York: AMS Press, 1966.
Warnock, Robert G., and Roland Folter. "The German Pattern Poem: A Study in Mannerism of the Seventeenth Century." *Festschrift für Detlev W. Schumann zum 70. Geburtstag.* Ed. Albert R. Schmitt. Munich: Delp, 1970: 40–73.
W. D. "Nymphe 'Noris' lebt nur in der Phantasie." *Nürnberger Nachrichten,* 27 August 1985.
Weisz, Jutta. *Das deutsche Epigramm des 17. Jahrhunderts.* Germanistische Abhandlungen, 49. Stuttgart: Metzler, 1979.
Werminghoff, Albert. *Conrad Celtis und sein Buch über Nürnberg.* Freiburg i.B.: Boltze, 1921.
Wiedemann, Conrad. "Heroisch — Schäferlich — Geistlich: Zu einem möglichen Systemzusammenhang barocker Rollenhaltung." In Voßkamp, *Schäferdichtung* [q.v.], 96–122.
———. *Johann Klaj und seine Redeoratorien: Untersuchungen zur Dichtung eines deutschen Barockmanieristen.* Nuremberg: Carl, 1966.
Zahn, Peter. *Die Inschriften der Friedhöfe St. Johannis, St. Rochus und Wöhrd zu Nürnberg.* Vol. 1. Die deutschen Inschriften, 13. Munich: Drückenmüller, 1972.
Zeller, Rosmarie. *Spiel und Konversation im Barock: Untersuchungen zu Harsdörffers "Gesprächspielen".* Quellen und Forschungen zur Sprach- und Kulturgeschichte der germanischen Völker., N.F. 58 (177). Berlin and New York: De Gruyter, 1974.
Zink, Fritz. "Die Entdeckung des Pegnitztales." *MVGN* 50 (1960): 271–85.
Zorn, Wolfgang. "Die soziale Stellung der Humanisten in Nürnberg und Augsburg." In *Die Humanisten in ihrer politischen und sozialen Umwelt.* Eds. Otto Herding and Robert Stupperich. DFG, Kommission für Humanismusforschung, Mitteilung III. Boppard: Boldt, 1976: 35–49.